21世纪技能创新型人才培养系列教材　大数据系列

大数据基础

主　审　魏怀明
主　编　秦华伟　张海玉　张永建
副主编　姚晓玲　贾润亮　吴瑞芳　王栋娟　杨晓峰
　　　　杨朋霖　陈　阳　马海昕　陈俊丽　蔡政策

中国人民大学出版社
·北京·

图书在版编目（CIP）数据

大数据基础 / 秦华伟，张海玉，张永建主编．-- 北京：中国人民大学出版社，2023.7
21 世纪技能创新型人才培养系列教材．大数据系列
ISBN 978-7-300-31867-7

Ⅰ．①大… Ⅱ．①秦… ②张… ③张… Ⅲ．①数据处理－教材 Ⅳ．① TP274

中国国家版本馆 CIP 数据核字（2023）第 122292 号

21 世纪技能创新型人才培养系列教材 · 大数据系列
大数据基础
主　审　魏怀明
主　编　秦华伟　张海玉　张永建
副主编　姚晓玲　贾润亮　吴瑞芳　王栋娟　杨晓峰
　　　　杨朋霖　陈　阳　马海昕　陈俊丽　蔡政策
Dashuju Jichu

出版发行　中国人民大学出版社
社　　址　北京中关村大街 31 号　　邮政编码　100080
电　　话　010－62511242（总编室）　　010－62511770（质管部）
　　　　　010－82501766（邮购部）　　010－62514148（门市部）
　　　　　010－62515195（发行公司）　　010－62515275（盗版举报）
网　　址　http://www.crup.com.cn
经　　销　新华书店
印　　刷　北京昌联印刷有限公司
开　　本　787 mm × 1092 mm　1/16　　版　　次　2023 年 7 月第 1 版
印　　张　14.25　　印　　次　2025 年 2 月第 2 次印刷
字　　数　280 000　　定　　价　49.00 元

《大数据基础》编委会

郭武士　四川工程职业技术学院
陈　阳　四川航天职业技术学院
古荣龙　四川水利职业技术学院
刘志才　四川商务职业学院
薛中会　上海出版印刷高等专科学校
边龙龙　石家庄信息工程职业学院
王雅静　山西财贸职业技术学院
马海昕　山西财贸职业技术学院
李　霞　山西财贸职业技术学院
马　瑾　山西财贸职业技术学院
杨晓峰　山西工程科技职业大学
杨朋霖　山西工程科技职业大学
陈俊丽　山西华澳商贸职业学院
李　祺　山西金融职业技术学院
姚晓玲　山西省财政税务专科学校
贾润亮　山西省财政税务专科学校
吴瑞芳　山西省财政税务专科学校
王栋娟　山西省财政税务专科学校
岳英俊　山西赛迩教育科技有限公司
李翠红　山西信息职业技术学院
刘　磊　山西信息职业技术学院
严武军　山西优逸客科技有限公司
陈建勇　温州科技职业技术学院
尹光辉　咸宁职业技术学院
梁晓阳　烟台工程职业技术学院
邢若楠　烟台工程职业技术学院
陈　杰　盐城工业职业技术学院
黄　英　阳泉职业技术学院
姚亚荣　阳泉职业技术学院

前言

信息技术和网络技术的飞速发展使数据呈爆炸式增长，人类已进入大数据时代。大数据正影响着人们生活的方方面面，改变着人们的生产、生活、学习和思维的方式。大数据技术是现代科学技术发展，尤其是计算机科学技术发展的重要成果，是科学发展史上的里程碑。当今社会，大数据技术已经在众多领域得到应用，对于新时代的学生来说，学习大数据应用技术的重要性不言而喻。

党的二十大报告中指出，教育、科技、人才是全面建设社会主义现代化国家的基础性、战略性支撑。必须坚持科技是第一生产力、人才是第一资源、创新是第一动力，深入实施科教兴国战略、人才强国战略、创新驱动发展战略，开辟发展新领域新赛道，不断塑造发展新动能新优势。当前，发展大数据已经成为国家战略，大数据在引领经济社会发展中的新引擎作用愈加明显。大数据的迅猛发展导致大数据人才的缺口增大，为了更好地适应新时代技术的发展以及满足市场对人才的需求，加强学生对大数据领域相关知识的认识与了解，我们结合专业人才培养方案的要求和大数据技术的发展现状编写了本书。

本书共有 8 个模块，主要内容包括：大数据概述、大数据思维、大数据支撑技术、大数据采集与预处理、大数据分析与挖掘、深度学习与人工智能、数据可视化及大数据安全。本书的主要特点如下：

（1）内容丰富，语言简洁。本书结合大数据技术的发展特点，沿着大数据的采集、存储、计算、分析挖掘和可视化的脉络逐步阐述大数据的概念和应用方法，全面而系统地介绍了大数据的基本知识和应用技能，内容涵盖大数据领域的全过程，具有较强的系统性、可读性和实用性。

本书是大数据入门书籍，编者用通俗易懂的语言讲解深奥的理论、复杂的算法，并配合相应的插图，帮助学生了解大数据技术。

（2）理论和实践相结合。大数据是一门理论性和实践性都很强的技术，本书针对具体知识点编写了相应的实训案例，以理实结合的方式来提升学生的理解能力和实践能力，做到学以致用。

（3）融入思政教育。本书秉承能力教育与思政教育同向同行的理念，将知识技能学习和思政教育融合在一起，潜移默化，激发学生的创新思维、开阔学生的科技视野、培养学生的民族意识，帮助学生塑造正确的世界观、人生观和价值观，培养高素质、高技能的专业型人才。

本书适合作为大数据技术、计算机应用技术以及相关专业的教材，还可以作为大数据爱好者的参考书。

由于时间仓促，加之编者水平有限，书中难免存在疏漏之处，恳请广大读者批评指正。

编者

目 录

模块 1

大数据概述

知识目标

- ✧ 了解大数据的发展历程。
- ✧ 熟悉大数据的定义及特征。
- ✧ 了解大数据的相关技术。
- ✧ 了解大数据的应用情况。

能力目标

- ✧ 能够阐述大数据的处理流程。
- ✧ 理解大数据的技术架构。

素质目标

- ✧ 培养大数据应用分析能力。
- ✧ 准确把握大数据的发展趋势。
- ✧ 培养科技报国的家国情怀和使命担当。
- ✧ 培养精益求精的工匠精神和爱岗敬业的劳动态度。

学习重点

- ✧ 大数据的定义及特征。
- ✧ 大数据行业应用。

学习难点

- ✧ 大数据的处理流程。
- ✧ 大数据的技术架构。

随着互联网和智能设备的迅速普及，数据呈现爆炸式增长，大数据浪潮扑面而来。在大数据时代，世界上多个国家和地区高度重视大数据技术的研究和产业发展，纷纷把大数据上升为国家战略加以重点推进，大数据产业在蓬勃发展。本模块针对大数据发展历程、相关概念、相关技术、应用现状、处理流程、技术架构、挑战与展望等方面进行介绍。

1.1 大数据时代

随着第三次信息化浪潮的到来，大数据时代全面开启。数据要素成为数字经济时代的核心生产要素，大数据成为未来竞争的焦点。本节主要介绍三次信息化浪潮、大数据发展历程以及数据产生方式的变化等，帮助读者了解大数据发展的来龙去脉。

1.1.1 三次信息化浪潮

在信息技术发展史上，有三次信息化浪潮，具体见表 1－1。第一次信息化浪潮是以信息处理为核心的个人计算机时代，发生在 1980 年前后，个人计算机（PC）开始普及，Intel、IBM、苹果、微软、联想等企业是这个时期的标志。第二次信息化浪潮是以信息传输为核心的互联网时代，发生在 1995 年前后，互联网逐渐普及，许多互联网公司如谷歌、雅虎、阿里、百度等就是在这个时期兴起的。第三次信息化浪潮就是现在以信息获取为核心的大数据时代，在 2010 年前后兴起，特点是物联网、云计算、大数据、移动互联网、人工智能等技术的快速发展和应用。智能设备普及、存储设备容量增加、存储成本降低、CPU 性能提升、网络带宽增加等信息科技的发展为大数据时代提供了技术支撑。大数据时代已经来临，带来了信息技术发展的巨大变革，并深刻影响着社会生产和人民生活的方方面面。

表 1－1　三次信息化浪潮

信息化浪潮	时间	标志	核心	代表性企业
第一次浪潮	1980 年前后	个人计算机	信息处理	Intel、AMD、IBM、微软、苹果、联想、惠普等
第二次浪潮	1995 年前后	互联网	信息传输	谷歌、雅虎、阿里、百度、腾讯等
第三次浪潮	2010 年前后	物联网、云计算、大数据	信息获取	亚马逊、谷歌、IBM、VMWare、Cloudera、阿里云等

1.1.2 大数据发展历程

大数据的发展可以划分为 3 个阶段，具体见表 1－2。

表 1-2 大数据发展历程

阶段	时间	内容
第一阶段：萌芽期	20 世纪 90 年代至 21 世纪初	数据挖掘理论和数据库技术逐步成熟，一批商业智能工具和知识管理技术开始被应用，如数据仓库、专家系统、知识管理系统等
第二阶段：成熟期	21 世纪初至 2010 年	非结构化数据大量产生，传统处理方法难以应对，带动了大数据技术的快速突破，大数据解决方案逐渐走向成熟，形成了并行计算与分布式系统两大核心技术，谷歌的 GFS 和 MapReduce 等大数据技术受到追捧，Hadoop 平台得到推广
第三阶段：大规模应用期	2010 年后	大数据应用渗透到各行各业，企业依赖数据进行决策，信息社会智能化程度大幅提高，同时出现跨行业、跨领域的数据整合，甚至是全社会的数据整合

第一阶段：萌芽期（20 世纪 90 年代至 21 世纪初）。大数据起源于美国，1980 年著名未来学家阿尔文·托夫勒所著的《第三次浪潮》一书中提到大数据，称大数据为第三次浪潮中的华彩乐章。1997 年，NASA 阿姆斯科研中心的大卫·埃尔斯沃斯和迈克尔·考克斯在研究数据的可视化问题时，首次使用了“大数据”概念。

这一阶段，数据挖掘理论和数据库技术逐步成熟，一批商业智能工具和知识管理技术开始被应用，如数据仓库、专家系统、知识管理系统等，企业、机构对内部数据进行统计、分析、挖掘和利用。本质上，这些技术是利用企业、机构的内部数据进行统计、分析。如 SAP 系统，其中很大一部分功能就是对企业的运营信息进行统计、分析。

第二阶段：成熟期（21 世纪初至 2010 年）。21 世纪的前十年，互联网行业迎来了飞速发展的时期，IT 技术不断推陈出新，大数据最先在互联网行业得到重视。2005 年，大数据实现重大突破，Hadoop 技术诞生，并成为数据分析的主要技术。2008 年，《自然》杂志推出了名为“大数据”的封面专栏，大数据开始引起人们的关注。

这一阶段，Web 2.0 应用迅猛发展，非结构化数据大量产生，传统处理方法难以应对，这带动了大数据技术的快速突破，大数据解决方案逐渐走向成熟，形成了并行计算与分布式系统两大核心技术，谷歌的 GFS 和 MapReduce 等大数据技术受到追捧，开源的 Hadoop 平台以其独特的优势得到推广。电信、银行、电商等数据量巨大的行业开始利用这些技术，在社会经济各领域产生深刻影响。

第三阶段：大规模应用期（2010 年后）。2010 年后，世界多个国家和地区纷纷布局大数据战略。2012 年，在瑞士达沃斯召开的世界经济论坛上，大数据作为论坛主题之一备受关注，会上发布的《大数据，大影响》报告提出，大数据成为一种新型的经济资产。2013 年，大数据技术开始向商业、科技、医疗、政府、教育、经济、交通、物流等领域渗透，2013 年也被称为“大数据元年”。

这一阶段，大数据应用渗透至各行各业，企业依赖数据进行决策，信息社会智能化程度大幅提高，同时出现跨行业、跨领域的数据整合，甚至是全社会的数据整合，人们从各种各样的数据中寻找对于社会治理、产业发展更有价值的应用。

1.1.3 数据产生方式的变化

大数据的兴起与数据产生方式的变化有关。人类社会的数据产生方式大致经历了 3 个阶段，如图 1－1 所示。正是数据产生方式发生了巨大变化，才最终导致大数据的产生。

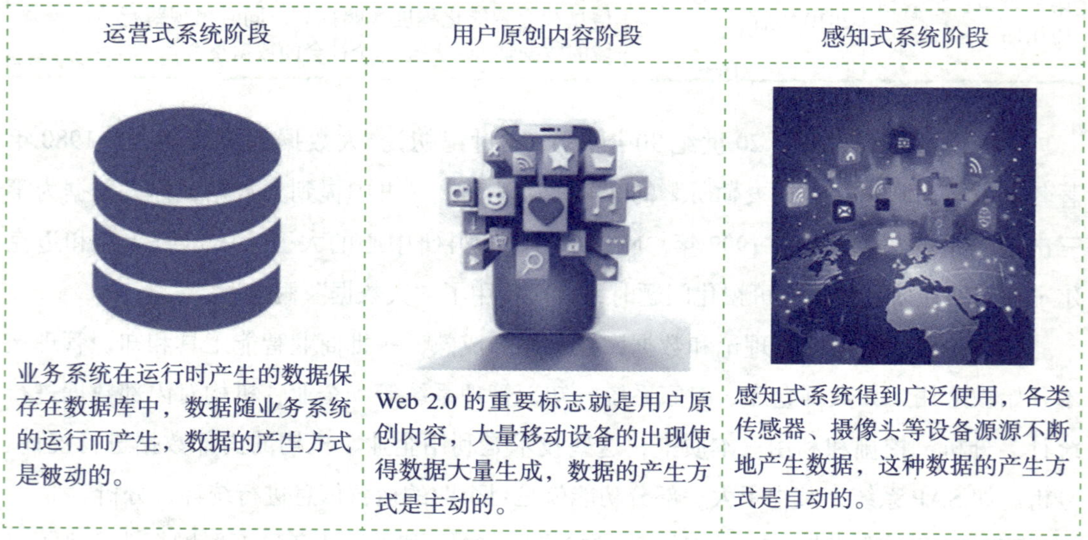

图 1－1　数据产生方式的变化

第一个阶段是运营式系统阶段。数据库的出现使得数据管理的复杂程度大大降低，实际应用中，数据库大都被运营系统所采用，作为运营系统的数据管理子系统，如超市的销售记录系统、银行的交易记录系统、医院病人的医疗记录等，人类社会数据量第一次大的飞跃正是建立在运营式系统广泛使用数据库的基础上。这个阶段最主要的特点是数据往往伴随着一定的运营活动而产生并记录在数据库中，例如，超市每销售一件产品就会在数据库中产生一条相应的销售记录。这个阶段的数据的产生方式是被动的。

第二个阶段是用户原创内容阶段。互联网的诞生促使人类社会数据量出现第二次大的飞跃。但是真正的数据爆发开始于 Web 2.0 时代，而 Web 2.0 的重要标志就是用户原创内容。这类数据近几年一直呈现爆炸性增长，主要有两个方面的原因。首先，以博客、微博为代表的新型社交网络的出现和快速发展，使得用户产生数据的意愿更加强烈；其次，以智能手机、平板电脑为代表的新型移动设备的出现，这些易携带、全天候接入网络的移动设备使得人们在网上发表自己意见的途径更为便捷。这个阶段的数据的产生方式是主动的。

第三个阶段是感知式系统阶段。我们目前正处于这个阶段。这次飞跃的根本原因在于感知式系统的广泛使用。各类极其微小的带有处理功能的传感器日益成熟，使很多设备能够自动生成数据、采集数据。例如，想知道某台机器是否正常运作，可以在机器中嵌入传感器，利用物联网来传输震动、温度、湿度、风速等数据，这些设备会源源不断地产生新数据。这个阶段的数据的产生方式是自动的。

简单来讲，数据产生方式经历了被动、主动和自动3个阶段。这些被动、主动和自动的数据共同构成了大数据的数据来源，但其中自动式的数据才是大数据产生的根本原因。这种自动产生的数据量是极大的。

1.2 大数据相关概念

大数据是一个较为抽象的概念，正如信息学领域大多数新兴概念一样，大数据至今尚无确切、统一的定义，而大数据应具备的特征则较为明确。本节主要介绍大数据的定义及特征。

1.2.1 大数据的定义

关于大数据的定义，不同机构给出的描述有所不同。下面介绍3个主流机构对于大数据的定义。

（1）百度百科对大数据的定义：大数据（big data），或称巨量资料，指的是所涉及的资料量规模巨大到无法透过主流软件工具，在合理时间内达到撷取、管理、处理并整理成为帮助企业实现经营决策等更积极目的的资讯。

（2）麦肯锡全球研究所对大数据的定义：一种规模大到在获取、存储、管理、分析方面大大超出了传统数据库软件工具能力范围的数据集合，具有海量的数据规模、快速的数据流转、多样的数据类型和价值密度低四大特征。

（3）研究机构Gartner对大数据的定义：大数据需要新处理模式才能具有更强的决策。

虽然关于大数据的定义还没有统一，但是各方都强调了数据量巨大且一般的处理软件或分析工具无法应对等，这些都体现了大数据的特征。

1.2.2 大数据的特征

麦卡锡提出，大数据具有4V特征：Volume（数据量大）、Variety（多样性）、Velocity（速度快）、Value（价值密度低）。后来，IBM提出，大数据具有5V特征，比4V多了一个 Veracity（真实性）。

因此，大数据的特征一般概括为 5V 特征，即数据量大（Volume）、多样性（Variety）、速度快（Velocity）、价值密度低（Value）、真实性（Veracity），如图 1－2 所示。

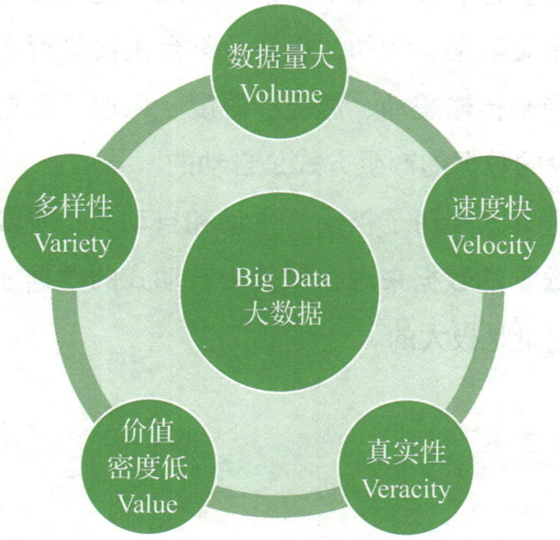

图 1－2　大数据 5V 特征

1. 数据量大（Volume）

数据量大，即容量大、体积大，包括采集、存储和计算的量都非常大，就是我们所说的海量数据。大数据的起始计量单位至少是 PB（1PB＝1 024TB）级的，或者更高的 EB（1EB＝1 024PB）级或 ZB（1ZB＝1 024EB）级。例如，互联网公司在日常运营中生成、累积的用户网络行为的数据，其规模就非常庞大。随着智能穿戴技术、物联网技术、云计算技术的发展，人类及周边物体的所有轨迹都可以记录下来，生产出大量数据。

2. 多样性（Variety）

广泛的数据来源决定了大数据类型的多样性。大数据大体上可以分为 3 类，分别是结构化数据、非结构化数据、半结构化数据。结构化数据是指具有固定结构、属性划分以及类型的数据，可以由二维表结构来逻辑表达和实现，通常直接存放在数据库表中，如企业 ERP 系统数据、财务系统数据、产品数据存储、交易日志等。非结构化数据是指数据结构不规则或不完整，无法用统一的结构来表示的数据，如视频、音频、图片、图像、文档、文本等。半结构化数据则是具有一定的结构，但又有一定的可变性的数据，如邮件、HTML、JSON、报表、资源库等。目前，大数据工作中要处理的数据以半结构化和非结构化的居多。

3. 速度快（Velocity）

大数据产生的速度很快，时效性要求也很高，需要对数据进行实时采集、处理、分析、挖掘、展现，因此对处理数据的响应速度有较高的要求，这与传统数据挖掘有显著的区别。在数据处理速度方面，有一个著名的“1秒定律”，即要在极短的时间内给出分析结果，超出这个时间，数据就失去了价值。这个定律只能适用于时效性要求很高的场景，比如火车、铁轨的故障预警，显然它依赖于高速的分析结果，类似场景还有电力故障、金融财务欺诈等。越来越多的数据挖掘趋于前端化，即提前感知并直接提供服务对象所需要的个性化服务。

4. 价值密度低（Value）

大数据的价值性有两点体现：价值密度低、商业价值高。在实际操作中，可以使用的数据是海量的，但并不是所有的数据都是有价值的，大量的数据是无效或低价值的，价值比例甚至在10%以下。相比于传统的小数据，大数据最大的价值在于通过从大量不相关的各种类型的数据中，挖掘出对未来趋势与模式预测分析有价值的数据，并通过机器学习方法、人工智能方法或数据挖掘方法深度分析，进而发现新规律和新知识。这些密度非常低的数据便可以发挥出巨大的商业价值。

5. 真实性（Veracity）

大数据的真实性是指数据的准确度和可信赖度，代表数据的质量。大数据内容来自真实世界，对所有的数据进行高效处理，可以确保一定的真实性和准确性。与传统的抽样调查相比，大数据反映的内容更加全面、真实。研究大数据的过程就是从庞大的数据中提取能够解释和预测现实事件的过程。

1.3 大数据应用现状

大数据正在逐步应用到各行各业，生产服务、工作生活和衣食住行数字化的场景比比皆是。例如，网上购物时，经常会发现电子商务门户网站向我们推荐商品，而这类商品往往是我们最近需要的。这是因为用户上网行为轨迹的相关数据都会被搜集记录，进行大数据分析之后，通过推荐系统向用户推荐可能需要的物品，从而达到精准营销的目的。下面介绍几种常见的大数据应用场景。

1.3.1 电子商务领域

电子商务是在网络上以电子交易方式进行交易活动或相关服务活动，常见的电子商务平台有天猫、淘宝、京东、亚马逊、当当网等。目前，电子商务凭借其自身的高效性、全球性、互动性等优势，已经成为一种主流的商业模式。电商领域是大数据应用最广泛的领域之一，如精准广告推送和个性化推荐，借助大数据技术分析用户行为，进行针对性广告投放和商品推荐。

在电商平台上，每天都会产生商家信息、个人信息、产品使用体验、商品浏览记录、商品成交记录、产品价格动态等海量信息。这些数据通过聚类可以形成电商行业大数据，其背后隐藏的是电商行业的市场需求、竞争情报，闪现着巨大的财富价值。如今的电商平台多利用大数据来分析消费者的需求，预测未来的销售情况，使企业在经营决策上有更多的依据，进而获得更大的经济效益，在一定程度上提高企业的竞争力。例如，购物平台的个性化推荐广告投放系统就是根据消费者搜索和购买产品时产生的数据，利用大数据分析消费者的喜好，然后进行广告推荐。

1.3.2 金融领域

目前，越来越多的金融企业投身到大数据应用实践中。麦肯锡的一份研究显示，金融业在大数据价值潜力指数中排名第一。银行是金融数据的重要使用机构，银行业大数据应用主要集中在客户营销、产品创新、风险控制和运营优化等领域。证券行业具有资本密集、信息密集、智力密集和技术密集的特点，而大数据越来越呈现出细节化、多维化、立体化的特点，对证券业务的发展影响巨大。证券行业大数据应用主要表现在股市行情预测、股价预测、智能投资顾问等方面。

大数据在金融行业的典型应用主要有以下 5 个方面：

（1）精准营销：构建用户 360 度立体画像，对细分的客户进行精准营销、实时营销等个性化智慧营销。

（2）风险管控：利用大数据平台统一管理金融企业内部多源异构数据和外部征信数据，更好地完善风控体系。内部可保证数据的完整性与安全性，外部可控制用户风险。

（3）决策支持：通过大数据分析方法改善经营决策，为管理层提供可靠的数据支撑，从而使经营决策更高效、敏捷、精准。

（4）服务创新：通过对大数据的应用，改善客户交互体验，增加客户黏度，为个人与政府提供增值服务，不断增强金融企业业务核心竞争力。

（5）产品创新：通过高端数据分析和综合化数据分享，有效对接银行、保险、信托、基金等金融产品，使金融企业能够从其他领域借鉴并创造出新的金融产品。

1.3.3 医疗领域

医疗活动会产生大量的医疗数据。数据来源一般包括病人就医时产生的数据，临床医疗研究和实验数据，可穿戴设备采集的数据等。例如，常见的电子病例就包括挂号、检查、治疗、住院、出院、康复等就医过程的数据，既提高了医务工作者的工作效率，又改善了患者的就医体验，同时也是医学研究的重要数据参考。

借助大数据技术，可以挖掘、分析患者的病理数据以及成功治疗案例的相关数据，进而建立某类疾病的分析模型、临床诊疗过程指标和结果评价模型。医生能够通过分析模型和评价模型精准查找病因，为患者提供科学化、个性化的治疗方案。过去，针对患者的治疗方案，大多数基于医师的经验，优秀的医师固然能够为患者提供好的治疗方案，但由于医师的水平不同，因此很难保证每位患者都能够得到最佳的治疗。随着大数据在医疗行业的深度融合，大数据平台积累了海量的病例、病例报告、治愈方案、药物报告等信息资源，所有常见病例、既往病例等都记录在案，医生通过有效、连续的诊疗记录，能够给病人提供优质、合理的诊疗方案。这样不仅能提高医生的诊断效率，还能降低误诊率，从而让患者用最短的时间接受最好的治疗。

1.3.4　交通领域

交通大数据是指在城市智能交通建设和运营的过程中，把视频监控、卡口电警、GPS定位等每天产生的大量数据整合到一起（如车辆信息、地图信息、违规违章记录等），形成的有价值的数据链，从而指导城市交通信息化建设，为市民出行服务。例如，公交车GPS定位系统可以根据公交车每天的位置和时间数据以及时刻表预测公交车的到站时间，方便乘客规划出行路线，避免时间浪费；道路交通状况判别及预测系统可以帮助用户尽量避开拥堵，有效缓解交通压力。

如今，智慧城市理念在很多城市得到了积极的倡导和推广，它就是利用大数据技术来协助管理城市，使城市管理工作更加智能化、科学化、规范化，智慧交通便是智慧城市建设的重要构成部分。采用先进的信息技术、通信传输技术、传感技术、导航与定位技术，整合多源交通大数据，建设全方位交通大数据服务平台，可以对城市交通进行有效的监控和管理，促进城市交通运输的发展，解决城市交通中存在的各种问题。未来，大数据与交通将进一步融合，道路、交通信号灯、停车场等将会变得更加智能，我们的出行也会变得更加便利、安全。

1.3.5　电信领域

电信是信息化水平比较高的行业，行业内部业务系统的信息化较为完善，历史数据丰富，并且拥有较深层次的分析类应用，目前正处于将内外部数据结合起来为业务发展服务的阶段。大数据在电信领域的应用主要体现在5个方面：

（1）网络管理和优化，包括基础设施建设优化、网络运营管理和优化。

（2）市场与精准营销，包括客户画像、关系链研究、精准营销、实时营销和个性化推荐。

（3）客户关系管理，包括客服中心优化和客户生命周期管理。

（4）企业运营管理，包括业务运营监控和经营分析。

（5）数据商业化，指大数据对外商业化。

1.3.6 电子政务领域

随着电子政务服务的不断完善，无纸化办公、电子化办公、一站式服务、一键搞定服务等逐步在各大城市得到推广，尤其是在北京、上海、深圳等城市，基本实现了电子政务服务全覆盖。大数据技术融入电子政务之后，数据获取变得更加容易，数据处理效率显著提高，保证了各项政务工作的顺利开展。大数据在电子政务领域的应用主要体现在以下 5 个方面：

（1）建立公共信息平台。利用大数据技术对各级政府部门以及社会群体收集的信息进行分类和筛选，通过加工、分析和整合，建立大数据信息共享交换平台，实现信息资源共享和信息最大化公开。

（2）协同办公。政府的行政办公中包含很多的工作内容，例如公文办理、公文审批和行政审批等。借助大数据技术，可以优化政务协作流程，提升政务信息处理的水平和效率。

（3）舆情监测。通过大数据技术实现对大众舆论的实时监测，便于政府工作人员根据舆情发展情况采取合适的处理方法。

（4）危机管理。基于大数据进行全面分析，可以在政府进行公共危机管理时实时获取信息，及时处理突发事件。

（5）构建政府知识图谱。知识图谱是指各种各样的知识点连接而成的语义网络，知识图谱在电子政务领域的应用主要体现在信息咨询、政府知识库搭建以及主体画像等方面。

1.4 大数据相关技术

大数据的兴起，得到了云计算、物联网、移动互联网、人工智能等重要技术的支持，它们极大地推动了大数据服务的进程。

1.4.1 云计算

1. 云计算的概念

云计算（cloud computing）是分布式计算的一种，通过网络“云”将巨大的数据计算处理程序分解成无数小程序，然后通过多部服务器组成的系统进行处理和分析，并将结果返回给用户。

云计算将网络上分布的计算、存储、服务构件，以及网络软件等资源集中起来，基于资源虚拟化的方式为用户提供方便快捷的服务，它可以实现计算与存储的分布式与并行处理。如果把“云”视为一个虚拟化的存储与计算资源池，那么云计算便是这个资源池基于网络平台为用户提供的数据存储和网络计算服务。互联网是最大的一片“云”，其上的各种计算机资源共同组成了若干个庞大的数据中心及计算中心。

云计算工作的基本原理是，用户所处理的数据并不存储在本地，而是保存在互联网的数据中心。提供云计算服务的企业负责管理和维护这些数据中心的正常运转，保证足够强的计算能力和足够大的存储空间供用户使用。用户在任何时间、任何地点，通过任何可以连接互联网的终端设备即可访问这些服务，而不需关心存储或计算发生在哪朵“云”上。用户按需付费，即可从云上获得需要的计算资源，包括存储、数据库、服务器、应用软件及网络等，大大降低了使用成本。

借助云计算，网络服务提供者可以在瞬息之间处理数以千万计甚至亿计的信息，达到和超级计算机一样的效能。云计算可以被视为网络计算和虚拟化的融合：即利用网格分布式计算处理能力，将IT资源构筑成一个资源池，再加上成熟的服务器虚拟化技术、存储虚拟化技术，使用户可以实时监控和调配资源。云计算的出现使高性能并行计算走近普通用户，使用计算资源像用水和用电一样方便，大大提高了计算资源的利用率和用户的工作效率。

2. 云计算的分类

并非所有的云计算都是相同的，也并非一种云计算就能适合所有人。不同型号、类型和服务的云计算可以提供满足不同需求的解决方案。根据云计算服务模式的不同，云计算可以分为基础即服务（Iaas）、平台即服务（Paas）、软件即服务（Saas）等，分别为客户提供构建云计算的基础设施、云计算操作系统、云计算环境下的软件和应用服务。由于部署方式不同，云计算可以分为4类：公有云、私有云、社区云和混合云，如图1－3所示。

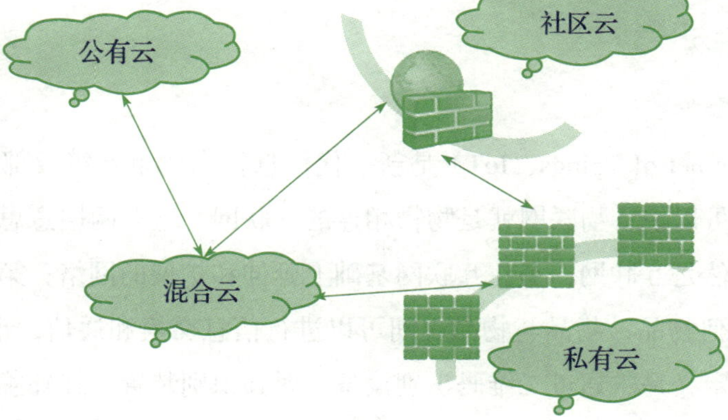

图1－3　云计算的分类

（1）公有云：公有云通常指第三方供应商提供给用户的云，公有云一般可通过互联网使用，阿里云、腾讯云和百度云都是公有云的应用实例。借助公有云，所有硬件、软件及其他基础架构均由云供应商拥有和管理。

（2）私有云：私有云是为满足单个客户使用需求而构建的云，可提供对数据、安全性和服务质量最有效的控制。使用私有云的公司拥有基础设施，可以控制在此基础设施上部署应用程序的方式。

（3）社区云：社区云是一些有着相似需求并打算共享基础设施的组织共同创立的云。由于用户数比公有云少，因此社区云往往比公有云贵，但隐私度、安全性和政策遵从度都比公有云高。具备业务相关性或者隶属关系的单位和组织建设社区云的意愿更大一些，因为一方面能降低各自负担的费用，另一方面能共享信息。

（4）混合云：混合云是公有云、私有云和社区云中两种或三种部署方式的结合。出于安全和控制方面的原因，企业中并非所有的信息都能存储在公有云上，混合云模式便可帮助企业灵活存储信息。

3. 云计算与大数据的关系

云计算是支撑大数据环境及应用的基础平台，解决了大数据面临的问题，可实现大数据应用的落地。云计算的核心是业务模式，其本质是数据处理技术，旨在整合和优化各种 IT 资源并通过网络以服务的方式廉价地提供给用户。

云计算注重资源分配，是硬件资源的虚拟化，而大数据是海量数据的高效处理。大数据与云计算之间是相互关联的，无论是在资源的需求上还是在资源的再处理上，都需要二者共同发挥作用。具体来讲，大数据是一种移动互联网和物联网背景下的应用场景，各种应用产生的巨量数据需要被处理和分析，挖掘有价值的信息；云计算是一种技术解决方案，以提供虚拟化技术为核心，利用云计算可以解决计算、存储、数据库等一系列 IT 基础设施的按需构建的需求问题。在实际运用中，大数据是云计算非常重要的应用场景，而云计算则为大数据提供了技术支持，二者密不可分。

1.4.2 物联网

1. 物联网的概念

物联网（Internet of Things，IoT）是新一代信息技术的重要组成部分，意指物物相连，万物万联。可以说，物联网就是物物相连的互联网。这有两层意思：第一，物联网的核心和基础仍然是互联网，是在互联网基础上延伸和扩展的网络；第二，其用户端延伸和扩展到了任何物品，物品与物品之间可以进行信息交换和通信，也就是万物万联。因此，物联网的定义是，通过二维码识别设备、射频识别装置、红外感应器、全球定位系统、激光扫描器等信息传感设备，按约定的协议把任何物品与互联网连接，进行信息交换和通信，以实现对物品的智能化识别、定位、跟踪、监控和管理的一种网络。在物联网应用中有三项关键技术，即传感器技术、RFID 标签、嵌入式系统技术。

2. 物联网的体系架构

物联网的体系架构可以分为3层，自下而上依次是：感知层、网络层、应用层，如图1－4所示。

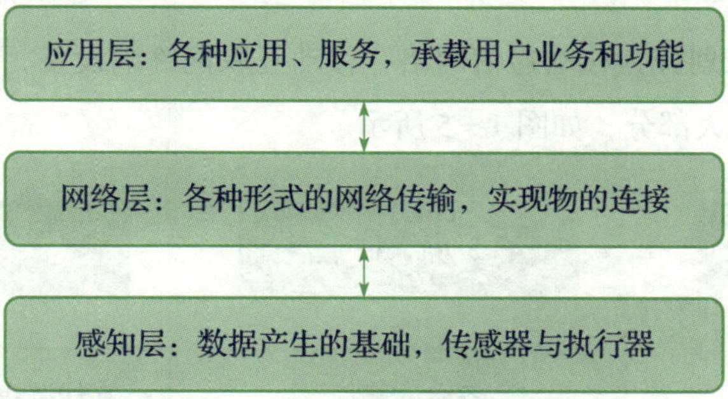

图1－4 物联网的体系架构

（1）感知层：感知层犹如人的感知器官，物联网依靠感知层识别物体和采集信息。感知层包括信息采集和通信子网两个子层。以传感器、射频识别、智能装置、二维码、条形码等作为数据采集设备和标识，并将采集到的数据通过通信子网的通信模块和延伸网络与网络层的网关进行信息交互。

（2）网络层：借助网络科技可将信息传递至位于云端的主机。网络就相当于人体的神经网。而网络层的主要任务就是处理下层传来的信息，判断是送往云端，还是直接进行其他处理。

（3）应用层：位于云端的主机会接收到大量的使用信息，经过大数据分析后，做出正确反应并给各装置发送相应的指令，实现监测与控制的智能化。

3. 物联网与大数据的关系

物联网通过感知信息使物体与物体在网络中互联互通，实现物物感知、信息共享、协作联通、智慧应用，物联网能够使物体具有“智慧”，甚至可以通过提高“智商”使其“聪明”起来。物联网需要借助大数据技术来实现物联网数据的智能分析和处理。

大数据的发展源于物联网技术的应用。物联网的传感器源源不断地产生的大量数据构成了大数据的数据来源，没有物联网技术的飞速发展，就不会有数据产生方式的变革，即由人工产生阶段转向自动产生阶段，大数据时代也不会这么快就到来。因此，物联网是大数据的重要数据来源。

1.4.3 移动互联网

1. 移动互联网的概念

移动互联网是指移动通信终端与互联网结合的产物，用户可使用手机、平板电脑或其他无线终端设备，在移动状态下（如乘地铁、公交车）通过速率较高的移动网络随时、随地访问 Internet，享受商务、娱乐等各种网络服务。其中，移动环境下的网页浏览、文件下载、位置服务、在线游戏、视频浏览和下载、移动支付等是主流应用。

2. 移动互联网的组成

移动互联网可以划分为移动通信网络、移动互联网终端设备、移动互联网应用和移动互联网相关技术四大部分，如图 1－5 所示。

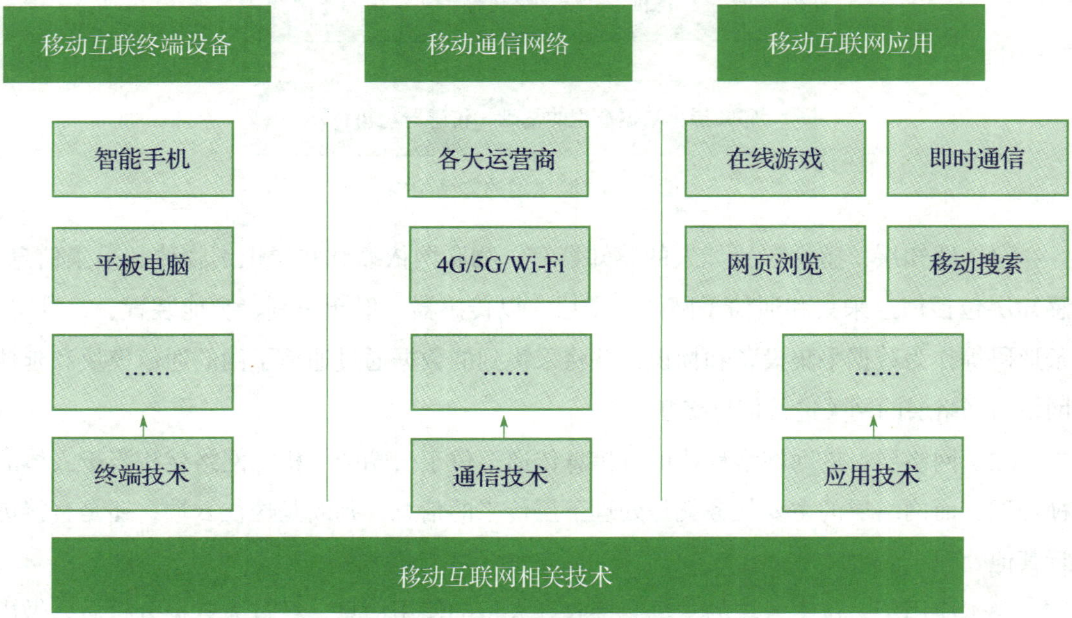

图 1－5　移动互联网结构

（1）移动互联终端设备。

无线网络技术只是移动互联网蓬勃发展的动力之一，移动互联终端设备的兴起才是移动互联网发展的重要助推器。移动互联网能够发展到今天，成为全球互联网革命新浪潮的航标，并迅速在世界范围内扩展开来，移动互联终端设备的作用功不可没。

（2）移动通信网络。

移动互联网时代不再需要连接各终端、节点的网线，移动通信技术可以通过无线网络将网络信号覆盖到每个角落，使人们能够随时随地接入移动应用服务。

（3）移动互联网应用。

人们接入移动网络后，应用最多的就是移动互联网应用程序。大量新奇的应用逐渐渗透到人们生活、工作的各个领域，进一步推动移动互联网的发展。

（4）移动互联网相关技术。

移动互联网相关技术包括移动互联网终端技术、移动互联网通信技术和移动互联网应用技术三大部分。移动互联网终端技术包括硬件设备的设计和智能操作系统的开发技术；移动互联网通信技术包括通信标准与各种协议、移动通信网络技术和中短距离无线通信技术；移动互联网应用技术包括服务器端技术、浏览器技术和移动互联网安全技术。

3. 移动互联网与大数据的关系

移动互联网和大数据是相辅相成的。一方面，移动互联网成为大数据的重要来源。可以说，移动互联网、物联网以及云计算等热点崛起是大数据产生的原因。移动互联网应用的关键在于智能终端，智能终端不仅包括手机，所有显示设备、可穿戴设备、机器设备等都可以成为智能终端，都在源源不断地采集数据、汇聚数据。因此，移动互联网将为大数据的发展提供更多数据、信息和资源。另一方面，移动互联网应用逐渐大数据化，越来越多的应用服务正向数据密集型转变，这都离不开大数据的驱动，意味着它们将基于海量数据或实时数据提供“大数据”驱动下的移动互联网服务。因此，大数据的发展为移动互联网的发展提供了更多的支撑、服务和应用。此外，移动互联网应用的大数据化也使得大数据的处理超越空间和时间的束缚，更新更及时。

1.4.4　人工智能

1. 人工智能的概念

人工智能（Artificial Intelligence，AI）是研究、开发用于模拟、延伸和扩展人的智能的理论、方法、技术及应用系统的一门新的技术科学。最早的人工智能可以追溯到 20 世纪 50 年代，约翰·麦卡锡担任达特茅斯学院数学助理教授期间，将马文·闵斯基、克劳德·香农、艾伦·纽厄尔、赫伯特·西蒙等科学家聚在一起，讨论“用机器模仿人类学习以及其他方面的智能”这一主题。虽然最终大家没有达成普遍共识，但是却为会议讨论的内容起了一个名字：人工智能。因此，1956 年被称为人工智能元年。

人工智能领域的研究包括机器学习、计算机视觉、机器人、语音识别、图像识别、自然语言处理和专家系统等。人工智能可以对人的意识、思维的信息过程进行模拟。人工智能不是人的智能，但可以像人一样思考甚至超过人的智能。

人工智能的本质是大量的样本数据经过规则引导之后，使机器可以自动识别类似目标样本。所以需要“先人工，后智能”，如果给计算机提供一个它从来没有“见过”的物品，则无法识别。

2. 人工智能的实现方法

人工智能在计算机上有两种不同的实现方式。

一种是采用传统的编程技术，使系统呈现智能效果，而不考虑所用方法是否与人或动物机体所用的方法相同。这种方法叫工程学法（Engineering Approach），已在一些领域取得了成果，如文字识别。

另一种是模拟法（Modeling Approach），该方法不仅要看效果，还要求所用方法与人或动物机体所用的方法相同或类似。遗传算法和人工神经网络均属于这一种类型：遗传算法模拟人或动物的遗传—进化机制；人工神经网络模拟人或动物大脑中神经细胞的活动方式。

3. 人工智能的研究成果

（1）问题求解：该功能包括问题表示、搜索和行动计划等，它是在人工智能早期的棋类游戏、智力问答、定理证明研究的基础上逐渐发展起来的。问题求解技术给人们留下的最深的印象就是人机对弈，人工智能棋手曾经在围棋大赛上战胜了许多人类高手。

（2）模式识别：用智能设备代替人类或者帮助人类感知外部信息，如指纹识别、人像识别、文字识别、图像识别、车牌识别、语音识别等。

（3）自动工程：主要应用领域包括自动驾驶等。

（4）知识工程：以知识本身为处理对象，研究如何运用人工智能和软件技术设计、构造和维护知识系统，包括专家系统、智能搜索引擎、计算机视觉和图像处理、机器翻译和自然语言理解、深度学习、数据挖掘和知识发现。

4. 人工智能与大数据的关系

人工智能与大数据存在着密切的内在联系，可以很好地协同工作。人工智能是基于大数据实施计算机决策的技术，需要大量数据作为思考和决策的依据，而大数据也需要人工智能技术对数据进行价值操作，使数据更加有价值。如果说大数据相当于人类大脑中存储的海量知识，人工智能的作用就是吸收、内化大量的数据，不断深度分析并创造更大的价值。因此，大数据与人工智能的关系是相辅相成、相互依存，两者结合能高效地保障信息的可靠性、真实性、稳定性。

人工智能需要数据来形成智能，特别是机器学习。过去，人工智能由于处理器速度慢、数据量小而不能很好地工作。现在，强大的算力和海量数据使人工智能技术得到了长足的发展。

总之，大数据和云计算、物联网、移动互联网、人工智能之间均互有关联。云计算是基础，提供偏向底层的服务，包括网络架设、服务器虚拟化、数据承载等，没有云计算就无法实现大数据的存储与计算；大数据是应用，它存在于云计算之上，提供海量数据的分析整理与汇总，没有大数据，云计算就缺少了目标与价值；物联网、移动互联网以及传统互联网每时每刻都在产生海量数据，需要运用大数据技术将这些数据进行筛选和分析，以便提炼出有价值的信息；大数据、云计算、物联网、移动互联网等又都需要人工智能的参与，以实现高效的运作。未来，大数据、云计算、物联网、人工智能、移动互联网等技术将会进一步融合，为产业升级、场景智能化服务。

1.5 大数据处理流程

大数据的处理流程可以定义为在合适的工具的辅助下，对不同结构的数据源进行汲取和集成，并将结果按照一定的标准统一存储，再利用合适的数据分析技术对其进行分析，最后从中提取有益的知识，并利用恰当的方式将结果展示给终端用户。

大数据的处理流程一般分为 5 个步骤，如图 1-6 所示。数据质量贯穿整个大数据的处理流程，每个数据处理环节都会对大数据质量产生影响。

图 1-6 大数据的处理流程

1.5.1 数据采集

数据采集是通过 RFID 射频识别技术、传感器技术、社交网络交互技术及移动互联网技术等获得各种类型的结构化、半结构化及非结构化的海量数据。常用的大数据采集工具有 Flume、Fluentd、Logstash、Sqoop、Kafka、kettle、Sqoop、Scrapy、八爪鱼等。

大数据采集从数据源角度可以分为四类：网络数据采集（包括网页、视频、音频、动画、图片等）、数据库采集、日志数据采集和感知设备数据采集。

（1）网络数据采集：通过网络爬虫和网站公开 API 等，从网页获取非结构化或半结构化数据，并将其统一结构化之后保存为本地数据。

（2）数据库采集：主要采集源自各种业务信息系统的数据库数据，业务信息系统包含大量的结构化业务数据。

（3）日志数据采集：主要采集企业业务平台日常产生的大量日志数据，供离线和在线的大数据分析系统使用。

（4）感知设备数据采集：通过传感器、摄像头和其他智能终端自动采集信号、图片或录像等数据。

1.5.2 数据预处理

数据预处理是指在进行主要的数据分析环节之前对数据进行初步处理。现实中的数据，大多存在不完整、有噪声、不一致等问题，比如 Salary=“-1500”就是明显的错误数据。进行数据分析之前，对原始数据进行诸如“清洗、填补、平滑、合并、规格化、一致性检验”等操作可以提高数据质量，为后期分析工作奠定基础。数据预处理主要包括 4 个部分：数据清洗、数据集成、数据转换和数据规约。

（1）数据清洗（Data Cleaning）：数据清洗是保证数据质量的重要手段之一。并非所有采集到的数据都是有价值的，有些数据可能与分析和挖掘需求无关，有些甚至是完全错误的干扰项。因此要对数据进行过滤、去噪，从而提取出有效的数据。数据清洗包括对缺失值、噪声数据和不一致数据的处理。

（2）数据集成（Data Integration）：数据集成是指把不同数据源中的数据整合并存储到统一的数据库中。在这个过程中需要着重解决模式匹配、数据冗余、数据值冲突检测与处理3个问题。

（3）数据转换（Data Transformation）：数据转换是指对数据进行规范化处理，采用线性或非线性的数学变换方法将多维数据压缩成较少维的数据，消除它们在时间、空间、属性及精度等特征表现方面的差异。数据转换方式包括平滑、聚集、离散化、规范化、属性构造和概念分层等。

（4）数据规约（Data Reduction）：数据规约是指在保持数据原貌的基础上最大限度地精简数据量，以得到较小数据集的操作。数据归约技术可以得到数据集的归约表示，它比原数据小得多，但并不影响原数据的完整性，在规约后的数据集上进行挖掘，能够得到与使用原数据集时近乎相同的分析结果。数据规约主要包括维度规约、数量规约和数据压缩等。

需要强调的是，上述数据预处理方法并不是相互独立的，而是相互关联的。数据预处理能够改善数据的质量，进而提高数据挖掘进程的有效性和准确性。高质量的决策来自高质量的数据，数据预处理是整个数据挖掘与知识发现过程中的重要步骤。

1.5.3 数据存储

预处理后的数据通常需要用存储器存储起来，并建立相应的数据库，方便后续进行管理和调用。HDFS、HBase、Hive都是Hadoop技术流的数据存储框架。HDFS是Hadoop分布式文件系统，是HBase、Hive的底层存储技术。HBase是使用键值对的存储结构，适用于特定键的搜索场景。Hive是大数据仓库，可以针对HDFS中的数据建立元数据，并对元数据进行各种查询操作。MongoDB是NoSQL数据库，它是一个高扩展、高性能和高可用的且面向文档的数据库，以JSON的形式进行数据存储，支持全文搜索。

根据数据存储和管理的内容范围，大数据存储和管理技术需要重点解决的问题包括：海量文件的存储与管理，海量小文件的传输、索引和管理，海量大文件的分块与存储，确保系统可扩展性与可靠性等。较为有效的存储和管理大数据的方式如下：

1. 不断加密

对于企业来说，任何类型的数据都可能是至关重要且私有的，数据一旦泄露或被破译，可能给企业带来极大的损失。如今，很多行业巨头成为黑客攻击的首要目标，企业为保护资产开展了对黑客的反击，加密成为打击网络威胁的可行途径：将所有内容转换为代码，使用加密信息，只有收件人可以解码。

2. 仓库存储

大数据就像一个永不休止的数据漩涡，管理难度很大，可以考虑将信息精简后集中到一个指定位置，即数据仓库。通过存储、校准、整合及输出，对数据进行集中分层管理，在保证数据时效性、生态性的同时，完成不同程度的处理。

3. 备份服务云端

假如数据存储技术在物理层面就停滞不前，而大数据却依旧以现在的速度持续增长，人类迟早会面临数据无处存储的窘境，所幸大数据存储和管理正在快速脱离物理机器的范畴，进入数字领域。云存储服务推动了数字化转型，使得云计算的应用越来越繁荣。人们可以随时随地访问数据，并在云存储服务上进行备份，这也意味着如果出现网络攻击，可在云端将数据从 A 空间迁移到 B 空间，以确保数据安全。

1.5.4 数据分析与挖掘

大数据分析与挖掘是指从数据中提取有价值的信息。

1. 大数据分析

大数据分析是指将采集到的大量数据汇总、理解并消化，进而发现数据的价值。最初的数据分析基于统计学家和经济学家的一些理论，结合一定的实际应用场景来解决问题，更多地偏重业务层面。

数据分析是大数据处理与应用的关键环节，应根据大数据应用情境与决策需求选择合适的数据分析技术，提高大数据分析结果的可用性、价值性和准确性。

大数据分析常用的手段是基于数据仓库的联机分析处理（OLAP）。在大数据环境下，以特定主题为导向，数据仓库将各个业务系统中与分析有关的数据通过 ETL 操作整理在一起，实现对目标数据的管理和维护。在此基础上，利用 OLAP 工具对数据进行切块、切片、旋转、上钻、下取等操作，有利于从不同维度、不同粒度对数据进行观察和理解，进而提取和总结有价值的信息。在大数据的实际应用环境中，通常采用 Hive 工具实现对用户的动态多维分析，包括跨维计算和建模等。

2. 大数据挖掘

大数据挖掘是指从海量数据中获取有效的、新颖的、潜在有用的、最终可理解的信息的技术。数据挖掘并不是一个新技术，并且发展成熟，但在大数据概念下，数据挖掘被赋予了新的意义。其所处理的数据类别越来越广泛，挖掘工具的性能也在不断提升。

与大数据分析过程不同的是，数据挖掘一般没有预先设定好的主题，主要是在现有数据上进行基于各种算法的计算，起到预测效果，满足高级别数据分析的需求。比较典型的算法有用于聚类的 K-means、用于统计学习的支持向量机（SVM）和用于分类的贝叶斯分类（Naive Bayes）。Apache Mahout 是常用的数据挖掘工具之一，是基于 Hadoop 的机器学习库，主要关注分类、聚类和协同过滤问题，用于从海量数据中找到未知的、可能有用的、隐藏的规则。

1.5.5 数据可视化

数据可视化是指将大数据分析与预测结果以计算机图形或图像的方式直观展示给用户，并可与用户进行交互式处理。新型的数据可视化技术必须能够满足大数据需求，快速收集、筛选、分析、归纳、展现决策者需要的信息；能够针对新增数据进行实时更新；能够通过丰富的展现方式满足数据展现的多维度要求。

大数据可视化的基本思想是将数据库中的每一个数据项以单个图元元素表示，同时将数据的各个属性以多维数据的形式表示，便于人们从不同的维度观察数据，对数据进行更深入的观察和分析，做出更好的决策。此外，人机交互技术可以引导用户对数据进行逐步分析，参与分析过程，以便更好地理解分析结果。

在企业的年度汇报或者分析中，销售部门、采购部门或生产部门等可以通过大数据可视化技术将年度销售、采购、生产、成本、单价等数据直观、生动地展示出来，便于管理层进行战略决策与调整。

数据可视化工具种类繁多，其中，零编程工具包括 Tableau 和 Microsoft Power BI 等。Tableau 可将数据运算结果与形式多样的图表完美地结合在一起，易学易用。Microsoft Power BI 能够从 Excel 电子表格或本地数据库创建快速见解，还可以进行丰富的建模和实时分析以及自定义开发。因此，Microsoft Power BI 既是用户的个人报表可视化工具，还可作为项目组、部门或整个企业背后的分析和决策引擎。

1.6 大数据技术架构

大数据技术是一系列技术的总称，包含数据采集、数据传输、数据存储、数据处理、数据分析、数据挖掘、数据可视化等技术，是一个庞大而复杂的技术体系。在实际应用场景中，大数据平台架构及技术选型是很重要的一步。下面从大数据基础架构、常用框架技术以及大数据技术栈 3 个方面进行介绍。

1.6.1 大数据基础架构

大数据基础架构为四层堆栈式技术架构，包括：基础层、管理层、分析层、应用层，如图 1－7 所示。

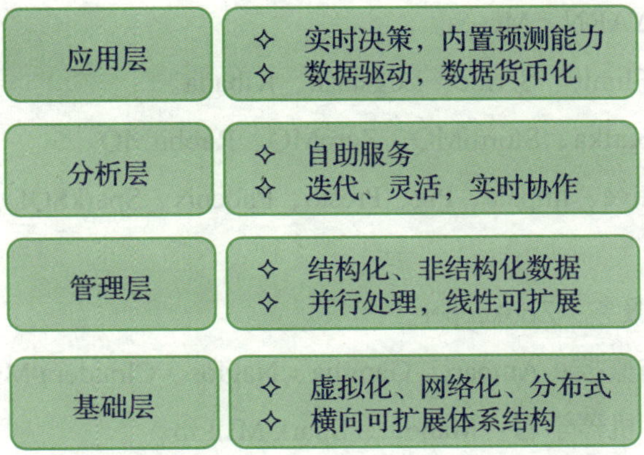

图 1－7　大数据四层堆栈式技术架构

1. 基础层

第一层为大数据基础架构的最底层，即基础层。要实现大数据规模化应用，企业需要配备一个高度自动化的、可横向扩展的存储和计算平台作为基础设施，涵盖计算资源、内存与存储设备和网络互联设备。

2. 管理层

要在多源数据上做深层次分析，需要在大数据技术架构中设置一个管理平台，将结构化和非结构化数据管理合为一体，实现实时传送、查询、计算功能。管理层既涉及数据的存储和管理，也涉及数据的计算。并行化和分布式是大数据管理平台必须考虑的要素。

3. 分析层

分析层提供基于统计学的数据挖掘和机器学习算法，用于分析和解释数据集，帮助企业深入领悟数据价值。可扩展性强、使用灵活的大数据分析平台可起到事半功倍的效果。

4. 应用层

大数据的价值体现在帮助企业进行决策和为终端用户提供服务，就像电子商务网站为买家和卖家提供的智能推荐和广告投放服务。众多新型商业需求推动了大数据应用的发展；大数据应用为企业提供的竞争优势也使得企业更加重视大数据的价值。

1.6.2　大数据常用框架技术

大数据框架技术有很多，这里列举一些常用的框架技术。

（1）文件存储：Hadoop HDFS、Tachyon、KFS。

（2）离线计算：Hadoop MapReduce、Spark。

（3）流式、实时计算：Storm、Spark Streaming、S4、Heron。

（4）K-V、NOSQL 数据库：HBase、Redis、MongoDB。

（5）资源管理：YARN、Mesos。

（6）日志收集：Flume、Scribe、Logstash、Kibana。

（7）消息系统：Kafka、StormMQ、ZeroMQ、RabbitMQ。

（8）查询分析：Hive、Impala、Pig、Presto、Phoenix、SparkSQL、Drill、Flink、Kylin、Druid。

（9）分布式协调服务：Zookeeper。

（10）集群管理与监控：Ambari、Ganglia、Nagios、Cloudera Manager。

（11）数据挖掘、机器学习：Mahout、Spark MLLib。

（12）数据同步：Sqoop。

（13）任务调度：Oozie。

1.6.3 大数据技术栈

如今，大数据生态圈涌现出一大批优秀的组件和框架，对一些底层技术进行了封装，为程序员提供了简单易用的 API 接口。在大数据分析和处理领域，Hadoop 已经发展成一个非常成熟的生态圈，涵盖了很多大数据相关的基础服务，而 Spark 和 Flink 主要针对大数据计算，分别在批处理和流处理方面形成了自己的优势。

大数据技术生态已相对成熟，围绕大数据应用搭建的平台架构和技术选型也逐渐趋向统一。如图 1－8 所示为目前国内各大互联网公司普遍采用的大数据平台架构和技术选型。当然，对于大部分公司而言，构建庞大的大数据平台成本太高，可以根据实际情况灵活设计。

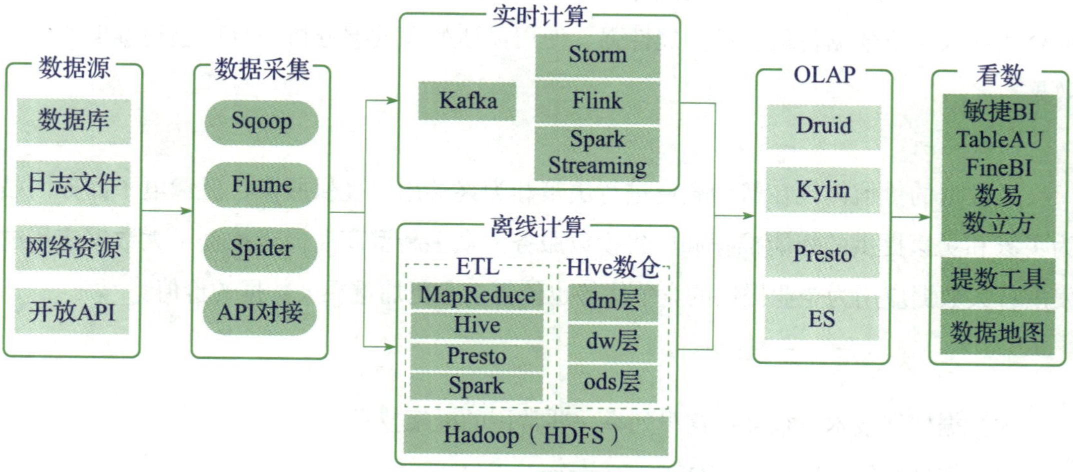

图 1－8 大数据技术栈

1. 数据采集

要根据数据实时性、数据的类型、数据量等采用不同的方法和技术完成大数据的采集和整合。采用的主要技术包括 Sqoop、Flume、Spider、API 对接等。其中，Sqoop 和 Flume 是数据采集和集成的两个重点工具，Sqoop 用于从关系型数据库中采集数据，Flume 用于日志采集。

2. 离线计算

离线计算是指在计算开始前已知所有输入数据（输入数据不会发生变化），且在解决一个问题后就要立即得出结果的前提下进行的计算。离线计算处理的数据是静态不变的，但是数据量非常大。采用的主要技术包括 HDFS、MapReduce、Hive、Spark、Presto 等。

3. 实时计算

实时计算是指在计算开始前并不知道所有的输入数据，输入数据以序列化的方式逐个输入并进行处理。实时计算过程处理的数据量不大，但是要求非常快的数据处理速度。如果说离线计算看重的是高吞吐能力，那么实时计算看重的就是快速响应能力。为了实现快速响应，实时计算通常会采用流计算方式。采用的主要技术包括 Spark、Storm、Flink、Kafka 等。

4. 数据分析（OLAP）

OLAP 是数据仓库的主要应用，是一种分析型数据处理方式，采用的主要技术包括 Druid、Kylin、Presto、ES 等。

5. 看数

看数可解决数据可视化问题，常见的敏捷 BI 工具有 QlikView、TableAU、FineBI、PowerBI、QuickBI 等。此外，提数工具是指提取数据用作统计分析的工具，数据地图是指供人查找数据的数据资产管理工具。

1.7 大数据面临的挑战与发展趋势

未来几年，大数据技术将逐渐步入理性发展阶段和落地应用阶段。大数据时代，挑战与机遇并存，前景乐观。

1.7.1 大数据面临的挑战

大数据技术应用的各个环节都存在着一定的挑战。

1. 来自数据集成的挑战

（1）数据质量有待提升。数据量大不一定代表信息量大或者数据价值高，很多时候反而意味着信息垃圾的泛滥。现实中的数据大多杂乱无章，数据质量难以保证，这对大数据的收集和分析是一个挑战。数据质量代表数据的可用性，大数据时代背景下，人们更关注的是数据分析的效率，所以数据的可读性成为影响数据质量的重要因素。

（2）广泛的异构性。数据类型已经从以结构化数据为主转向结构化、半结构化、非结构化三者的融合。数据产生方式的多样性导致数据源的变化。数据收集的途径众多，使得将多途径收集到的数据整合进同一个数据库中进行分析变得困难，大大增加了数据集成的复杂性。

2. 来自数据存储与分析的挑战

（1）存储系统限制。在大数据时代，半结构化和非结构化数据量的迅猛增长，企业运用大数据面临的最大挑战是存储与分析每天收集的全部数据。随着企业规模扩张与数据库的扩大，数据的日积月累使得数据架构越来越庞大与复杂，而存储设备和存储系统在存储容量、价格、存储性能等方面仍然存在问题。海量的数据需要强大的数据中心来支撑。

（2）数据处理实时性。随着时间的流逝，数据中蕴含的知识价值也在衰减，因此很多领域对数据的实时处理有较高的要求。实时处理模式包括：流处理模式、批处理模式以及二者的融合。

3. 来自隐私与安全的挑战

（1）数据公开与隐私保护的矛盾。如果仅仅为了保护隐私就将所有的数据都加以隐藏，那么数据的价值根本无法体现。数据公开是非常有必要的，大数据时代的隐私性主要体现在不暴露用户敏感信息的前提下进行有效的数据挖掘，这有别于传统信息安全领域更加关注文件的私密性等安全属性。开放与隐私如何平衡也是大数据开放过程中面临的难题之一。如何在推动数据全面开放、应用和共享的同时有效地保护公民、企业隐私，逐步加强隐私立法将是大数据时代的一个重大挑战。

（2）信息安全。网络化生活使得犯罪分子更容易获得他人的信息，使用更多不易被追踪和防范的犯罪手段。如何保证用户的信息安全成为大数据时代非常重要的课题。一些知名网站因密码泄露、系统漏洞等原因导致的用户资料被盗等个人敏感信息泄露事件提醒我们，一定要加强大数据网络安全的建设。企业同样面临信息安全的挑战，企业不仅要学习如何挖掘数据价值，还要考虑如何应对网络攻击、数据泄露等事件。企业通过数据挖掘和数据分析获取商业价值的同时，黑客也在利用这些数据技术向企业发起攻击。因此，企业必须制定相应的策略来应对大数据带来的信息安全挑战。

4. 来自人才缺乏的挑战

纵观国内外，大数据已经形成产业规模，并上升到国家战略层面，大数据技术和应用呈现纵深发展趋势。近年来，我国大数据产业发展进入爆发期，但成熟的人才培训体系尚未建立，导致人才短缺的问题日益突出，尤其是兼具技术能力与行业经验的复合型人才更加缺乏。

针对大数据人才供应不足的现象，各大高校和培训机构已经开始强化大数据人才的培养。目前，大数据相关职业岗位主要包括大数据开发工程师、大数据分析师、数据挖掘工程师、数据架构师、算法工程师等。虽然大数据技术体系已经趋于成熟，但是在大数据的行业应用的过程中依然有大量的壁垒需要突破，所以大数据领域所需的人才依然以研发型为主。未来，随着大数据技术在各行各业的广泛应用，大数据人才需求必然会向应用型和技能型人才转变。

1.7.2 大数据发展趋势

1. 数据资源化

随着大数据应用技术的发展，大数据价值得以充分体现，大数据在企业和社会层面已成为重要的战略资源。数据已成为新的战略制高点，是大家争抢的新焦点，数据将逐渐成为最有价值的资产之一。Google、Meta、亚马逊、腾讯、百度、阿里巴巴、奇虎360和京东等企业正在运用大数据力量获得商业上更大的成功，金融和电信企业也在通过大数据来提升自己的竞争力。未来，大数据将成为机构和企业的资产，成为提升机构和企业竞争力的有力武器。

2. 科学理论的突破

就像计算机和互联网一样，大数据可能引发新一轮技术革命。随之兴起的数据挖掘、机器学习和人工智能等相关技术，可能会改变数据世界里的很多算法和基础理论，实现科学技术上的突破。

3. 大数据在更多行业落地应用

通常，一种新的技术如果在少数行业应用中取得了较好的效果，那么对其他行业就会有强烈的示范效应。目前，大数据在大型互联网企业已经得到较好的应用，其他行业（如电信、金融）的大数据已在多种应用场景取得效果。因此，大数据作为一种从数据中创造新价值的工具，将会在更多行业得到应用，产生广泛的社会价值。更多的行业大数据智能定制化解决方案将涌现，帮助企业创造价值。

4. 数据将越来越开放

数据越多越有利于对一个行业进行深入分析，大数据越关联越有价值，大数据越开放越有价值。因此，数据会呈现共享趋势。随着政府数据量不断增加，数据共享程度越来越高，数据应用场景更加多元化，大数据与云计算、人工智能、区块链等新技术不断融合，为政府决策与服务能力的提升提供了有力支撑。

5. 大数据安全越来越受重视

随着数据的价值越来越大，人们更加关注大数据的安全性和稳定性。大数据安全是与大数据业务对应的，与传统安全相比，大数据安全的最大区别是安全厂商在思考安全问题时首先要进行业务分析，找出对大数据业务的威胁，然后提出有针对性的解决方案。

例如，对于数据存储这个场景，目前很多企业采用开源软件和 Hadoop 技术来解决大数据问题，存在安全隐患。对此，人们需要更多专业的安全厂商针对不同的大数据安全问题提供专业的服务。

6. 催生新的学科和岗位

一个新行业的出现，必将在工作职位方面有新的需求，大数据催生了一批与之相关的新的就业岗位，如大数据分析师、数据管理专家、大数据开发工程师、大数据算法工程师、数据产品经理等。因此，具有丰富经验的大数据人才将成为稀缺资源，数据驱动型工作将呈现爆炸式增长。越来越多的高校开设了大数据相关专业，以培养大数据专业人才。企业与高校紧密合作，联合培养大数据人才。

7. 大数据多角度改善人类生活

大数据作为一种重要的战略资产，已不同程度地渗透到每个行业领域和部门，改变了人们的生活方式。大数据将促进智慧城市的发展，智慧医疗、智慧交通、智慧安防等都是以大数据为基础的智慧城市的应用领域。例如，在医疗方面，人们能够利用大数据技术提高工作效率，改进和提升治疗效果；在健康方面，人们通过智能手环对睡眠模式进行检测和追踪，通过智能血压计监控老人的身体状况；在交通方面，人们通过智能导航 GPS 数据了解交通状况，及时调整路线；在家居方面，智能化空调可以根据环境温度和天气数据自动调节成令人舒适的温度。未来，大数据将多方位改善人们的生活，让生活更加美好。

小结

大数据时代已经到来，大数据对未来社会发展将产生重大影响。本模块从大数据的发展、定义、特征、应用、处理流程、技术架构、面临的挑战以及发展趋势等方面进行了介绍，帮助读者更好地理解大数据。

习题

一、选择题

1. 大数据技术的基础是由（　　）提出的。

A. 微软　　B. 谷歌　　C. 阿里巴巴　　D. 百度

2. 人类社会的数据产生方式大致经历了 3 个阶段，不包括（　　）。

A. 运营式系统阶段　　B. 用户原创内容阶段

C. 互联网应用阶段　　D. 感知式系统阶段

3. 下列选项中，（　　）不属于大数据的典型特征。

A. 数据包含噪声及缺失值　　B. 数据量大

C. 数据类型多　　　　　　　　　　　　D. 产生速度快

二、简答题

1. 简述信息技术发展史上的 3 次信息化浪潮。
2. 简述大数据的 5V 特征。
3. 简述数据产生方式变化的 3 个阶段。
4. 举例说明大数据的应用领域。
5. 简述大数据的处理流程。
6. 简述大数据的四层堆栈式技术架构。
7. 简述大数据的发展趋势。

模块 2

大数据思维

知识目标

✧ 了解大数据思维的含义。

✧ 了解大数据思维的维度。

✧ 掌握大数据思维方式。

能力目标

✧ 能够阐述大数据思维的 3 个维度。

✧ 理解大数据的思维方式并能够举例说明。

素质目标

✧ 培养大数据案例分析能力。

✧ 转变思维模式，增强大数据意识。

✧ 培养大数据思维能力。

✧ 培养良好的团队协作意识。

学习重点

✧ 大数据思维的 3 个维度。

✧ 大数据思维方式。

✧ 大数据思维运用案例。

学习难点

✧ 理解并运用大数据思维方式。

思维是人脑对客观事物间接的概括的反映。人是通过思维而达到理性认识的，所以人的一切活动都是建立在思维活动的基础上的。按照信息论的观点，思维是对新输入信息与脑内储存知识经验进行一系列复杂的心智操作的过程。在方法论的层面，大数据是一种全新的思维方式。本模块主要介绍传统思维方式、大数据思维方式以及大数据思维运用案例，引导读者转变思维方式，建立大数据思维。

2.1 传统思维方式

17 世纪以来，机械思维是指导我们日常行为的一种重要思维方式。机械思维的形成可以追溯至古希腊，其中最有代表性的是欧几里得的几何学和托勒密的地心说。后来，牛顿提出三大运动定律和万有引力定律。从欧几里得到托勒密再到牛顿，在思想方法上可以说是一脉相承而又不断发展的。

不论是经济学家还是托勒密、牛顿等人，他们都遵循机械思维。如果我们把他们的方法论做一个简单的概括，其核心思想有如下两点：一、需要有一个简单的元模型，这个模型可能是假设出来的，然后再用这个元模型构建复杂的模型；二、整个模型要和历史数据吻合。

后来人们将牛顿的方法论概括为机械思维，其核心思想如下：

第一，世界变化的规律是确定的。

第二，由于有确定性作保障，因此规律不仅是可以被认识的，而且是可以用简单的公式或者语言描述清楚的。在牛顿之前，大部分人并不认可这一点，只是简单地把规律归结为神的作用。

第三，这些规律应该是放之四海皆准的，可以应用到各种未知领域指导实践，这种认识是在牛顿之后才有的。

这些其实是机械思维中积极的部分。机械思维更广泛的影响力是作为一种准则指导人们的行为，可以概括成确定性（或者可预测性）和因果关系。牛顿把天体运动的规律用几个定律讲清楚，并且应用到任何场合都是正确的，这就是确定性。当我们给物体施加一个外力时，它就获得一个加速度，而加速度的大小取决于外力和物体本身的质量，这是一种因果关系。没有这些确定性和因果关系，我们就无法认识世界。

从牛顿开始，人类社会的进步在很大程度上得益于机械思维，但是到了信息时代，它的局限性也越来越明显。并非所有的规律都可以用简单的原理描述，并非所有的事物都有简单的因果关系。而且，随着人类对世界的认识越来越清楚，会发现世界本身存在着很大的不确定性，并非如过去想象的那样一切都是可以确定的。因此，在现代社会里，人们开始承认不确定性。

大数据时代的到来，给我们带来了思维的改变。大数据又称海量数据，与以前相比，数据呈爆炸式增长，因此思维方式和研究方法都会有所不同。

2.2 大数据思维的含义

大数据思维是根据数据来思考事物的一种思维模式，是一种量化的、重视事实、追求真理的思维模式。与传统机械思维相比，大数据思维表现为一种全新的思维方式。

大数据研究专家舍恩伯格指出，大数据时代，人们对待数据的思维方式会发生以下变化：

（1）全样而非抽样：人们处理的数据从样本数据变成全部数据。

（2）效率而非精确：由于面对的是海量数据和全样本数据，因此人们不得不接受数据的混杂性，而放弃对精确性的追求。

（3）相关而非因果：人类通过对大数据的处理，放弃对因果关系的渴求，转而关注相关关系。

当然，大数据时代带给人们思维方式的转变可能不止上述 3 个方面。与之前的机械思维相比，大数据思维更大的转变在于建立以数据为核心的智能思维方式，让数据创造价值，获得类似于“人脑”的智能，甚至智慧。在大数据出现之前，计算机并不擅长解决需要人类智能来解决的问题，但是今天这些问题换个思路就可以解决了，其核心就是变智能问题为数据问题。由此，全世界开始了新一轮技术革命——智能革命。

大数据的发展必须是数据、技术、思维三大要素的联动，它不仅取决于大数据资源的扩展和大数据技术的应用，更取决于大数据思维的形成。如果没有大数据思维，即使拥有海量数据也无法发挥它们的价值。

2.3 大数据思维的三个维度

大数据思维有三个维度：定量思维、相关思维、实验思维。

（1）定量思维，又称描述思维，即提供更多的描述性信息，其原则是一切皆可测。例如，不仅销售数据、价格这些客观标准可以形成大数据，甚至连顾客情绪（如对色彩、空间的感知等）都可以测得，大数据包含了与消费行为有关的方方面面。

（2）相关思维，一切皆可联，消费者行为的不同数据都有内在联系。这可以用来预测消费者的行为偏好。

（3）实验思维，一切皆可试，大数据带来的信息可以帮助人们制定营销策略。

这就是三个大数据运用递进的层次：首先是描述，然后是预测，最后产生策略。

例如，美国迪士尼公司曾投资10亿美元对线下的游客进行跟踪与数据采集，开发出具备位置采集功能的MagicBand（魔力腕带）。游客在入园时佩戴腕带，园方即可通过定位系统对不同区域游客的分布情况一目了然，并将这一信息反馈给游客，以便游客选择最佳的游玩路线。不仅如此，游客使用移动订餐功能，送餐人员就能根据腕带的定位准确地将快餐送到。迪士尼公司不仅利用大数据提升了游客的游玩体验，而且有助于疏导园内的人流，采集的顾客数据更是他们进行精准营销的宝贵资源。

大数据时代，一切皆可互联，一切皆可数据化。时代在进步，企业只有具备大数据思维，才能跟上时代的变化，才能在这样的时代得到更好的发展。

2.4 大数据思维方式

大数据时代最大的转变就是思维方式的转变，为我们观察世界提供了全新的思维。大数据思维方式有多种，下面介绍4种重要的大数据思维方式：数据核心思维、数据全样思维、数据容错思维和数据相关思维，如图2－1所示。

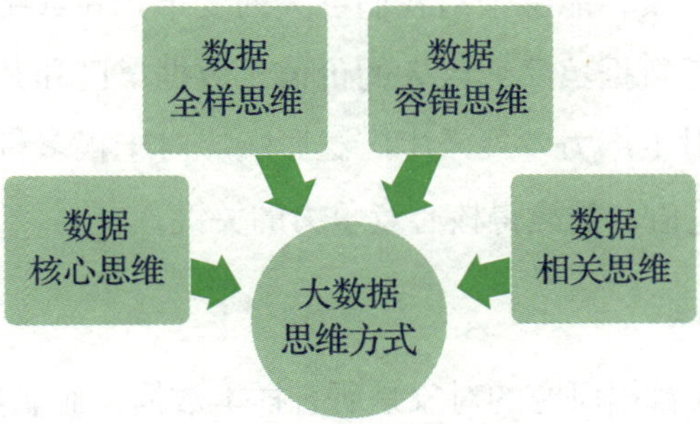

图2－1 大数据思维方式

2.4.1 数据核心思维

数据核心思维是以数据为核心、数据驱动的思维方式。如今，大数据已成为不可或缺的重要资源，因此必须树立基于数据的思维理念，用数据核心思维方式思考问题和解决问题，让数据说话，用数据说话。

在大数据时代，计算模式已经发生了转变，从流程核心转变为数据核心。而Hadoop体系的分布式计算框架已经是“数据”为核心的范式。非结构化数据及分析需求将改变IT系统的升级方式：从简单增量到架构变化。例如，IBM使用以数据为中心的设计，目的是降低在超级计算机之间进行大量数据交换的必要性。大数据下，云计算找到了破茧重生的机会，在存储和计算上都体现了以数据为核心的理念。

以数据为核心，反映了当下信息技术产业的变革，数据成为人工智能的基础，也成为智能化的基础，数据比流程更重要，从数据库、记录数据库中都可以开发出深层次信息。例如，云计算可以从数据库、记录数据库中搜索出你是谁，你需要什么，从而推荐给你需要的信息，这是大数据核心价值。

大数据真正有意思的地方是数据变得在线了，这恰恰是互联网的特点。非互联网时期的产品，功能是它的价值；互联网时期的产品，数据是它的价值。大数据并不在于大，而在于有用，价值含量、挖掘成本比数量更为重要。不管大数据的核心价值是不是预测，基于大数据形成决策的模式已经为不少企业盈利并提升声誉。

大数据能告诉我们每个客户的消费倾向，以及他们的需求有哪些区别，可以如何分类，等等。大数据是数据在数量上的增加，因此我们能够实现从量变到质变的过程，从数据中挖掘价值，数据驱动决策，令决策者的选择有据可依。

谷歌和亚马逊是有影响力的大数据公司，谷歌对搜索大数据进行语义分析，生成用户画像，利用算法将输入的查询与相似语义内容相匹配，判断用户是否在查找新闻、时事、人物或统计信息，然后从适当的数据库中提取数据。亚马逊将我们浏览和购买的产品数据与全球数百万客户的购买数据进行比较，通过分析我们的喜好，将可能符合我们需求的产品和建议匹配给我们。

数据作为新型生产要素，能够带给我们巨大的变革。在数字经济时代，庞大、复杂的经济活动所产生的海量数据蕴藏着巨大的价值。数据早已和其他生产要素一起融入经济价值的创造过程中，对生产力发展产生广泛影响。对于很多行业而言，利用好这些大规模数据，发掘其潜在价值，是赢得核心竞争力的关键。

2.4.2 数据全样思维

数据全样思维是指大数据研究的对象是所有样本数据，而非抽样数据。

过去，由于获取、存储和分析全体数据存在一定困难，因此在科学分析中，通常采用抽样的方法。抽样是指从总体数据中抽取一部分个体作为样本，通过对样本数据的分析，推断总体数据的特征，从而达到对总体的认识。通常，样本数据规模要比总体数据小很多。抽样的基本要求是保证抽取的样品单位对全部样品来说具有充分的代表性。抽样的目的是根据被抽取样品单位的分析和研究结果来估计和推断全部样品的特性。抽样是科学实验、质量检验、社会调查普遍采用的一种经济有效的工作和研究方法。

人口普查是一项耗费时间和资源的工作，在过去这更是一项困难重重的工作。

美国在 1880 年进行了一项耗时 8 年的人口普查，尽管 8 年之后完成了数据汇总，但他们获得的很多数据都已经过时了。此后，赫尔曼·霍尔瑞斯用穿孔卡片制表机进行 1890 年的人口普查，并成功地在一年时间内完成了人口普查的数据汇总工作，这标志着自动处理数据的开端，也为后来 IBM 公司的成立奠定了基础。但这仍旧不是一种完美的方法，因为要求每个人都必须填一张可制成穿孔卡片的表格，然后再进行统计。

面对大规模的数据，麻烦之处不仅仅在于数据收集，还包括数据处理。是利用所有的数据，还是仅仅采用一部分呢？最好的办法是选择与被分析事物有关的所有数据，但是当数据无比庞大时，这又不太现实。

三百多年前，英国人约翰·格朗特提出了一种在当时很有新意的方法来推算鼠疫时期伦敦的人口数，这种方法就是后来统计学中采用的抽样方法，即利用少量有用的样本信息来获取人口的整体情况。虽然这个方法比较粗糙，但不需要一个人一个人地计算。进一步研究证明，抽样的关键是选择样本时的随机性。抽样分析的精确性随着抽样随机性的增加而大幅提高，但与样本数量的增加关系不大。简单地说，就是当样本数量达到某个值之后，我们从新个体上得到的信息会越来越少，如同经济学中的边际递减效应。基于这样的思路，人们开辟了一条收集信息的新道路。通过收集随机样本，可以用较少的成本做出高精准度的推断。后来，随机抽样的应用越来越广，不仅应用于人口普查，在商业领域，该方法也被用来监管商品质量。

从本质上讲，数据抽样仍旧是在无法处理全部数据的情况下的无奈选择。因为数据抽样本身存在很多固有的缺陷，如对绝对随机性的依赖，而在实践中采用的随机性是难以达到要求的，因此一旦随机性出现了偏差，基于此样本的分析结果也将“谬以千里”。

可以说，抽样在一定历史时期曾经极大地推动了社会的发展，在数据采集难度大、分析和处理困难的时候，抽样不失为一种权宜之计，在客观条件达不到的情况下，能得出一个相对正确的结论，让研究有的放矢。

需要注意的是，很多情况下不能抽样。例如，需要获得一个国家的准确人口数，通常采用全民人口普查的方法，获得国家所有人的样本，精确计算人口数量。

大数据技术的核心就是海量数据的实时采集、存储和处理。感应器、手机导航、网站单击和微博等均能够收集大量数据，分布式文件系统和分布式数据库技术提供了理论上近乎无限的数据存储能力，分布式并行计算框架提供了强大的海量数据并行处理能力。有了大数据技术的支持，科学分析完全可以直接针对全部样本数据而不是抽样数据，并且可以在短时间内迅速得到分析结果，速度之快，超乎人们的想象。例如，谷歌公司的Dremel 可以在 2 ～ 3 秒内完成 PB 级别数据的查询。

在大数据时代，人们可以获得并分析更多的数据，甚至是与之相关的所有数据，而不再依赖于抽样，从而可以更全面地认识事物，进一步发现样本数据无法揭示的细节信息。正如舍恩伯格所说，“我们总是习惯把统计抽样看作文明得以建立的牢固基石，就如同几何学定理和万有引力定律一样。但是，统计抽样其实只是为了在技术受限的特定时期，解决当时存在的一些特定问题而产生的，其历史不足一百年。如今，技术环境已经有了很大的改善。在大数据时代进行抽样分析就像是在汽车时代骑马一样。在某些特定的情况下，我们依然可以使用样本分析法，但这不再是我们分析数据的主要方式。”也就是说，在大数据时代，随着数据收集、存储、分析技术的突破性发展，我们可以更加方便、快捷、动态地获得与研究对象有关的所有数据，而不再因诸多限制不得不采用样本研究方法，相应地，思维方式也应该从样本思维转向全样思维，从而能够更加全面、立体、系统地认识总体状况。

在大数据时代，无论是商家还是信息搜集者，可能比我们自己更清楚我们想做什么。如果数据足够多，人们能够看见并摸到规律。统计学里最基本的概念之一就是，运用全部样本才能找出规律。更深层的概念就是人和人是一样的，如果是一个人，可能很有个性，但当人口样本数量足够大时，就会发现其实每个人都是一模一样的。

全数据样本调查相比传统的抽样调查而言更具真实性和可靠性。从抽样中得到的结论总是有水分的，而从全部样本中得到的结论水分就很少，大数据越大，真实性也就越大，因为大数据包含全部的信息。足够多的数据可让人们透过现象看本质，从而洞察事物的内在规律。所以说，采集的数据量越大，越能更准确地反映事物的真实性。

全样思维在现代战争形势预判方面得到充分体现。以前，人们研究战争规律特点、预判战场形势时，采样一直是主要的数据获取手段，这是在无法获得总体数据信息条件下的无奈选择。在大数据时代，随着数据收集、存储、分析技术的突破性发展，人们完全可以采用全样研究方法，获得并分析更多的数据，从而更清晰地观察战场细节，更全面地认识战争。在信息化战争中，通过情报、侦察手段和监视系统，几乎能“看见”“听见”“感觉”战场上发生的所有事情，然后通过超级计算机进行计算，协助指挥官更加全面地了解战场情况并做成判断。

在一些特定的情况下，取样分析还是必需的，也是有效的。只是在大数据时代，我们可以更加方便地获得所有与研究相关的数据，不再被样本所限制；思维方式也可以从样本的部分思维向全样的整体思维转变，更加全面、立体地认识所研究的事物。

2.4.3 数据容错思维

数据容错思维是指更加追求效率，而不是精确性。

过去，我们习惯了使用抽样分析方法。由于收集的样本信息量远远少于全样的样本数据，因此样本的质量就显得非常关键。人们十分注重精确思维，会尽量确保记录下来的样本数据结构化、精确化，确保分析结论的正确性。

而在大数据时代，采集的数据是全样数据，而不是一部分数据，数据中的异常、纰漏、疏忽、错误都是数据的实际情况，其分析结果是最接近客观事实的。得益于大数据技术的突破，大量非结构化、异构化的数据能够得到储存和分析，这一方面提升了我们从数据中获取知识的能力，强化了洞察力，另一方面也对传统的精确思维提出了挑战。

舍恩伯格指出，“执迷于精确性是信息缺乏时代和模拟时代的产物。只有 5% 的数据是结构化且适用于传统数据库的。如果不接受混杂，剩下 95% 的非结构化数据都无法利用，只有接受不精确性，我们才能打开一扇从未涉足的世界的窗户”。也就是说，在大数据时代，思维方式要从精确思维转向容错思维，当拥有海量即时数据时，绝对的精准不再是追求的主要目标，适当忽略微观层面上的精确度，容许一定程度的错误与混杂，反而可以在宏观层面拥有更好的知识和洞察力。

大数据标志着人类在寻求量化和认识世界的道路上又前进了一大步，过去不可计量、存储、分析和共享的很多东西都被数据化了，大量的数据和更多不那么精确的数据为我们理解世界打开了一扇新的大门。大数据分析能提高企业的效率，让企业的决策更科学，由关注精确度转变为关注效率的提高。竞争是企业的动力，而效率是企业的生命，效率高与效率低是衡量企业成败的关键。一般来讲，投入与产出比是效率，追求高效率也就是追求高价值。手工、机器、自动机器、智能机器的效率是不同的，智能机器效率最高，智能机器的核心是大数据制动。在快速变化的市场，快速预测、快速决策、快速创新、快速定制、快速生产、快速上市成为企业行动的准则，也就是说，速度就是价值，效率就是价值，这一切均离不开大数据思维。

在步入大数据时代之前，收集数据的方法和信息量有限，所以要保证精确，不能有一点儿偏差。大数据时代，人们会接收到大量数据，如果还局限于精确思维，那么大部分非结构化数据都将无法被利用。所以，要改变思维，从精确思维转向容错思维，不再一味追求精确。

2.4.4 数据相关思维

数据相关思维是指关注相关性，而不是因果关系。

因果思维是人类的本能思维，每当我们遇到新事物的时候，会下意识地尝试给出因果解释。因果思维其实很有用，是人类的智慧起源。从因果关系的角度看世界，世界将变得可预测。人类具有抽象思维的能力，能够把因果推论转化为框架。我们可以将人类长期的经验推而广之，变成一种更为通用的因果模板，这是一种巨大的优势。

因果关系也是一种非常脆弱的关系，只要存在一个反例，因果关系就失败。例如，17 世纪的欧洲人认为世界上的天鹅都是白的，所以称为白天鹅，而黑天鹅则是人们在言谈中认为不可能存在的事物。但是，当澳大利亚出现黑天鹅的时候，整个因果关系瞬间崩塌了，原来的认知被瞬间打破。后来，人们常用“黑天鹅事件”来特指极其罕见，无法预测，一旦发生便足以颠覆以往任何经验结论的重大事件。其实，因果关系很多时候源自归纳，经历变成了经验，经验升级为价值观甚至定律。

在大数据时代，分析处理的是全体数据，发现因果关系将变得困难。这个时候，相关关系的重要性便凸显出来。例如，“啤酒与尿布”案例，某超市发现很多男人去超市买了尿布后会顺便买啤酒，但并不是买尿布就一定买啤酒。因此，啤酒和尿布的关系不能算因果关系，只能算相关关系。

大数据出现之前，人们比较重视因果关系，是因为没有办法通过有限的数据推测出一系列相关关系。大数据出现之后，人们可以通过大数据技术挖掘出事物之间隐蔽的相关关系，了解更多的相关信息。通过关注线性的相关关系以及复杂的非线性相关关系，人们可以看到很多以前不曾注意的联系，相关关系甚至可以超越因果关系，成为人们了解世界的更好视角。

舍恩伯格指出，大数据的出现让人们放弃了对因果关系的渴求，转而关注相关关系，人们只需知道“是什么”，而不用知道“为什么”。我们不必非得知道事物或现象背后的复杂深层原因，而只需要通过大数据分析获知“是什么”就意义非凡。

传统因果思维就是一定要找到一个原因，推出一个结果。而大数据没有必要找到原因，不需要用科学的手段来证明这个事件和那个事件之间有一个必然联系。例如，出现某种迹象的时候，可以统计并预测高概率的结果。这样，人们只需要在发现这种迹象时，根据预测结果做出相应对策即可。这和以前的思维方式有很大的不同。通过数据驱动的相关性分析方法，使预测成为大数据最核心的价值。

舍恩伯格在《大数据时代》一书中总结，从因果关系到相关关系的思维变革才是大数据的关键，建立在相关关系分析法基础上的预测才是大数据的核心。沃尔玛通过对销售记录的全面分析，发现美国飓风来临季节蛋挞销量也会增加，于是就将蛋挞放在靠近飓风用品的位置，提高了蛋挞的销量。为什么飓风来了蛋挞会热卖？这里面的因果关系可能很有研究价值，但是却没有商业价值，而飓风与蛋挞热卖之间的相关性却能创造不俗的经济利益。从这个案例可以看出：相关关系无关未来。同理，淘宝收集了关于用户的巨量数据，通过分析这些数据找到相关关系，就可以针对每个用户进行个性化推荐。淘宝是基于海量用户消费信息进行相关关系分析，因此能预测出用户可能的消费行为或消费趋势，进而引入推荐模式，引导、培养甚至创造用户的购买和需要，最终取得巨大的商业成功。

当然，转向关注相关性，并不是不要因果关系，因果关系依旧是基础，只是在高速信息化的时代，找到相关性信息就可以预测用户的行为，为企业快速决策提供依据。

2.5 大数据思维运用案例

前面介绍了 4 种大数据思维，下面列举一些大数据思维运用的典型案例，帮助大家理解大数据思维方式。

2.5.1 数据核心思维运用案例

谷歌广告的案例告诉我们谷歌如何以数据为核心，利用数据提升广告效果。

谷歌是一家搜索引擎公司，业务包括互联网搜索、云计算、广告技术等，同时开发并提供大量基于互联网的产品与服务，其主要利润来自关键词广告 Google Ads 等服务。

Google Ads 全称为 Google AdWords，也称为付费广告或按单击付费（PPC）广告，是一种付费在线广告平台，以每单击付费（Pay-per-click）的形式为主。广告商在 Google Ads 渠道中按单击次数或千次展示费用进行付费。相对于其他广告投放平台，Google Ads 触达潜在消费者更为精准。当目标用户通过 Google 搜索或 Google Maps 查找相关的产品和服务时，广告商的业务就会显示在搜索引擎结果页面（SERP），这样就能吸引目标受众。

对广告商来说，Google Ads 是广告效果最好的平台之一。谷歌是怎么兼顾自己和广告商利益的呢？它巧妙地利用数据来形成双赢甚至多赢的格局，做法是先收集大量的数据，然后分析利用这些数据。例如，某个广告很少被单击，谷歌就会尽量少地展示这个广告。对于广告主来说，省钱了，因为不用把钱花在无用的广告上面。对于谷歌来说，不展示这些广告就可以把有限而宝贵的搜索流量留给那些可能被单击的广告，进而增加自己的收入。对于用户来说，不会看到自己不想看并且和自己没关系的广告，提升了用户的体验。这就是用数据来获得智能。这个案例很好地体现了数据核心原理，用数据说话，利用数据提升效益，实现盈利。

我们平时使用搜索引擎查找资料时，先在搜索栏输入关键词，然后按"Enter"键，搜索引擎就会给出搜索结果的链接。谷歌将 MUM 人工智能模型导入搜索引擎之后，新的 AI 模型会让搜索引擎整合更复杂的功能，甚至可以直接与用户进行互动交流。在深入了解搜索要求后，AI 模型不再是只提供链接，而是可以直接给出用户想要的答案。例如，搜索爬山路径时，AI 模型除了会显示路线，还会为用户提供相关信息，如天气状况和交通状况等。用户甚至不需要浏览其他网站，打开 Google 就能获得所有的资料数据。

2.5.2 数据全样思维运用案例

1. 谷歌预测流感趋势

谷歌预测冬季流感传播趋势的案例告诉我们如何利用海量数据进行预测。

2009 年，甲型 H1N1 流感在全球爆发，引起了全球卫生组织的重视。许多国家都要求医生发现新病例时及时上报，然而求医和上报流程均会使信息滞后，卫生组织难以在第一时间掌握病毒流行情况。

在甲型 H1N1 流感爆发前几周，谷歌的工程师们在《自然》杂志上发表了一篇论文，引起了全球的关注，文中提到谷歌通过分析人们的搜索记录来预测冬季流感的传播趋势，这不仅可以了解病毒在全美范围的传播情况，还可以具体到特定的地区和州。

2009 年，谷歌启动了“谷歌流感趋势（Google Flu Trends，GFT）”项目，把 5 000 万条美国人检索最频繁的词条和美国疾控中心在 2003—2008 年间季节性流感传播时期的数据进行了比较。计算机将检索词条在 4.5 亿个数学模型上测试之后，准确地找出了哪些是与流感传播相关的词条。最终，他们的预测与官方数据的相关性高达 97%。和美国疾控中心一样，谷歌也能判断流感是从哪里传播出来的，而且非常及时，这些工作疾控中心要在流感爆发一两周之后才可以完成。

谷歌通过分析人们的搜索记录来完成预测，这种方法以前一直被忽略。

谷歌保存了多年来所有的搜索记录，而且每天都会收到来自全球超过 30 亿条搜索指令，如此庞大的数据资源足以支撑和帮助它完成这项工作。

谷歌预测流感趋势，并不是依赖于对随机抽样的分析，而是分析了全美几十亿条互联网检索记录而得出的结论。这个案例体现了数据全样思维的运用。

2. 购买飞机票

计算机学者奥伦·埃齐奥尼从自己订购飞机票的经历获得启发，开发出了一个预测系统，利用大数据来预测机票价格走势。

《大数据时代》一书中写到，2003 年，奥伦·埃齐奥尼准备乘坐从西雅图到洛杉矶的飞机去参加弟弟的婚礼。他知道飞机票越早预订越便宜，于是提前几个月就在网上预订了一张去洛杉矶的机票。在飞机上，埃齐奥尼好奇地问邻座的乘客花了多少钱购买机票。当得知虽然那个人的机票比他买得晚，但是票价却便宜得多时，他感到非常气愤。他又询问了另外几名乘客，发现大家买的票居然都比他的便宜。

对于大多数人来说，这种被敲竹杠的感觉也许会随着他们走下飞机的那一刻而消失。然而，埃齐奥尼是美国最有名的计算机专家之一，在他眼中，世界就是一系列大数据问题，而且他也有能力解决这些问题。飞机着陆之后，埃齐奥尼下定决心要为人们开发一个系统，用来判断当前网页上的机票价格是否合理。作为一种商品，同一架飞机上每个座位的价格本来不应该有差别，但实际上却不是这样。

埃齐奥尼创建的系统并不需要去解开机票价格差异的奥秘，要做的是预测当前机票价格在未来一段时间是上升还是下降。如果一张机票的平均价格呈下降趋势，预测系统就会建议用户稍后购票；反之，如果一张机票的平均价格呈上涨趋势，系统就会提醒用户立刻购票。这个价格预测系统是建立在 41 天之内的 12 000 个价格样本的基础之上的，功能就是利用其他航班的数据与要买票的这个航班的关系去预测机票价格走势。数据都是埃齐奥尼从一个旅游网站获取的。

2.3.3 数据容错思维运用案例

谷歌机器翻译系统是一个体现数据容错思维的典型案例。

20 世纪 90 年代，IBM 的 Candide 项目研究机器翻译，工程师把标准的英法双语的单词、语法输入计算机，借助复杂的算法让计算机翻译。后期由于成效不大，IBM 终止了这个项目。

2006 年，谷歌涉足机器翻译，此举向“收集全世界的数据资源，并让人人都可享受这些资源”这个目标迈进了一步。谷歌翻译开始利用一个更大、更繁杂的数据库——全球互联网，不再只利用两种语言之间的文本翻译。谷歌翻译系统为了训练计算机，会吸收它能找到的所有翻译，包括多语言公司的对译文档，国际组织发布的官方文件和报告的译本。

尽管其输入源有些混乱，但较其他翻译系统而言，谷歌的翻译质量相对较好，而且可翻译的内容更多。这是因为它将语言视为能够判别可能性的数据，而不是语言本身。有时，将 A 语言翻译成 B 语言时，谷歌会将英语作为中介语言，这是因为在翻译时它能适当增减词汇。谷歌的翻译质量较好并不是因为它拥有一个更好的算法机制，而是谷歌翻译增加了很多数据。从谷歌的例子来看，它之所以能比 IBM 的 Candide 系统多利用成千上万的数据，是因为接受了有错误的数据。2006 年，谷歌发布的上万亿的语料库就是来自互联网的一些废弃内容。这就是“训练集”，可以正确地推算出不同英语词汇搭配在一起的可能性。

20 世纪 60 年代，拥有百万英语单词的语料库——布朗语料库可以说是这个领域的开创者，而谷歌的语料库则是质的突破。谷歌使用了庞大的数据库，使其在自然语言处理领域取得了飞跃式发展。大数据基础上的简单算法比小数据基础上的复杂算法更加有效。混杂是关键。从某种意义上讲，谷歌语料库相对于布朗语料库是退步的。因为谷歌语料库的内容来自未经过滤的网页内容，所以会包含一些不完整的句子，存在拼写错误、语法错误以及其他错误，而且没有详细的人工纠错后的注解。但是，谷歌语料库比布朗语料库大几百万倍，这一优势完全掩盖了不足，所以才体现出更好的翻译效果。

谷歌翻译系统案例体现了容错思维的运用，不是精确性，而是混杂性。正如舍恩伯格指出的，只有 5% 的数据是结构化且能适用于传统数据库的。如果不接受混杂，剩下 95% 的非结构化数据都无法被利用，因此，只有接受不精确性，我们才能打开一扇通往从未涉足的世界的窗户。此外，因为放松了容错标准，人们掌握的数据也多了起来，进而可以利用这些数据做更多新的事情。这就不是大量数据优于少量数据那么简单了，而是大量数据创造了更好的结果。

2.5.4 数据相关思维运用案例

数据相关思维的经典案例有很多，下面详细介绍“啤酒与尿布”“飓风与蛋挞”“亚马逊推荐系统”3 个案例。

1. 啤酒与尿布

沃尔玛是大型零售商，拥有庞大的数据仓库，是最早应用数据挖掘技术的企业之一，也是数据挖掘技术的集大成者。在一次例行的数据分析之后，沃尔玛的研究人员发现：与尿布一起购买的最多的商品竟是啤酒。尿布和啤酒，风马牛不相及，但这确实是对历史数据进行挖掘的结果，反映的是数据层面的规律。

为了搞清楚原因，他们派出工作人员进行调查。在美国有孩子的家庭中，妻子经常嘱咐丈夫下班后为孩子买尿布，而丈夫在买完尿布后常常会顺便买点儿啤酒来犒劳自己。因此，啤酒和尿布的销量一起增长。清楚原因后，沃尔玛的工作人员打破常规，尝试将啤酒和尿布摆在一起，不出所料，啤酒和尿布的销量双双增加，为商家带来了大量的利润。

2. 飓风与蛋挞

飓风与蛋挞，同样是沃尔玛利用数据挖掘技术扩大销售的故事。沃尔玛的分析人员发现，每次季节性飓风来临之前，不仅手电筒销量增加了，一种袋装小食品——蛋挞“Pop-Tarts”的销量也会明显上升。手电筒、电池、水的销量会随着飓风的到来而上升，这很容易理解，但蛋挞销量上升是不是必然的呢？

研究人员发现，这是一个有用的规律：蛋挞的销量上升，一是因为美国人喜欢甜食，二是因为它在停电时吃起来非常方便。此后，每当季节性飓风来袭之前，沃尔玛也会提高蛋挞的仓储量，并把蛋挞和飓风用品摆在一起。这样，不仅销量增加了，而且方便顾客拿取。

沃尔玛的故事体现了数据相关思维的运用。数据挖掘中的一个算法叫关联规则分析，就是挖掘数据关联的特征。通过挖掘，我们能够看到数据的关联现象，但不一定知道它们的因果关系，因为关联关系体现了从数据思维视角看现象，而因果关系体现了从业务视角看现象。

3. 亚马逊推荐系统

很多购物网站有“猜你（还会）喜欢”的推荐，有时候它好像比你更了解自己。那么，推荐系统是如何“猜中”你的心思的呢？推荐系统最早出现在亚马逊网站上，根据以往用户的购买行为，推荐其购买某种产品时可能购买的其他产品，这对用户而言是一个贴心的服务，同时也促进了网站的销售。目前，推荐系统已经作为成熟的技术应用于电商网站的各个方面。

最初，亚马逊聘请了一个由20多名书评家和编辑组成的团队，他们写书评、推荐新书，挑选非常有特色的新书的标题放在亚马逊的网页上。后来，亚马逊公司的创始人以及总裁杰夫·贝索斯决定尝试一个极富创造力的想法：根据客户个人以前的购物喜好，为其推荐具体的书籍。之后，亚马逊从每个客户身上捕获了大量的数据。例如，他们购买了什么书籍？哪些书他们只浏览却没有购买？他们浏览了多久？哪些书是他们一起购买的？

因为客户的信息数据量非常大，所以亚马逊必须先用传统的方法进行处理，再通过样本分析找到客户之间的相似性。但这些推荐信息是非常原始的，推荐效果并不理想。格雷格·林登很快找到了一个解决方案。他意识到，推荐系统没有必要把某位顾客与其他顾客进行对比，这样做在技术上也比较烦琐。亚马逊需要做的是找到产品之间的关联性。1998年，林登和他的同事申请了“item-to-item协同过滤技术”的专利。

因为估算可以提前进行，所以推荐系统快如闪电，而且适用于各种各样的产品。由于亚马逊目前的推荐远远不止基于对象的协同过滤那么简单，因此当亚马逊跨界销售除书以外的商品时，当然可以对烤面包等产品进行推荐。而且因为系统中使用了所有的数据，所以推荐会更理想。

林登曾做过一个关于评论家创造的销售业绩和计算机生成内容产生的销售业绩的对比测试，发现两者的业绩相差甚远，通过数据推荐产品增加的销量远远超过书评家的贡献。

事实上，林登的工作彻底改变了电子商务。在亚马逊的带领下，成千上万的网站可以推荐产品、内容等相关信息，虽然当时并不知道为什么人们对这些信息感兴趣，但这个问题并不重要，知道“是什么”就可以创造单击率。这种洞察力足以重塑很多行业，不仅仅是电子商务。

相关关系没有绝对，只有可能性。也就是说，不是亚马逊推荐的每本书都是顾客想买的，但是，如果相关关系强，一个相关链接成功的概率是很高的。这一点很多人可以证明，他们的书架上有很多书都是因为亚马逊推荐而购买的。

找到某个现象的良好的关联物，就可以利用相关关系捕捉现在发生的事情和预测可能发生的事情。例如，如果A和B经常一起发生，我们只需要注意B是否发生，就可以预测A。此外，这还有助于我们捕捉可能和A一起发生的事情。

小结

大数据不仅是一次技术革命，也是一次思维革命。本模块先介绍了大数据思维的含义及3个维度，然后介绍了几种重要的大数据思维方式：数据核心思维、数据全样思维、数据容错思维和数据相关思维，并对大数据思维进行了典型案例分析。数据是有价值的，要学会从数据中挖掘价值，基于数据分析做出决策。当然，大数据虽然能够发现“是什么”，却不能说明“为什么”；大数据提供的是一些描述性信息，而创新还是需要人类自己来完成。

习题

一、选择题

1. 大数据时代，计算模式发生了转变，从以“流程”为中心转变为以（　　）为中心。

A. 信息　　B. 流程　　C. 数据　　D. 大数据

2. 一切皆可联，任何数据之间逻辑上都可能存在联系，这体现了大数据思维维度中的（　　）。

A. 定量思维　　B. 相关思维　　C. 因果思维　　D. 实验思维

3. （　　），即提供更多描述性的信息，其原则是一切皆可测。

A. 定量思维　　B. 相关思维　　C. 因果思维　　D. 实验思维

4. 谷歌采用搜索引擎大数据进行流感趋势预测，体现了（　　）的大数据思维方式。

A. 数据因果思维　　B. 数据相关思维

C. 数据容错思维　　D. 数据全样思维

5. “啤酒与尿布”案例体现了（　　）的大数据思维方式。

A. 数据因果思维　　B. 数据相关思维

C. 数据容错思维　　D. 数据全样思维

二、简答题

1. 大数据思维有哪些方面？

2. 举例说明大数据思维的典型案例。

3. 分析谷歌流感趋势预测所体现的大数据思维方式。

4. 分析“啤酒与尿布”案例所蕴含的大数据思维方式。

5. 列举生活中的大数据思维案例。

模块 3

大数据支撑技术

知识目标

- ✧ 了解虚拟化技术、云计算技术的基本概念。
- ✧ 熟悉 Hadoop 生态系统及其重要组件。
- ✧ 理解分布式文件系统的基本概念和体系结构。
- ✧ 理解大数据处理框架 Spark 的基本原理。
- ✧ 了解 Hive 基础知识。

能力目标

- ✧ 能够阐述 HDFS 的存储原理和读写过程。
- ✧ 能够阐述分布式计算框架 MapReduce 的基本工作过程。
- ✧ 能够创建虚拟机并安装 CentOS 7 操作系统。
- ✧ 能够进行 Hadoop 的安装、配置、启动和测试。

素质目标

- ✧ 学习先进技术，提升学习意识和创新意识。
- ✧ 培养独立分析问题、解决问题和动手实践的能力。
- ✧ 培养严谨认真的学习态度和耐心细致的工作作风。

学习重点

- ✧ Hadoop 生态系统。
- ✧ 大数据处理的存储和计算技术。

学习难点

✧ Hadoop 的核心组件 HDFS 的技术原理。

✧ Hadoop 的核心组件 MapReduce 的技术原理。

本模块围绕大数据的支撑技术，分别阐述了虚拟化技术、云计算、大数据生态系统 Hadoop、分布式文件系统 HDFS、分布式计算框架 MapReduce、实时数据处理 Spark 以及 Hive 数据仓库等内容，并设计了实训项目来提升学生的应用能力和动手实践能力。

3.1 虚拟化技术

大数据支撑技术是指大数据的采集、存储、分析和结果呈现等过程中依赖的一系列数据处理和分析技术。需要指出的是，大数据技术是许多技术的集合体，这些技术并非都是新生事物，如关系数据库、数据仓库、ETL、OLAP、数据挖掘、数据可视化等均是已经发展多年的技术，在大数据时代得到补充、完善后实现了升级。

要学习大数据的相关技术，首先要了解虚拟化技术（Virtualization Technology，VT），虚拟化技术可以实现在一台主机上运行多个操作系统，用户便可充分利用计算机资源；进而应用通过虚拟化技术创建的虚拟机来搭建大数据平台。

3.1.1 虚拟化技术

1. 虚拟化技术概述

虚拟化技术是一种资源管理技术，可以将计算机的各种实体资源（如服务器、网络、内存和存储等）抽象出来，打破实体结构不可切割的问题，使用户可以灵活地应用这些资源。在实际生产环境中，虚拟化技术主要用来解决高性能物理硬件产能过剩和旧的硬件产能过低的问题，实现重组、重用，透明化底层物理硬件，从而最大化地利用物理硬件。

虚拟化技术并不是一项新技术。从 IBM 大型计算机的虚拟化到现在 EMC 可应用于桌面机的 VMware 系列，单机虚拟化技术（1956 年）已经经历了半个多世纪的发展。在虚拟化技术发展初期，IBM 是主力军，它将虚拟化技术应用于大型计算机领域。1964 年，IBM 设计了名为 CP-40 的新型操作系统，实现了虚拟内存和虚拟机。1965 年，IBM 推出了 System/360 Model 67 和 TSS（Time Sharing System，分时共享系统），允许很多远程用户共享同一高性能计算设备的使用时间。1972 年，IBM 发布了用于创建灵活大型主机的虚拟化技术，实现了根据动态需求快速有效地使用各种资源。作为对大型计算机进行逻辑分区以形成若干独立虚拟机的一种方式，这些分区允许大型计算机进行“多任务处理”——同时运行多个应用程序和进程。当时大型计算机是十分昂贵的资源，所以说虚拟化技术起到了提高投资利用率的作用。

其后，虚拟化技术从大型计算机延伸到小型计算机领域，HP、Sun 及 IBM 都将虚拟化技术应用到其小型计算机中。1998 年，VMware 公司成立，这是在虚拟机技术发展史上的一个重要的里程碑。VMware 发布的第一款虚拟化产品 VMware Virtual Platform 通过运行在 Windows NT 上的 VMware 来启动 Windows 95，开启了虚拟化在 x86 服务器上的应用，也开创了虚拟化技术的 x86 时代，在很长一段时间内，服务器虚拟化市场都是 VMware 一枝独秀。

虚拟化技术涉及的关键概念如下：

（1）物理平台：实现虚拟技术的真实物理硬件和操作系统平台。

（2）虚拟平台：在物理平台上虚拟出来的可运行不同操作系统的虚拟机。

（3）VMM：虚拟机监视器，监控和管理虚拟机运行的核心软件层，也叫 Hypervisor。

（4）宿主机：真实的物理服务器，可以运行虚拟出来的虚拟机。

（5）客户机：从宿主机上虚拟出来的虚拟机。

2. 虚拟化技术的分类

虚拟化技术中核心的部分是系统虚拟化、存储虚拟化、网络虚拟化和容器虚拟化。

（1）系统虚拟化。

平台虚拟化或服务器虚拟化的核心思想是使在一个物理计算机上同时运行多个操作系统和应用程序成为可能。在虚拟化世界中，宿主机和客户机虽然运行在同样的硬件上，但是它们在逻辑上却是完全隔离的。这些虚拟计算机拥有各自独立的软、硬件环境，可以自行升级、启动、停止，不会影响其他虚拟机。系统虚拟化有诸多优点，已经在数据中心服务器等方面得到了广泛应用。

（2）存储虚拟化。

存储虚拟化是指将具体的存储设备或存储系统同服务器操作系统分隔，为用户提供统一的虚拟“存储池”。它是具体存储设备或存储系统的抽象，展示给用户一个逻辑视图，同时将应用程序和用户需要的数据存储操作同具体的存储控制分离。将存储资源虚拟成一个“存储池”，这样做的好处是可以把许多零散的存储资源整合起来，从而提高整体利用率，并降低系统管理成本。与存储虚拟化配套的资源分配功能具有资源分割和分配能力，可以依据“服务水平协议（Service Level Agreement）”的要求对整合起来的存储池进行划分，以高效率、低成本来满足各类不同应用在性能和容量等方面的需求。特别是虚拟磁带库，对于提升备份、恢复和归档等应用服务的水平起到了非常显著的作用，极大地节省了企业的时间和金钱。

（3）网络虚拟化。

网络虚拟化是指在一个物理网络上模拟出多个逻辑网络，一般指虚拟专用网络（VPN）。VPN 对网络连接的概念进行了抽象，允许远程用户访问组织的内部网络，就像物理连接该网络一样。网络虚拟化可以帮助用户保护 IT 环境，防止来自 Internet 的威胁，同时使用户能够快速安全地访问应用程序和数据。网络虚拟化为实现提高速度和自动化程度、加强网络管理、降低成本等目标提供了新方法。

（4）容器虚拟化。

容器虚拟化是一种轻量级虚拟化技术，即通过一种操作系统层虚拟化技术将一个操作系统上的用户空间分割成几个独立的单元（空间），各单元在内核中运行时彼此互不干扰，一个独立的单元就称为一个容器。和传统的虚拟化技术相比，容器虚拟化实现了操作系统“进程级别”的隔离，将资源有效地集中于业务运算而非虚拟化本身，极大地提高了效率，而且容器的安装、配置以及使用均基于现有的技术栈，运维和开发成本低。

从实现结构来看，容器虚拟化主要分为 Hypervisor 模型虚拟、宿主模型虚拟及混合模型虚拟。

1）Hypervisor 模型虚拟是指硬件资源之上没有操作系统，而是直接由 VMM 作为 Hypervisor 接管，Hypervisor 负责管理所有资源和虚拟环境支持。这种结构的主要问题是硬件设备多种多样，VMM 不可能实现每种设备的驱动，所以此模型仅支持有限的设备。目前的主要产品是 VMware EX Server，是高端和成熟的虚拟化产品。

2）宿主模型虚拟是指在硬件资源之上有一个普通的操作系统，负责管理硬件设备，VMM 作为一个应用搭建在宿主 OS 上负责虚拟环境的支持，在 VMM 之上再加载客户机。此方式由底层操作系统对设备进行管理，因此 VMM 完全不用操心设备驱动的实现。它的主要缺点是 VMM 对硬件资源的调用依赖宿主机，因此效率和功能受宿主机影响较大。目前的主要产品是 VMware Server 和 Virtual PC/Server。

3）混合模型虚拟综合了以上两种虚拟化技术。VMM 直接管理硬件，同时会让出一部分对设备的控制权，交给运行在特权虚拟机中的特权操作系统来管理（称为 Domain 0）。VMM 和 Domain 0 合作搭建起虚拟环境，在其上运行客户虚拟机（Domain U）。这个模型的缺点是，在需要特权操作系统提供服务时会出现上下文切换的情况，这会导致性能下降。目前的主要产品是 Hyper-V 和 Xen 等。

3.1.2 常见的虚拟化软件

1. VMware

VMware 是全球桌面到数据中心虚拟化解决方案的代表厂商。VMware 提供了一系列虚拟化产品，应用领域从服务器到桌面，包括 VMware ESX Server、VMware Server 和

VMware Workstation。VMware 开发的 VMware Workstation 产品多年来一直得到用户的认可，其产品可以使用户在一台机器上同时运行两个或多个 Windows、DOS、Linux、Mac 系统。与"多启动"系统相比，VMware 采用了完全不同的理念。"多启动"系统在一个时刻只能运行一个系统，系统切换时需要重新启动机器。VMware 则是真正"同时"在主系统的平台上运行多个操作系统，而且每个操作系统都可以进行虚拟的分区、配置，不会影响真实硬盘的数据，用户甚至可以通过网卡将几台虚拟机连接成一个局域网，使用起来会更加方便。

VMware Workstation 是一款功能强大的桌面虚拟计算机软件，用户可以在单一的桌面上同时运行不同的操作系统，是进行开发、测试、部署新的应用程序的最佳解决方案之一。VMware Workstation 还可以在一部实体机器上模拟完整的网络环境。对于企业的 IT 开发人员和系统管理员而言，VMware 在虚拟网络、实时快照、拖曳共享文件夹、支持 PXE 等方面体现的优势使其成为必不可少的工具之一。

2. VirtualBox

VirtualBox 是一款开源虚拟机软件，功能类似 VMware Workstation。该软件性能优异，简单易用，可虚拟的系统包括 Windows、Mac OS、Linux、OpenBSD、Solaris、IBM OS2 以及 Android 等。与 VMware 相比，VirtualBox 的独到之处包括远端桌面协定（RDP）、iSCSI 及 USB 的支持。VirtualBox 在客户端操作系统上支持 USB 3.0 硬件装置，不过要安装 VirtualBox Extension Pack。

3. KVM

KVM（Kernel-based Virtual Machine）是一款基于 GPL 授权方式的开源虚拟机软件。KVM 最早由 Qumranet 公司开发，自 Linux 2.6.20 之后集成在 Linux 的各个主要发行版本中。KVM 使用 Linux 自身的调度器进行管理，其核心源码很少。KVM 是集成到 Linux 内核的 VMM，是 x86 架构且硬件支持虚拟化技术（Intel VT 或 AMD-V）的 Linux 全虚拟化解决方案，可以利用 Linux 完成大量工作，如任务调度、内存管理和硬件设备交互等。

KVM 继承了 Linux 系统管理内存的诸多特性：分配给虚拟使用的内存可以被交换至交换空间；能够使用大内存页以实现更好的性能；对 NUMA 的支持能够让虚拟机高效访问更大的内存空间等。

KVM 可以基于 Intel 的 EPT（Extended Page Table）或 AMD 的 RVI（Rapid Virtualization Indexing）技术支持更新的内存虚拟功能，这可以降低 CPU 的占用率，并提供较好的吞吐量。

此外，KVM 借助 KSM（Kernel Same-page Merging）内核特性实现了内存页面共享。KSM 通过扫描每个虚拟机的内存查找各虚拟机间相同的内存页，并将这些内存页合并为一个被各相关虚拟机共享的单独页面。当某虚拟机试图修改此页面中的数据时，KSM 会重新为其提供一个新的页面副本。实践中，运行于同一台物理主机上的具有相同

GuestOS 的虚拟机之间出现相同内存页面的概率是很高的，如共享库、内核或其他内存对象等都有可能表现为相同的内存页，因此，KSM 技术可以降低内存占用率进而提高整体性能。

4. Hyper-V

Hyper-V 是微软的一款虚拟化产品。Hyper-V 采用微内核架构，兼顾安全性和性能要求。Hyper-V 底层的 VMM 运行在最高的特权级别下，微软将其称为 ring-1（Intel 将其称为 root mode)，而虚拟机的 OS 内核和驱动运行在 ring 0，应用程序运行在 ring 3，这种架构不需要采用复杂的 BT（二进制特权指令翻译）技术，可以进一步提高安全性。

由于 Hyper-V 底层的 Hypervisor 代码量很小，不包含任何第三方驱动，非常精简，因此安全性更高。Hyper-V 采用基于 VMbus 的高速内存总线架构，来自虚拟机的硬件请求（显卡、鼠标、磁盘、网络）可以直接经过 VSC，通过 VMbus 总线发送到根分区的 VSP，VSP 调用对应的设备驱动直接访问硬件，中间不需要 Hypervisor 的帮助。这种架构的效率很高，不再像以前的 Virtual Server，每个硬件请求都需要经过用户模式、内核模式的多次切换转移。

5. Xen

Xen 是英国剑桥大学计算机实验室开发的一个虚拟化开源项目，Xen 可以在一套物理硬件上安全地执行多个虚拟机，它和操作平台结合得极为密切，以高性能、占用资源少著称。Xen 虚拟机可以在不停止的情况下在多个物理主机之间实时迁移。在操作过程中，虚拟机在不停止工作的情况下，内存被反复复制到目标机器。虚拟机在最终目的地开始执行之前，会有一次非常短暂（60 ～ 300 毫秒）的暂停，以执行最终的同步化，给人以无缝迁移的感觉。

6. Docker

Docker 是 PaaS 提供商 dotCloud 开源的一个基于 LXC 的高级容器引擎，源代码托管在 Github 上，基于 Go 语言并遵从 Apache2.0 协议开源。开发者可以打包他们的应用以及依赖包到一个可移植的镜像中，然后发布到任何运行 Linux 或 Windows 操作系统的机器上，也可以实现虚拟化。Docker 使用客户端—服务器（C/S）架构模式，通过远程 API 来管理和创建 Docker 容器。Docker 容器通过 Docker 镜像来创建，容器与镜像的关系类似于面向对象编程中的对象与类。与 VMware 等传统虚拟化技术相比，Docker 具有启动速度快、资源利用率高、性能开销小等优点。

3.2 云计算

云计算（Cloud Computing）作为近几年十分热门的技术，已经成为各大应用如大数据、移动应用开发、物联网和人工智能的基础。云计算的核心是以互联网为中心，通过网络提供快速且安全的云计算服务，让每一个接入互联网的用户都可以使用网络上庞大的计算资源。云计算和大数据息息相关，云计算是大数据的基础，大数据的分析能力帮助云计算更好、更合理地利用资源。

3.2.1 云计算简介

云计算是基于互联网的相关服务的增加、使用和交付模式，通常涉及通过互联网提供的动态、易扩展且经常是虚拟化的资源。云是网络的比喻，从狭义上讲，云计算是一种提供资源的网络，使用者可以随时获取资源，按使用量付费，和用水、用电一样；从广义上讲，云计算是与信息技术、软件、互联网相关的一种服务，这种计算资源共享池称为“云”。把计算资源集合起来，通过软件实现自动化管理，这样，只需要很少的工作人员，即可提供快捷的资源服务。也就是说，计算能力作为一种商品，可以在互联网上流通，且价格较为低廉。

总之，云计算不是一种全新的网络技术，而是一种全新的网络应用概念。

云计算的可贵之处在于高灵活性、可扩展性和高性比。目前，市场上大多数 IT 资源软硬件都支持虚拟化，如存储网络、操作系统等。虚拟化要素统一放在云系统资源虚拟池当中进行管理，云计算的兼容性非常强，不仅可以兼容低配置机器、不同厂商的硬件产品，还能够通过外设实现性能更高的计算。用户可以利用应用软件的快速部署功能来扩展已有业务以及新业务。将资源放在虚拟资源池中统一管理，在一定程度上优化了物理资源，用户不再需要昂贵的、存储空间大的主机，可以选择相对廉价的计算机组成云，其计算性能不逊于大型主机，还可以减少费用支出。

3.2.2 云计算的服务模式

云计算是建立在先进互联网技术基础之上的，主要服务模式如下：

（1）IaaS（Infrastructure-as-a-Service）：基础设施即服务。消费者通过 Internet 可以从完善的计算机基础设施获得服务，如硬件服务器租用。这就是数据中心的资源管理达到的目标。

（2）PaaS（Platform-as-a-Service）：平台即服务。PaaS 实际上是指将软件研发的平台作为一种服务，以 SaaS 模式提交给用户。因此，PaaS 也是 SaaS 模式的一种应用。但是，PaaS 的出现可以加快 SaaS 的发展，尤其是加快 SaaS 应用的开发速度，如软件的个性化定制开发。也就是说，云计算不光管资源，还要管应用。

（3）SaaS（Software-as-a-Service）：软件即服务。这是一种通过 Internet 提供软件的模式，用户无须购买软件，而是向提供商租用基于 Web 的软件来管理企业经营活动。

（4）CaaS（Containers as a Service）：容器即服务。这是一种云服务模型，允许用户通过基于容器的虚拟化来管理和部署容器、应用程序和集群。CaaS 对于 IT 部门和开发人员构建安全且可扩展的容器化应用程序非常有用。CaaS 可以通过本地数据中心或云实现。

3.2.3 云计算的部署方式

1. 私有云（Private Cloud）

私有云是为某个特定用户 / 机构建立的，只能实现小范围内的资源优化，因此并不完全符合云的本质，即社会分工。托管型私有云在一定程度上实现了社会分工，但是仍无法解决大规模范围内物理资源利用效率的问题。

2. 公有云（Public Cloud）

公有云是为大众建立的，所有入驻用户都称为租户，公有云可以同时容纳很多租户，一个租户离开后，其资源可以马上释放给下一个租户。公有云是最彻底的社会分工，能够在大范围内实现资源优化。

3. 社区云 / 行业云（Community Cloud）

社区云是介于公有云、私有云之间的一种形式。如果每个客户的规模不大，但又处于敏感行业，那么他们联合建立一个云平台是很有必要的。这样做还可以规避公有云的限制和风险。

4. 混合云（Hybrid Cloud）

混合云是公有云、私有云、社区云的任意混合，这种混合可以是计算的、存储的，也可以两者兼而有之。在公有云尚不完全成熟，而私有云存在运维难、部署时间长、动态扩展难的阶段，混合云是一种较为理想的平滑过渡方式。

3.2.4 云计算与大数据的关系

（1）目的不同。大数据主要用于发掘信息价值，而云计算主要是通过互联网管理资源并提供相应的服务。

（2）对象不同。大数据的对象是数据，云计算的对象是互联网资源以及应用等。

（3）背景不同。大数据的出现基于用户和社会各行各业所产生的数据呈几何倍数增长；云计算的出现基于用户服务需求的增长，以及企业处理业务的能力的提高。

（4）价值不同。大数据的价值在于发掘数据的有效信息，云计算则可以大量节约使用成本。

由于大数据对系统提出了很多极限要求，不论是存储、传输还是计算，现有计算技术均难以满足大数据的需求，因此整个 IT 架构的革命性重构势在必行，存储能力的增长远远赶不上数据的增长，设计合理的分层存储架构已成为信息系统的关键。分布式存储架构不仅需要 scale up 式的可扩展性，还需要 scale out 式的可扩展性，因此大数据处理离不开云计算技术，云计算可为大数据提供弹性可扩展的基础设施支撑环境以及高效的数据服务模式，大数据则为云计算提供了新的商业价值。

3.3 大数据生态系统 Hadoop

随着计算机和互联网的广泛应用，人类产生的数据量呈爆炸式增长，数据应用已经渗透到人类生活的各个角落，带来的问题是海量数据的存储、处理和分析，Hadoop 的诞生有效地解决了这些问题。Hadoop 是一个能够让用户轻松构建和使用的分布式计算框架，它可以使用户在不了解分布式底层细节的情况下开发分布式程序，充分利用集群的威力进行高速运算和存储。Hadoop 改变了对数据的存储、处理和分析的过程，加速了大数据的发展，并形成了良好的技术生态系统。如今，Hadoop 已成为大数据分布式处理的首选，在众多领域得到了广泛应用。

3.3.1 Hadoop 的起源

随着大数据时代的到来，传统的技术手段已经无法满足用户对海量数据的处理需求。2003—2004 年，Google 发表了 GFS（Google File System）、MapReduce 和 BigTable 三篇技术论文，提出了一套全新的分布式计算理论。其中，GFS 是分布式文件系统，MapReduce 是分布式计算框架，BigTable 是基于 GFS 的大型分布式数据库系统。这三大组件组成了 Google 的分布式计算模型。

Google 的分布式计算模型与传统的分布式计算模型相比，降低了技术实现的难度；可部署在廉价的硬件设备上，应用成本低廉。Google 的分布式计算模型的成功应用使得各家互联网公司开始效仿，从而产生了开源的大数据系统 Hadoop。

Hadoop 起源于 Apache Nutch 项目，始于 2002 年，是 Apache Lucene 的子项目之一。2004 年，受到 Google 技术论文启发的 Doug Cutting 等人开始尝试实现 MapReduce 计算框架，并将它与 NDFS（Nutch Distributed File System）结合，以支持 Nutch 引擎的主要算法。由于 NDFS 和 MapReduce 在 Nutch 引擎中有着良好的应用，所以它们于 2006 年 2 月被分离出来，成为一套完整而独立的软件，并被命名为 Hadoop。2008 年初，Hadoop 已成为 Apache 的顶级项目，包含众多子项目，被应用到包括 Yahoo 在内的很多互联网公司。

3.3.2 Hadoop 的基本概念

Hadoop 是一个由 Apache 基金会开发的分布式系统基础架构。Hadoop 框架的核心设计是 HDFS 和 MapReduce。HDFS 为海量数据提供了存储服务，而 MapReduce 则为海量数据提供了计算服务。

HDFS 具有高容错性的特点，可部署在低廉的硬件设备上，能提供高吞吐量访问应用程序的数据，适合具有超大数据集的应用程序，可以以流的形式访问文件系统中的数据。

MapReduce 是一种海量数据集的分布式并行计算编程模型，可以将大作业拆分成小作业进行作业调度和容错管理，适用于数据的批量处理。MapReduce 将复杂的并行计算过程高度抽象为 Map 函数和 Reduce 函数，这使得用户开发并行应用程序时无须了解分布式系统的底层实现细节，就可以完成海量数据的分布式并行计算工作。

Hadoop 在设计之初的目标就定位于高可靠性、高可拓展性、高容错性和高效性，正是这些设计上与生俱来的优点，才使得 Hadoop 一出现就受到众多大公司的青睐，同时也引起了研究界的普遍关注。

如今，Hadoop 已经成长为一个不再局限于 HDFS 和 MapReduce 的庞大的、多元化的生态系统，许多知名互联网公司都使用 Hadoop 来实现自己的核心业务。例如，Facebook（现 Meta）曾使用 1 000 个节点的集群运行 Hadoop，存储日志数据，支持其上的数据分析和机器学习；某大型搜索引擎用 Hadoop 每周处理 200TB 数据，从而进行搜索日志分析和网页数据挖掘工作；国内的高校和科研院所基于 Hadoop 在数据存储、资源管理、作业调度、性能优化、系统高可用性和安全性方面进行研究，相关研究成果多以开源形式贡献给 Hadoop 社区。

3.3.3 Hadoop 的优势

（1）高可靠性。Hadoop 采用冗余数据存储方式，当其中一个副本发生故障时，其他副本可以保证集群正常对外提供服务。

（2）高扩展性。Hadoop 是在可用的计算机集簇间分配数据并完成计算任务的，这些集簇可以方便地扩展到数以千计的节点中。

（3）高效性。Hadoop 能够在节点之间动态地移动数据，并保证各个节点的动态平衡，因此处理速度非常快。

（4）高容错性。Hadoop 能够自动保存数据的多个副本，并且能够自动将失败的任务重新分配。

（5）低成本。Hadoop 可以使用廉价计算机搭建集群，从而大大降低了硬件成本，普通用户也可以使用自己的个人计算机搭建和运行 Hadoop。

（6）多平台运行。Hadoop 能够较好地运行在 Linux 平台，用户也可以在 Windows 和 MacOS 等平台上搭建 Hadoop。

（7）支持多种编程语言。Hadoop 带有用 Java 语言编写的框架，主要使用 Java 语言开发。用户也可以使用其他语言（如 C++、Python）开发 Hadoop 应用程序。

由于源代码开放，网络社区活跃，参与者众多，其应用涉及大数据分布式存储和计算的各个场景，并且得到了企业界的验证，因此越来越多的企业选择将 Hadoop 作为大数据平台的解决方案。

3.3.4 Hadoop 生态系统

大数据的核心是 Hadoop 生态系统。Hadoop 是大量工具的集合，它们协同工作完成特定的任务。Hadoop 提供从数据存储到数据集成、数据处理、数据分析和数据应用的专用工具，人们习惯将它们称为 Hadoop 生态系统。在大数据领域，并非只有以 Hadoop 为核心的开源大数据生态系统，但无论从学术上还是从应用上看，Hadoop 都是最成功的。随着技术的不断发展，Hadoop 已经成为一个非常庞大的生态体系，它不仅包括核心组件 HDFS、MapReduce 和 Yarn， 还 包 括 Hive、Pig、HBase、Flume、Zookeeper、Ambari、Kafka 和 Spark 等。Hadoop 生态系统如图 3－1 所示。

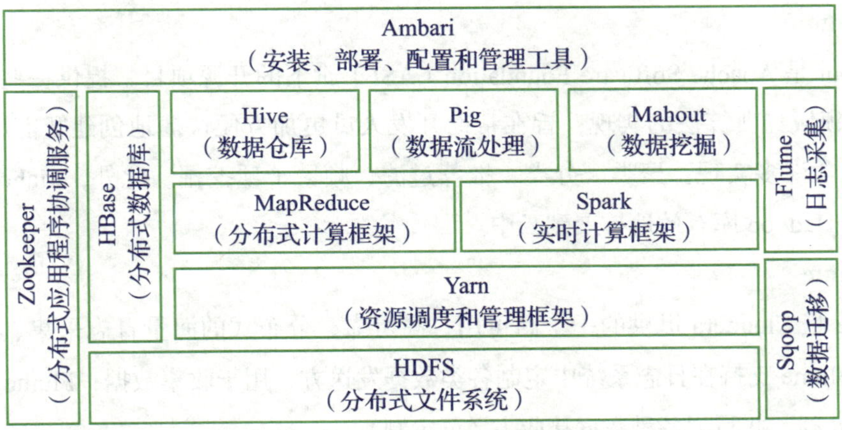

图 3－1 Hadoop 生态系统

1. HDFS

HDFS 是 Hadoop 分布式文件系统，是 Hadoop 生态系统的核心组件之一，为海量数据提供存储服务。

2. MapReduce

MapReduce 是 Hadoop 的另一个核心组件，为海量数据提供计算服务。

3. Yarn

Yarn 是一个通用的资源管理系统，可以为上层应用提供统一的资源管理和调度，它的引入为集群在利用率、资源统一管理和数据共享等方面带来了巨大的好处。Yarn 还可以为其他计算组件（如 MapReduce、Spark、Tez）提供资源管理服务。

4. Zookeeper

Zookeeper 是一个开源的分布式应用程序协调服务，致力于开发和维护开源服务器，实现高度可靠的分布式协调，是Google的Chubby的开源实现，也是Hadoop和HBase的重要组件。Zookeeper是为分布式应用提供一致性服务的软件，功能包括：分布式应用配置管理、统一命名服务、状态同步服务、集群管理等。

5. Hive

Hive最初由Facebook开发，是基于Hadoop的一个分布式数据仓库工具，它可以将结构化的数据文件映射为一张数据库表。Hive提供了类SQL语言的HiveQL，将HiveQL查询语句转化为MapReduce任务在Hadoop集群中执行。Hive提供了一系列工具用于数据提取、转化、加载，还建立了存储、查询和分析Hadoop中大规模数据的机制。

6. HBase

HBase是一个基于HDFS的面向列的分布式数据库，可以实现大规模非结构化数据集的实时随机读写，是Google Big Table的开源实现，具有可伸缩、高可靠、高性能、分布式等特点。可以利用HBase技术在廉价的计算设备上搭建大规模结构化存储集群。

7. Mahout

Mahout是Apache Software Foundation（ASF）旗下的开源项目，提供一些可扩展的机器学习领域经典算法的实现，旨在帮助开发人员更加方便快捷地创建智能应用程序。Mahout包含许多实现：聚类、分类、推荐过滤、频繁子项挖掘。此外，Mahout可以通过Apache Hadoop库有效地扩展到云中。

8. Flume

Flume是Cloudera提供的一个高可用、高可靠、分布式的海量日志采集、聚合和传输系统。Flume支持在日志系统中定制各类数据发送方，用于收集数据；Flume可对数据进行简单处理，并写到各种数据接收方（可定制）。

9. Sqoop

Sqoop是一款开源工具，主要用于在Hadoop（Hive）与传统的数据库（如MySQL、Postgresql等）间进行数据传递，可以将一个关系型数据库（如MySQL、Oracle、Postgres等）中的数据导入Hadoop的HDFS中，也可以将HDFS的数据导入关系型数据库。

10. Spark

Spark是基于内存的分布式计算框架，可用来构建大型的、低延迟的数据分析应用程序。Spark包括Spark SQL、Spark Streaming、MLlib和GraphX，分别用于结构化处理、实时计算、机器学习和图处理。

3.3.5 Hadoop的版本

目前，Apache Hadoop版本共有3代，分别是Hadoop 1.0、Hadoop 2.0和Hadoop

3.0。Hadoop 1.0 对应的版本为 0.20.x、0.21.x 和 0.22.x，主要组件为分布式文件系统（HDFS）及离线计算框架（MapReduce）。Hadoop 2.0 对应的版本是 0.23.x 和 2.x，Hadoop 2.0 主要新增了一个资源管理系统 Yarn 和 HDFS Federation，实现了对多种计算框架的支持和 HDFS 主节点的横向扩展。Hadoop 3.0 增强了 Yarn 和 HDFS 的高可用性，实现了对云计算平台的支持。相比之下，Hadoop 3.0 功能更加强大、扩展性更好。Hadoop 的版本见表 3－1。

表 3－1　Hadoop 的版本

Hadoop 版本	版本名称	版本号	包含内容
第一代	Hadoop 1.0	0.20.x、0.21.x、0.22.x	HDFS、MapReduce
第二代	Hadoop 2.0	0.23.x 和 2.x	HDFS、MapReduce、Yarn
第三代	Hadoop 3.0	3.1.0、3.1.2、3.2.1、3.3.1、3.3.2	内核改进

3.3.6　Hadoop 的应用场景

1. Hadoop 在互联网领域的应用

2002 年，Yahoo 搭建了 2 000 个节点的 Hadoop 集群，被认为是当时规模最大的 Hadoop 应用。2008 年，Yahoo 在 1 万多台 Linux 虚拟机组成的 Hadoop 集群上处理了网页搜索所产生的 5PB 数据，并分析了超过 300TB 的网页索引资料（压缩后），从而为用户提供了更好的 Web 搜索服务。目前，Yahoo 的 Hadoop 机器总结点数目超过 42 000 个，有超过 10 万的核心 CPU 在运行 Hadoop。Yahoo 已将 Hadoop 技术应用在数据仓库、反垃圾邮件系统、广告系统、Web 搜索、用户行为分析及个性化推荐等方面。

2. Hadoop 在通信领域的应用

（1）中国移动。中国移动研究院基于 Hadoop 开发了“大云”系统，该系统不仅能用于相关数据分析，还能对外提供服务。“大云”1.5 版本产品的总体架构中包括 PaaS 层和 IaaS 层，PaaS 层是基于 Hadoop 构建的，用于数据存储和分析。

（2）中国电信。中国电信发布的大数据业务品牌“天翼大数据”推出了精准营销、风险防控、区域洞察、咨询报告四类数据型产品和大数据云平台型产品，重点服务于旅游、金融、广告、政府、交通等行业。

（3）中国联通。中国联通从 2013 年开始发展大数据业务，如今其大数据产品体系包括征信产品、沃指数、精准营销产品、用户标签、开放平台和智慧足迹等。

3.4　分布式文件系统 HDFS

在大数据时代，数据量呈爆炸式增长，传统的集中式存储在容量和性能上都无法较好地满足大数据的需求。因此，具有可扩展能力的分布式存储成为大数据存储的主流技术方式。HDFS 是 Hadoop 的分布式文件存储系统，用来存储 Hadoop 集群中所有节点上的海量数据。

3.4.1 HDFS 的体系结构

HDFS 的核心组件是 NameNode 和 DataNode。它是一个主 / 从（master/slave）架构的系统，即一个 HDFS 集群由一个 NameNode 和若干 DataNode 组成。HDFS 的架构如图 3－2 所示。

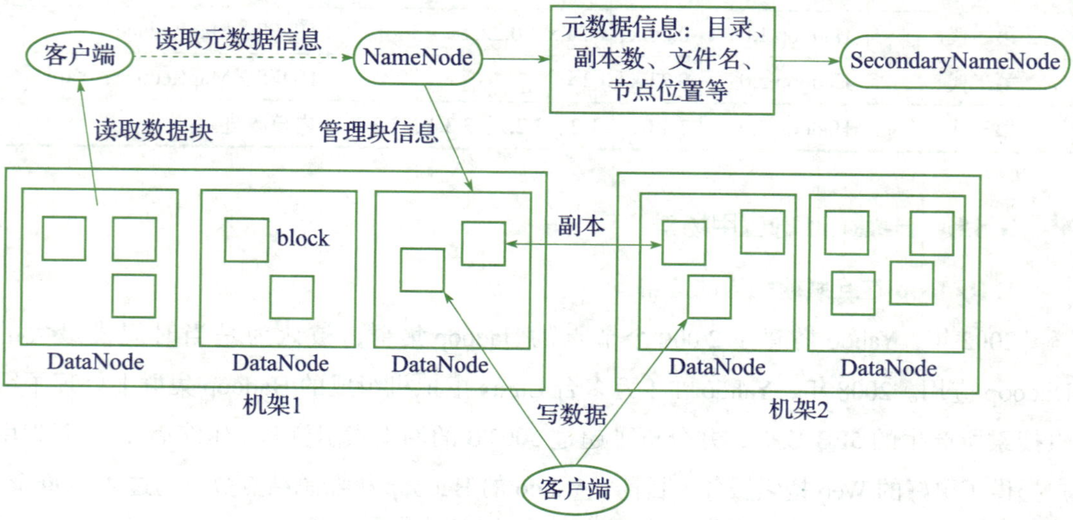

图 3－2　HDFS 的架构

NameNode 是 HDFS 集群的主服务器，通常称为“名称节点”或“主节点”。一旦 NameNode 关闭，用户就无法访问 Hadoop 集群。NameNode 主要以元数据的形式进行管理和存储，用于维护文件系统名称并管理客户端对文件的访问；NameNode 记录对文件系统名称空间或其属性的任何更改操作；HDFS 负责整个数据集群的管理，可以在配置文件中设置备份数量，这些信息均由 NameNode 存储。

元数据从类型上分可分 3 种信息形式：一是维护 HDFS 文件系统中文件和目录的信息，如文件名、目录名、父目录信息、文件大小、创建时间、修改时间等；二是记录文件内容存储的相关信息，如文件分块情况、副本个数、每个副本所在的 DataNode 信息等；三是记录 HDFS 中所有 DataNode 的信息，用于 DataNode 管理。

元数据信息可被持久化到本地磁盘的两个文件中：fsimage（元数据镜像文件）和 edits（事务日志文件）。fsimage 存储文件系统的所有命名空间信息（如文件系统所有目录、文件信息及数据块的索引等），edits 存储 HDFS 数据的事务操作日志（如创建一个 HDFS 文件、修改 HDFS 文件的副本系数等操作记录）。

Secondary NameNode（NameNode的辅助者）可以解决edits文件过大的问题，缩短NameNode的重启时间，主要用于对fsimage和edits进行定期合并。由于合并过程中需要消耗内存，因此，系统通常将Secondary NameNode和NameNode放在不同的节点上。Secondary NameNode实际上是通过在文件系统中设置一个检查点（checkpoint）来帮助NameNode管理元数据，从而使NameNode能够快速、高效地工作。但是，它并非第二个NameNode，仅是NameNode的一个辅助工具。Secondary NameNode不仅提升了集群性能，还保存了NameNode的元数据信息，这在一定程度上提高了元数据的安全性和可靠性。

DataNode是HDFS集群中的从服务器，通常称为数据节点。文件系统存储文件的方式是将文件切分成多个数据块（block），这些数据块实际上是存储在DataNode节点中的，因此DataNode机器需要配置大量磁盘空间。DataNode与NameNode保持不间断的通信，负责为客户端或NameNode提供数据的检索和读写服务，并通过“心跳”（Heartbeats）定期向NameNode发送自己的数据块列表信息。

每个磁盘都有默认的数据块大小，这是磁盘进行数据读写的最小单位，HDFS同样有数据块的概念，它是抽象的块，并不是将整个文件作为存储单元。在Hadoop 2.x版本下，默认大小是128MB（Hadoop 1.x版本默认为64MB），且默认有3个副本，每个块尽可能地存储于不同的DataNode中。按块存储的好处主要是屏蔽了文件的大小，有利于实现分布式文件系统的容错性。在HDFS中，一个数据文件可能被切分成多个block，存储在不同的DataNode上，并且block在集群中保存了多个副本。操作HDFS数据时，如果出现节点故障，就可以从其他节点上读取副本。

Rack用于存放部署Hadoop集群服务器的机架，不同机架之间的节点通过交换机通信，集群的各个节点会被分配到不同的机架上，以方便管理。对于同一个机架上的机器，断电、故障等原因而导致同时宕机的可能性较大；若将机器放置在不同的机架上，那么同时宕机的可能性就会很小，这就提高了集群系统的安全性。一个集群中往往存在多个机架，每个机架上可以分配多个节点，每个机架都有机架ID，每个节点所属的机架ID均存放在元数据中。HDFS通过机架感知策略，使NameNode能够确定每个DataNode所属的机架ID。此外，单个机架上各个节点之间的网络传输带宽通常会高于跨机架节点之间的网络传输带宽。

3.4.2 HDFS的运行机制

1. 副本机制

为了保证集群的容错性和可用性，HDFS采用了数据冗余存储方式，即一个数据可以保存多个副本，并且这些副本会分别存储在不同的DataNode上，如图3-3所示。

block 副本数是可以配置的，它既可以在创建文件时指定，也可以在创建文件后修改。DataNode 按照 NameNode 的命令进行 block 的创建、复制和删除等操作。

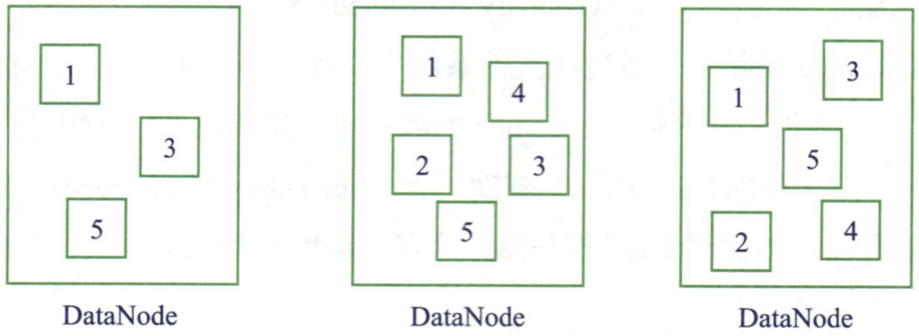

图 3-3　HDFS 的副本机制

HDFS 的数据冗余存储方式具有多种优势。如果多个客户端同时访问同一个数据文件，就可以让这些客户端分别从不同的 block 副本读取数据，从而加快数据传输速度并提升数据的可靠性，有效避免因 DataNode 故障造成数据丢失的情况。由于集群中 DataNode 是通过网络通信进行数据传输的，因此在进行 block 副本复制时，可以检查数据传输时是否出现错误。

2. 心跳机制

DataNode 通过“心跳”（Heartbeats）将 block 信息报告给 NameNode，这里的“心跳”是一种形象化描述，指的是不间断地发送一个自定义结构体（“心跳包”或“心跳帧”）来证明自己节点的有效性。NameNode 启动后，会等待所有 DataNode 的“心跳”，而 DataNode 启动后，会主动连接 NameNode，并在一定间隔（默认为 3s）主动向 NameNode 发送一个“心跳”，报告自己的状态信息，然后 NameNode 通过这个“心跳”向 DataNode 下达命令。

如果出现硬件故障或网络问题，NameNode 长时间未收到某个 DataNode 的“心跳”，NameNode 将判定该 DataNode 为宕机，然后检查该 DataNode 上的 block 副本数据并备份到其他的 DataNode 节点上。

3. 副本放置与机架感知策略

一个集群中往往存在多个机架，且每个机架上又放置了多个 DataNode，而每个 DataNode 上又保存了多个文件的 block 副本。另外，NameNode 上的元数据存储着每个 DataNode 所属的机架 ID。那么，如何分配文件的 block 副本到集群中的 DataNode 上呢？

假设将 HDFS 文件的副本数量配置为 3，那么每个 block 副本均会被放置到 3 个不同的 DataNode 上，如图 3-4 所示。其中，两个 block 副本被放置到同一个机架的不同 DataNode 上，第三个 block 副本被放置到另一个机架的 DataNode 上。

图 3-4 HDFS 的机架策略

相对于将副本均匀分布在机架上的策略，这种副本放置策略对集群性能有很大的提升。例如，它减少了机架间的数据传输量；在不降低数据可靠性和可读取性的情况下，既兼顾了写操作的效率，又充分利用了多个机架的带宽，从而减少了读取数据时所需要的网络传输总带宽。

由于副本的存放位置会影响 HDFS 的可靠性和可读取性，因此 HDFS 采用了一种称为机架感知（rack-aware）的策略来提高数据的可靠性，并提升网络带宽的利用率。这样，即使一个机架发生故障，因为其他机架上的副本仍然是可用的，所以不会影响数据的可靠性。另外，读取数据时，应用程序可以在多个机架上同时进行读取操作，这种并行处理方式大大提高了数据的读取速度。

4. HA 机制

造成集群不可用的原因主要有两个：一是 NameNode 节点宕机，导致整个集群不可用，重启 NameNode 节点之后才可使用；二是计划内的 NameNode 节点的软件或硬件升级，导致集群在短时间内不可用。

Hadoop 2.x 允许运行主（active）、备（standby）两个 NameNode，从而可以在 NameNode 节点出现故障或维护时，快速启用备用状态的 NameNode 节点，以确保集群正常运行。HDFS 的双 NameNode 机制如图 3-5 所示。

在双 NameNode 的 Hadoop 分布式集群中，分别处于 active 和 standby 状态的两个 NameNode 节点保证了 HDFS 的高可用性（HA）。active NameNode 负责 HDFS 集群的所有操作，standby NameNode 作为备用。一旦 active NameNode 发生故障，standby NameNode 可以快速切换并恢复。

standby NameNode 的状态和 active NameNode 始终保持同步（元数据信息保持一致），它们之间通过 JournalNode 守护进程通信。standby NameNode 同样保存了 block 的位置信

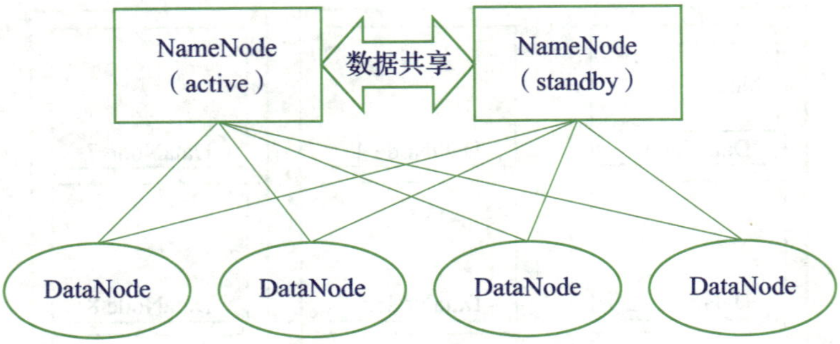

图 3-5　HDFS 的双 NameNode 机制

息。此外，DataNode 通过心跳机制发送 block 信息给 active NameNode 的同时，也会将 block 信息发送给 standby NameNode。

3.4.3　HDFS 文件的上传和下载

HDFS 支持流形式访问写入文件，下面介绍文件的上传步骤与下载步骤。

HDFS 上传文件的流程如图 3-6 所示。

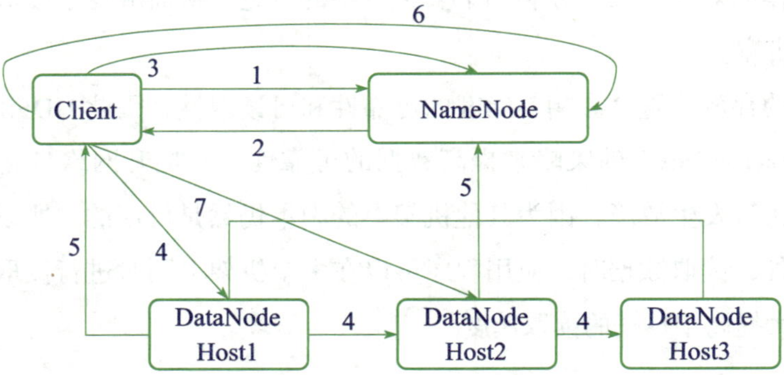

图 3-6　HDFS 上传文件的流程

HDFS 上传文件的步骤如下：

（1）客户端向 HDFS（NameNode）文件系统发送文件上传请求。

（2）NameNode 检索 HDFS 文件系统是否存在与要上传文件相同的文件，如果存在，阻止该文件上传；如果不存在，允许该文件上传。

（3）客户端上传文件，NameNode 会找出空闲的 DataNode 节点存储文件（因为默认备份 3 份，所以 NameNode 会找出 3 个空闲的 DataNode 节点）。NameNode 的存储策略是指本地存储一份，同一机架其他某个节点存储一份，不同机架其他某个节点存储一份。

（4）NameNode 将找出的空闲 DataNode 的地址反馈给客户端（反馈 DataNode 的地址会按照网络拓扑距离来排序，离客户端近的排在前面）。

（5）客户端得到地址后，会按照网络拓扑距离的远近依次创建管道（管道：客户端→DataNode1→DataNode2→DataNode3），管道创建好之后，通知客户端开始传输数据。

（6）客户端会根据上传文件的大小进行分块传输；并且每块在传输 64KB 时，会以 packet() 为单位发送数据。

（7）各个 DataNode 在存储数据时，会反向（与管道方向相反）逐个发送 ack（校验）至客户端。

HDFS 下载文件的流程如图 3－7 所示。

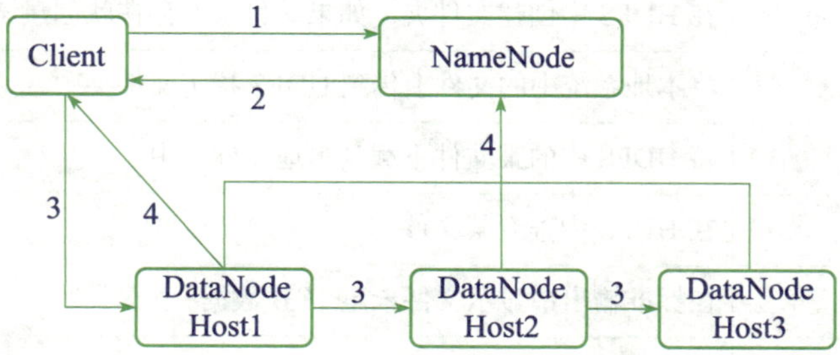

图 3－7　HDFS 下载文件的流程

HDFS 文件下载步骤如下：

（1）客户端向 HDFS（NameNode）文件系统发送文件下载请求。

（2）NameNode 检索 HDFS 文件系统是否存在要下载的文件，如果存在，NameNode 会将该文件的所有元数据反馈给客户端；如果不存在，不允许客户端下载该文件（提示客户端该文件不存在）。

（3）客户端在获取元数据后，会与对应的 DataNode 创建线程（线程：客户端→DataNode1，客户端→DataNode2，客户端→DataNode3），创建好线程后便开始下载数据。

（4）客户端在下载完数据后，会将文件块进行合并，恢复成一个完整的文件。

3.4.4　HDFS Shell 常用命令

HDFS Shell 可以直接与 Hadoop 分布式文件系统进行交互。HDFS Shell 常用命令见表 3－2。

表 3－2　HDFS Shell 常用命令

命令参数	功能描述
hadoop version	查看 Hadoop 的版本
hadoop -help	查看命令的格式
hadoop fs -ls	查看 HDFS 指定目录下的文件目录
hadoop fs -ls -R	递归查看 HDFS 指定目录下的文件目录

续表

命令参数	功能描述
hadoop fs -mv	移动文件
hadoop fs -cp	复制文件
hadoop fs -rm	删除 HDFS 上的某文件
hadoop fs -mkdir	在 HDFS 中创建文件夹，如果父目录不存在就报错
hadoop fs -mkdir -p	在 HDFS 中创建文件夹，如果父目录不存在就创建该父目录
hadoop fs -put	将本地系统中的文件上传到 HDFS 指定文件夹中
hadoop fs -get	将 HDFS 中的某文件下载到本地文件夹中
hadoop fs -cat	在 HDFS 中查看某文件
hadoop fs -tail	在标准输出中显示文件末尾 1KB 数据
hadoop fs -count	统计 HDFS 对应路径下的目录个数、文件个数、文件总计大小
hadoop fs -du	显示 HDFS 对应路径下每个文件夹和文件的大小

3.5 分布式计算框架 MapReduce

大数据时代，人们除了需要解决大规模数据的高效存储问题，还需要解决大规模数据的高效计算问题。MapReduce 是 Hadoop 中的大数据并行计算框架，是 Hadoop 的核心组件之一，其原理简单且易于实现。它可以将复杂的并行计算过程高度抽象为 Map 函数和 Reduce 函数，用户可以在不清楚分布式计算框架内部运行机制的情况下轻松完成计算任务。

3.5.1 Mapreduce 简介

MapReduce 的核心思想是“分而治之”，就是把一个复杂的问题按照一定的规律分解成一些小的任务，然后逐个解决，最后再把各个任务的结果汇总，构成整个问题的结果。任务分解的前提是这些任务之间没有必然的依赖关系，可以单独执行。

MapReduce 是工作于 Hadoop 之上的计算模型，计算过程主要分为 Map 任务和 Reduce 任务，Map 任务负责将问题进行分解，Reduce 任务负责将计算结果合并。Map 阶段的运行结果会作为 Reduce 任务的输入，最终由 Reduce 任务输出最后结果，并写入分布式文件系统。MapReduce 任务分解示意图如图 3 - 8 所示。

MapReduce 将整个并行计算过程抽象到两个函数：map() 函数和 reduce() 函数，这两个函数来自 MapReduce API 提供的 Mapper 类和 Reducer 类。基于 Mapreduce 计算模型编

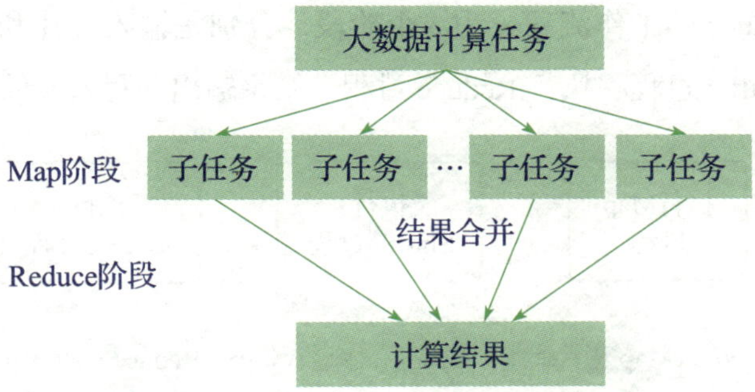

图 3－8　MapReduce 任务分解示意图

写分布式程序的主要工作就是实现 map() 函数和 reduce() 函数。这两个函数都是以键值对 <key,value> 作为输入，按照一定的映射规则将其转换成另一个键值对 <key,value> 进行输出。

3.5.2　MapReduce 的特点

1. 易于编程

MapReduce 在执行分布式并行计算时，会将并行编程的烦琐细节隐藏起来，如任务调度、负载均衡、失败恢复等都由框架来完成。所以，开发人员在设计程序时，只需实现 Map 任务和 Reduce 任务中的 map() 函数和 reduce() 函数，就可以完成分布式计算任务，这就大大降低了分布式程序的编写难度。

2. 具有良好的扩展性

MapReduce 具有良好的可扩展性，当集群计算资源不能满足需求时，可以通过动态增加机器来扩展计算能力，实现弹性计算。

3. 具有高容错性

MapReduce 设计的初衷是可以使程序运行在廉价的机器上，因为廉价机器出现问题的概率相对较高，这就要求其具有良好的容错性。当集群中的某一台机器出现故障后，相应数据的存储和计算能力会被移植到另外一台机器上，从而实现容错性。

4. 适合处理离线的海量数据

MapReduce 适合处理离线的海量数据（PB 级别或 ZB 级别），这里的“离线”可以理解为存在本地，非实时处理。离线计算往往需要一段时间，如几分钟或者几个小时，根据业务数据和业务复杂程度有所区别。

3.5.3　MapReduce 的工作流程

对于某些简单的数据处理任务，只需要执行 Map 任务就够了，Map 任务的运行结果可以直接存储到 HDFS 中。但对于大多数复杂的计算任务来说，往往离不开 Reduce 任务。用户需要根据实际的业务需求设置合适的 Reduce 任务数（默认为 1），以便完成数据处理任务。可将 MapReduce 的工作流程分为 5 个阶段，分别是输入分片和数据格式化、执行 Map 过程、执行 Shuffle 过程、执行 Reduce 过程、结果输出并写入文件，如图 3－9 所示。

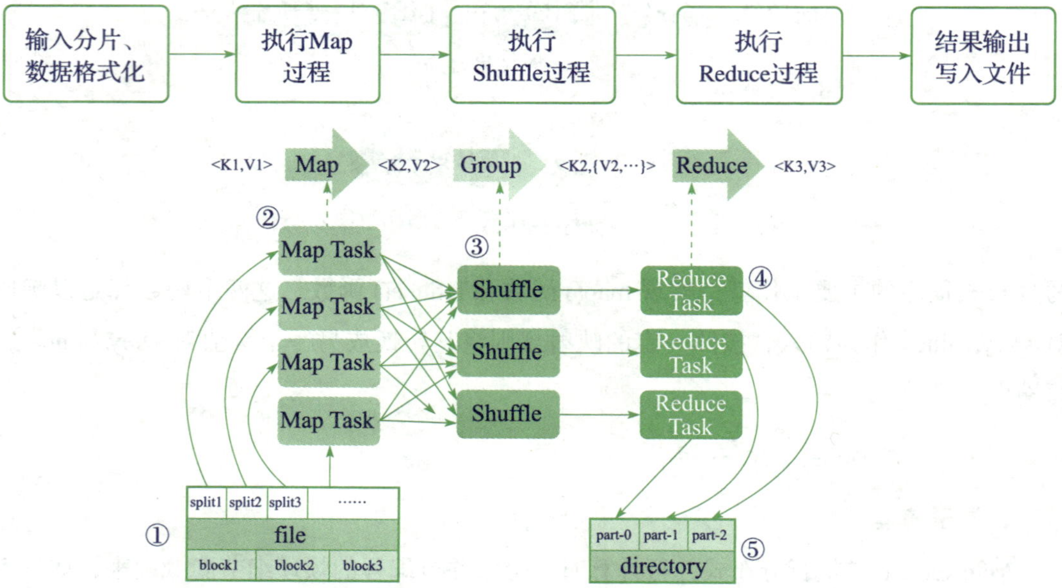

图 3－9　MapReduce 的工作流程

1. 输入分片、数据格式化

在执行 Map 任务之前，MapReduce 会将存储在分布式文件系统中的大规模数据集切分成独立的输入分片（Split），每一个输入分片对应一个 Map 任务。也就是说，有多少个输入分片就会存在多少个 Map 任务。

输入分片是一个逻辑概念，它对输入数据集的切分不是物理意义上的切分，而逻辑结构上的切分。每个输入分片存储的并不是真实数据，而是指向分片数据的引用。例如，输入分片中会存储一些元数据信息，包括起始位置、数据长度、数据所在节点等。

此外，由于 Map 任务的输入数据要求是键值对的形式，所以需要对输入分片进行格式化，即将输入分片处理成 <key1,value1> 形式的数据，然后再传递给 Map 任务。

2. 执行 Map 过程

Map 过程利用 map() 函数来处理数据，map() 函数接收 <key1,value1> 形式的数据输入。经过 map() 函数处理后，获得一系列 <key2,value2> 形式的输出。其中，map() 函数中具体的数据处理方法可以由用户自己定义。

3. 执行 Shuffle 过程

通常，map() 函数的输出并不会直接交给 Reduce 任务，而是需要经过一系列处理，如分区（Partition）、排序（Sort）、合并（Combine）、溢写（Spill，将内存中的数据写入磁盘）、归并（Merge）等，然后将处理后的数据作为 Reduce 任务的输入。这一系列处理过程称为 Shuffle（洗牌）过程。该过程可以分为 Map 端的 Shuffle 和 Reduce 端的 Shuffle 两个阶段。

4. 执行 Reduce 过程

Reduce 任务接收归并排序后的数据流，并对已有序的相同 key 的键值对调用一次 reduce() 函数。其中，Reduce 任务的输入是 <key2,list(value2)> 形式的中间结果，输出的是 <key3,value3> 形式的计算结果。

5. 结果输出并写入文件

Reduce 任务的运行结果可以经过输出格式化后再输出到文件系统中，并且每个作业的运行结果文件默认以“part-r-00000”开始，并用后 5 位数递增的方式命名。

3.5.4 MapReduce 案例——单词计数

1. 输入分片及输入格式化

在给出的案例中，输入文件为两个很小的文本文件，单个文件的数据没有达到需要切分的程度，所以可将每个文件作为独立的分片。此外，还需要对输入分片进行格式化操作，形成 <key1,value1> 形式的数据流。本案例将两个文本文件切分成两个输入分片，然后对输入分片进行格式化，每一个分片按行分解，从而形成以 key 为偏移量、value 为行内容的键值对，如图 3－10 所示。

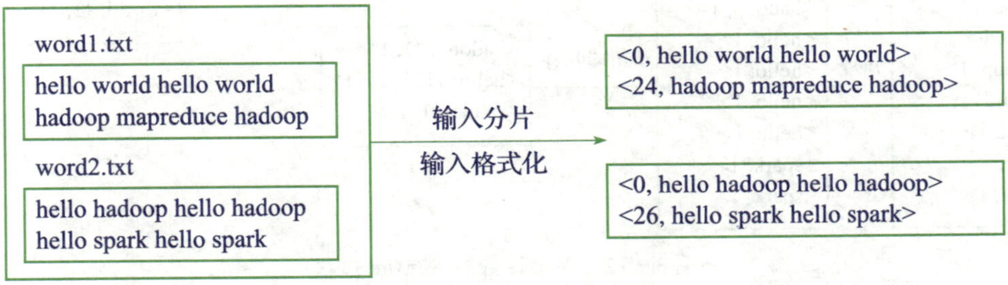

图 3－10　单词计数的输入分片及输入格式化

2. Map 过程

map() 函数将接收到的 <key1,value1> 形式的输入数据流按空格进行拆分，运行结果为 <key2,value2> 形式的数据。本案例中 map() 函数设计为：将键值对的 value 按空格分解成一个个单词（word），生成 <word,1> 形式的键值对。单词计数的 Map 过程如图 3－11 所示。

3. Shuffle 过程

由于 Reduce 要求输入数据有序，所以 map() 函数的计算结果需要经过处理（如分区、排序、归并），才可以作为 reduce() 函数的输入。因此，将多个 Map 任务的 <key2,value2> 形式的输出处理成 <key2,list(value2)> 形式的中间结果，如图 3－12 所示。

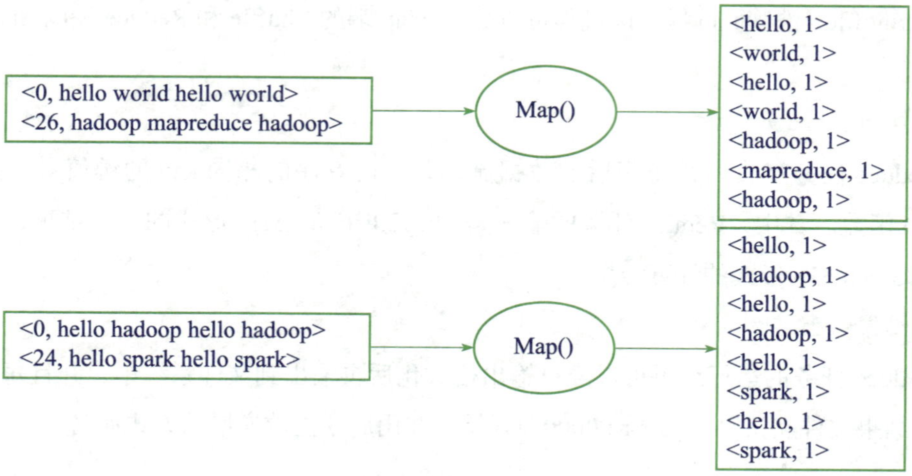

图 3-11　单词计数的 Map 过程

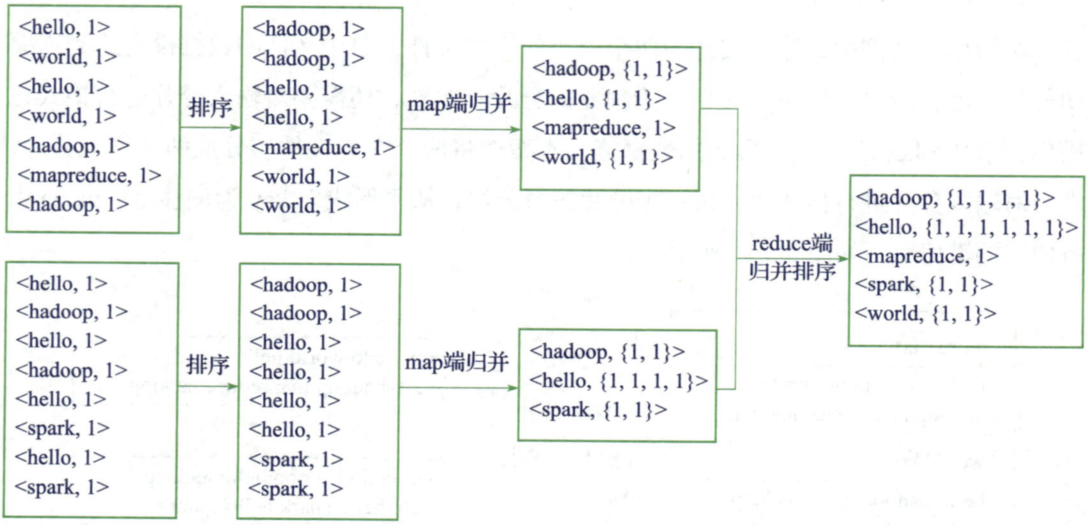

图 3-12　单词计数的 Shuffle 过程

4. Reduce 过程

reduce() 函数接收 <key2,list(value2)> 形式的数据流，对相同单词的值集合进行计算，汇总单词出现的总次数，如图 3-13 所示。

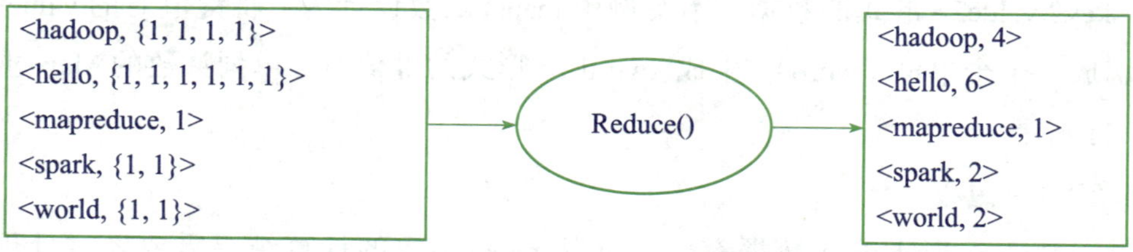

图 3-13　单词计数的 Reduce 过程

5. 结果输出

用户可以根据需求更改单词计数结果的输出格式，如图 3-14 所示。

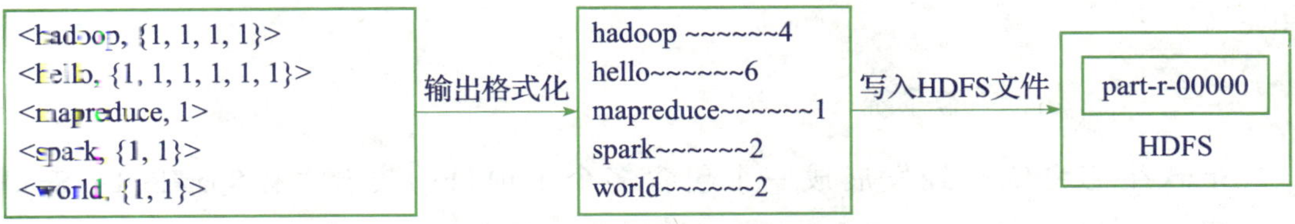

图 3-14　单词计数的运行结果格式化

3.6　实时数据处理 Spark

Spark 是一个高性能、易于使用的开源平台，它为用户既提供了批处理功能，又提供了基于内存的实时数据处理和分析功能。Spark 在 Hadoop 之上运行，并且拥有许多优秀的库，如 SparkSQL、MLlib 等，它的出现促使 Hadoop 生态系统发生演变，可以更好地为大数据分析服务。

3.6.1　Spark 简介

Spark 的主要编程语言是 Scala，它是一种面向对象、函数式编程语言，旨在以简练、优雅的方式来表达常用编程模式。Scala 具有强大的并发性，支持函数式编程，可以更好地支持分布式系统，且兼容 Java，运行速度快，能融合到 Hadoop 生态系统中。除了 Scala，Spark 还支持 Java、Python、R 等作为编程语言。

作为大数据计算平台的后起之秀，Spark 已经吸引了多个大型公司的注意，如腾讯、淘宝、百度、亚马逊等公司均不同程度地使用了 Spark 来构建大数据分析应用，并用于实际生产环境。未来，Spark 会在更多的应用场景中发挥重要作用。

3.6.2　Spark 的特点

（1）速度快。Spark 实现了高效的 DAG 执行引擎，能够通过内存计算高效地处理数据流。据统计，与 Hadoop 相比，Spark 基于内存的运算效率要快 100 倍以上，基于磁盘的运算效率也要快 10 倍以上。

（2）易用性强。Spark 除了支持使用 Scala、Java、Python 和 R 语言进行编程，还支持超过 80 种高级算法，简洁的 API 设计有助于用户轻松构建并行程序，并且可以通过 Spark Shell 进行交互式编程。

（3）通用性强。Spark 提供了完整而强大的技术栈，包括 SQL 查询、流式计算、机器学习和图算法组件，它们可以在同一个应用程序中无缝地结合使用，大大减少了大数据开发和维护的人力成本和部署平台的物力成本。

（4）兼容性好。Spark 可以运行在 Hadoop 模式、Mesos 模式、Standalone 独立模式或 Cloud 中，还可以访问各种数据源，包括本地文件系统、HDFS、Cassandra、HBase 和

Hive 等。

3.6.3 Spark 生态系统

Spark 生态系统已经发展成一个包含多个子项目的集合，有 SparkSQL、Spark Streaming、MLlib、GraphX 等子项目。Spark 基于内存计算，提高了在大数据环境下数据处理的实时性，同时保证了高容错性和高可伸缩性，允许用户将 Spark 部署在大量廉价硬件之上，形成集群，构建大型的、低延迟的数据分析应用。Spark 生态系统如图 3－15 所示。

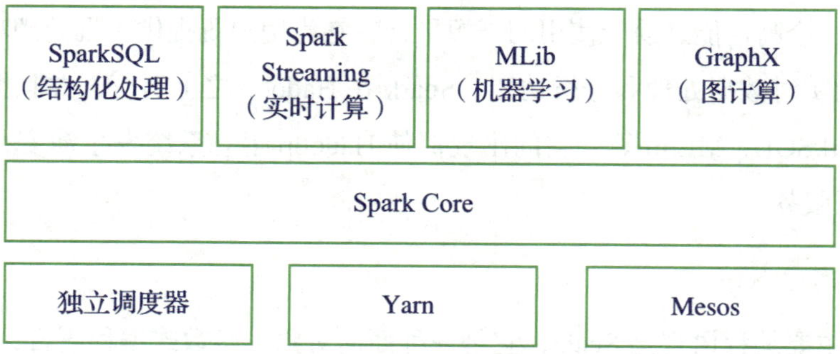

图 3－15 Spark 生态系统

（1）Spark Core。Spark 的核心组件，它实现了 Spark 的基本功能，包含任务调度、内存管理、错误恢复、存储系统交互等模块。Spark Core 中还包含对弹性分布式数据集的 API 定义。

（2）SparkSQL。用于操作结构化数据的核心组件，通过 SparkSQL 可直接查询 Hive、HBase 等多种外部数据源中的数据。SparkSQL 的重要特点是能够统一处理关系表和 RDD。

（3）Spark Streaming。Spark 提供的流式计算框架，支持高吞吐量、可容错的实时流式数据处理，其核心原理是将流数据分解成一系列短小的批处理作业，每个作业都可以使用 Spark Core 进行快速处理。Spark Streaming 支持多种数据源，如 HDFS、Kafka、Flume 等。

（4）MLlib。Spark 提供的关于机器学习功能的算法程序库，包括分类、回归、聚类、协同过滤算法等，还提供了模型评估、数据导入等额外的功能。

（5）GraphX。Spark 提供的分布式图处理框架，拥有图计算和图挖掘算法的 API 接口以及丰富的功能和运算符，能在海量数据上运行复杂的图算法，极大地方便了用户对分布式图的处理需求。

（6）独立调度器、Yarn、Mesos。Spark 集群管理器，确保 Spark 框架可以高效地在一个到数千个节点之间进行伸缩计算。Spark 可以在多种集群管理器上运行，主要包括

Hadoop Yarn、Apache Mesos 以及 Spark 自带的独立调度器。

3.6.4 Spark 与 Hadoop 对比

1. 编程方式

Hadoop 的 MapReduce 在计算数据时，必须要转化为 Map 和 Reduce 两个计算过程，因此难以描述复杂的数据处理过程；而 Spark 的计算模型不但不局限于 Map 和 Reduce 操作，还提供了多种数据集的操作类型，编程模型比 MapReduce 更加灵活。

2. 数据存储

Hadoop 的 MapReduce 进行计算时，每次产生的中间结果都存储在本地磁盘中；而 Spark 在计算时产生的中间结果存储在内存中。

3. 数据处理

Hadoop 在每次进行数据处理时，都需要从磁盘中加载数据，导致磁盘的 I/O 开销较大；而 Spark 在进行数据处理时，只需要将数据加载到内存中，之后直接在内存中加载中间结果数据集即可，减少了磁盘的 I/O 开销。

4. 数据容错

MapReduce 计算的中间结果数据保存在磁盘中，并且 Hadoop 框架底层实现了备份机制，从而保证了数据容错。同样，Spark RDD 实现了基于 Lineage 的容错机制和设置检查点的容错机制，弥补了数据在内存处理时断电丢失的问题。

尽管 Spark 相对 Hadoop 具有较多的优势，但 Spark 并不能完全替代 Hadoop，主要用于替代 Hadoop 中的 MapReduce 计算模型。实际上，Spark 已经很好地融入了 Hadoop 生态系统，并成为其中的重要一员，它可以借助 Yarn 实现资源调度管理，借助 HDFS 实现分布式存储。此外，Hadoop 可以使用廉价、异构的机器来进行分布式存储与计算，但是 Spark 对硬件（内存、CPU 等）的要求则稍高一些。

3.6.5 Spark 的部署方式

Spark 的部署方式分为 Local 模式（本地单机模式）和集群模式。Local 模式常用于本地开发程序与测试。集群模式又分为 Standalone 模式、Yarn 模式和 Mesos 模式。

1. Standalone 模式

Standalone 模式被称为集群单机模式，Spark 本身具备完整的资源调度管理服务，可以独立部署到一个集群中，不依赖其他的资源管理器。

2. Yarn 模式

Yarn 模式被称为 Spark on Yarn 模式，即把 Spark 作为一个客户端，将作业提交给 Yarn 服务。由于在生产环境中，很多时候都要与 Hadoop 使用同一个集群，因此采用 Yarn 进行资源调度可以提高资源利用率。Yarn 模式又分为 Yarn Cluster 模式和 Yarn

Client 模式，具体说明如下：

（1）Yarn Cluster 用于生产环境，所有的资源调度和计算都在集群上运行。

（2）Yarn Client 用于交互、调试环境。

3. Mesos 模式

Mesos 模式被称为 Spark on Mesos 模式。Mesos 同 Yarn 一样，是一个资源调度管理系统，可以为 Spark 提供服务，由于 Spark 与 Mesos 存在密切的关系，因此在设计 Spark 框架时充分考虑到对 Mesos 的集成。但如果同时运行 Hadoop 和 Spark，从兼容性角度来看，Spark on Yarn 是更好的选择。

3.7 数据仓库 Hive

Hive 是一个基于 Hadoop 的数据仓库工具，可以将结构化的数据文件映射为一张数据库表；Hive 提供了一种类 SQL 的查询语言，可以将 SQL 语句转化为 MapReduce 任务执行，大大降低了 Hadoop 的使用门槛，减少了开发 MapReduce 程序的时间成本；Hive 提供了一系列工具，用于进行数据 ETL 处理；Hive 提供了存储、查询和分析 Hadoop 中大规模数据的机制。

3.7.1 Hive 简介

Hive 起源于 Facebook 公司（现 Meta 公司），该公司拥有大量的日志数据。Hadoop 通过 MapReduce 计算框架实现对大数据的处理，对于熟悉 Java 语言的工程师来说，MapReduce 程序较容易开发，但对其他语言使用者却不太友好。因此，当时的 Facebook 开发团队便想设计一种使用 SQL 语言查询分析日志数据的工具，Hive 就此诞生。只要懂 SQL 语言，就能够胜任大数据分析方面的工作，节省了开发人员的学习成本。

Hive 是建立在 Hadoop 文件系统上的数据仓库，它提供了一系列工具，能够对存储在 HDFS 中的数据进行提取、转换和加载（Extract Transform Load，ETL），这是一种可以存储、查询和分析 Hadoop 中的大规模数据的工具。Hive 通过定义简单的类 SQL 查询语言（即 HQL），将结构化的数据文件映射为一张数据表，并将 SQL 语句转变成 MapReduce 任务来执行。Hive 的优点是学习成本低，可以通过类 SQL 语句实现快速 MapReduce 统计，使 MapReduce 变得更加简单，从而不必开发专门的 MapReduce 应用程序。Hive 十分适合对数据仓库进行统计分析。

1. Hive 的特点

（1）Hive 是一个基于 Hadoop 的数据仓库工具，数据存储在 Hadoop 文件系统中，元数据存储在关系数据库中。

（2）采用 HiveQL 的查询方式，将类 SQL 的 HiveQL 查询语句转换为 MapReduce 任务在 Hadoop 集群中执行。

（3）支持索引，可加快数据查询速度。

（4）支持不同的存储类型，如纯文本文件、HBase 中的文件等。

（5）可通过内置的 UDF 函数操作时间、字符串和其他数据挖掘工具，支持用户自定义 UDF 函数来完成内置函数无法实现的操作。

（6）通过 Yarn 实现资源调度。

Hive 的应用场景有数据离线处理场景，如日志分析、海量结构化数据离线分析；对实时性要求不高的场景。由于 Hive 的执行延迟比较大，因此处理小数据和实时性要求较高的场景时不具优势。

2. Hive 与传统数据库比较

Hive 在很多方面和传统数据库类似，又因为 Hive 采用了类 SQL 的查询语言，所以很容易将 Hive 理解为数据库。实际上，Hive 在很多方面有别于传统的数据库，例如，Hive 是运行在 Hadoop 基础之上的，底层依赖的是 HDFS 和 MapReduce。Hive 与传统数据库对比见表 3－3。

表 3－3　Hive 与传统数据库的对比

项目	Hive	传统数据库
查询语言	HQL	SQL
数据存储位置	HDFS	本地文件系统
索引	支持位图索引	支持复杂索引
事务	不支持	支持
执行引擎	MapReduce、Spark	自身的执行引擎
执行延迟	高	低
可扩展性	高	低
数据规模	大	小

3. Hive 的元数据库

Hive 的数据分为表数据和元数据，表数据是 Hive 中的表格（table）具有的数据，元数据则用于存储表与文件的映射，如表的名称、列、分区、属性以及表的数据所在目录等。

Hive 将元数据存储在关系型数据中，如 MySQL、Derby（Hive 自带的内存数据库）。元数据默认存储在 Derby 数据库中。由于 Derby 数据库不适合多用户操作，并且数据存储目录不固定，不方便管理，因此通常将元数据存储在 MySQL 数据库中。

有 3 种模式可以连接到元数据库，分别是单用户模式、多用户模式和远程服务器模式。单用户模式和多用户模式访问数据库，数据属于本地存储；远程服务器模式访问数据库，数据属于远端存储。

Hive 的数据存储在 Hadoop 分布式文件系统中，Hive 本身没有专门的数据存储格式，也没有为数据建立索引。创建表时告诉 Hive 数据中的列分隔符和行分隔符，Hive 就可以解析数据。所以说，往 Hive 表里导入数据只是简单地将数据移动到表所在的目录。

3.7.2　Hive 系统架构

Hive 是典型的 C/S 架构模式，底层执行引擎使用的是 Hadoop 的 MapReduce 框架。Hive 的系统架构如图 3－16 所示。

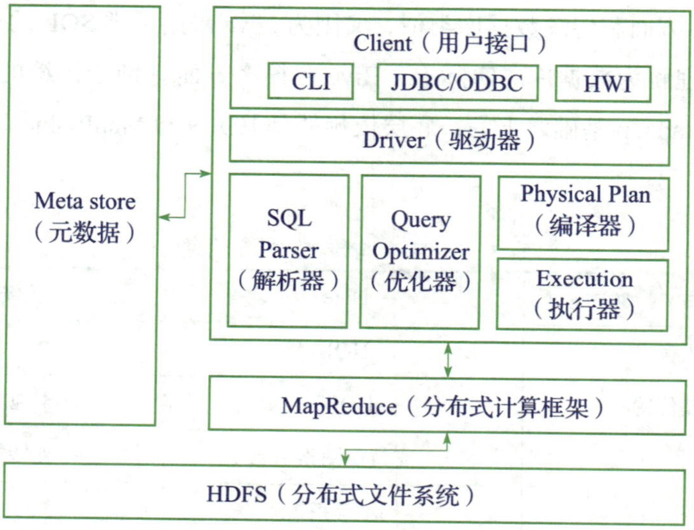

图 3－16　Hive 的系统架构

（1）Meta store（元数据）：表与文件的映射，存储在关系型数据库中，可以是 MySQL 或 MariaDB 等。

（2）Client（用户接口）：用于访问 Hive，包括 CLI（Command Line Interface，命令行界面）、JDBC（Java Database Connectivity，Java 数据库连接）、ODBC（Open Database Connectivity，开放数据库连接）和 HWI（Hive Web Interface，HiveWeb 接口）共 3 种方式。CLI 指的是 Shell 终端命令行，采用交互方式访问 Hive；JDBC/ODBC 是通过客户端连接并访问 Hive；HWI 则是通过 WEBUI 浏览器访问 Hive。

（3）Driver（驱动器）：实现了将 HQL 语句转化为 MapReduce 任务的过程。Driver 驱动器主要包含解析器 SQL Parser、编译器 Physical Plan、优化器 Query Optimizer 和执行器 Execution，一同完成 HQL 语句从词法分析、语法分析、编译、优化以及查询计划的生成。具体工作任务如下：

1）SQL Parser（解析器）：将 SQL 字符串转换成抽象语法树 AST，这一步经常通过第三方工具库完成（如 ANTLR），然后对 AST 进行语法分析，例如，表是否存在，字段是否存在，SQL 语义是否有错误。

2）Physical Plan（编译器）：将 AST 编译生成逻辑执行计划，得到算子树。

3）Query Optimizer（优化器）：对逻辑执行计划进行优化，包括列剪枝、分区剪枝、谓词下推等。

4）Execution（执行器）：把逻辑执行计划转换成可以运行的物理计划，如转换成 MapReduce 任务并执行。

最终生成的查询计划存储在 HDFS 中，由执行器调用 MapReduce 执行。

3.7.3 Hive 支持的数据类型

Hive 支持两种数据类型：一类为基础数据类型，另一类为复杂数据类型。

基础数据类型包括数值型、布尔型和字符串类型等，具体见表 3－4。

表 3－4 Hive 的基础数据类型

数据类型	描述
tinyint	1 字节（8 位）有符号整数
smallint	2 字节（16 位）有符号整数
int	4 字节（32 位）有符号整数
bigint	8 字节（64 位）有符号整数
float	4 字节（32 位）单精度浮点数
double	8 字节（64 位）双精度浮点数
boolean	布尔型 (true/false)
string	字符串
date	以年 / 月 / 日形式描述的日期
timestamp	时间戳

复杂数据类型包括数组（array）、映射（map）和结构体（struct），具体见表 3－5。

表 3－5 Hive 的复杂数据类型

类型	描述
array	一组有序字段，字段类型必须相同
map	一组无序的键 / 值对。键的类型必须是原子类型，值可以是任何类型，同一个映射的键的类型必须相同，值的类型也必须相同
struct	一组命名的字段，字段类型可以不同

3.7.4 Hive 的数据模型

Hive 中所有的数据都存储在 HDFS 中，存储模型主要包括数据库、表（内部表、外部表、分区表、桶表）、分区表（Partition）和视图，如图 3－17 所示。

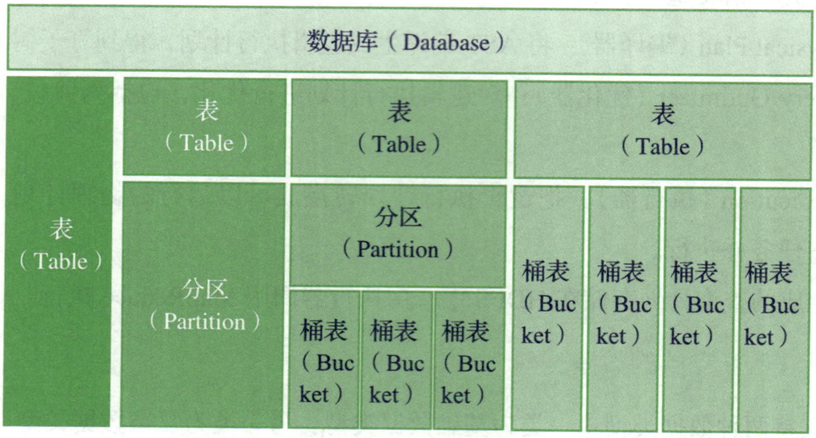

图 3－17 Hive 的数据模型

1. 数据库

Hive 的数据库类似于传统数据库的 Database。内部表与数据库中的 table 在概念上相近。每一个表在 Hive 中都有一个相应的目录来存储数据，所有的表数据均保存在这个目录中。

2. 表

Hive 的表在逻辑上由存储的数据和相关元数据组成。表中的数据存放在分布式文件系统 HDFS 中。

Hive 中的表分为两种：一种为内部表，数据存储在 Hive 数据仓库中；另一种为外部表，数据可以存储在 Hive 数据仓库外的分布式文件系统中，也可以存储在 Hive 数据仓库中。Hive 数据仓库本质上是 HDFS 中的一个目录，该目录是 Hive 数据存储的默认路径，可以通过 Hive 的配置文件重新配置。

3. 分区表

Hive 将表组织成分区（Partition），这是一种根据分区键 / 列（Partition Column）的值对表进行粗略划分的机制，把具有相同分区键的数据存储在一个目录下，查询某个分区数据时，只会查询对应目录下的数据，而不会执行全表扫描。使用分区可以加快数据分片的查询速度。每个表可以有一个或多个分区键。

4. 桶表

Hive 可以将每个表或分区进一步组织成“桶”，“桶”是细粒度更高的数据划分范围。Hive 针对表的某一列进行分“桶”，对表的列值进行哈希计算，然后通过除以“桶”的个数求余的方式决定该条记录存放在哪个“桶”中。每个“桶”只是表目录或分区目录下的一个文件，如果表不是分区表，那么桶文件会存储在表目录下；如果表是分区表，那么桶文件会存储在分区目录下。故可以选择把分区分成 *n* 个“桶”，那么每个分区目录下就会有 *n* 个文件。分桶的好处是可以获得更高的查询处理效率，使取样更高效。

3. 视图

Hive 的视图与传统数据库的视图类似。视图是只读的，如果视图依赖的基本表改变，那么数据增加不会影响视图的呈现；如果删除基本表，则会出现问题。

3.7.5 Hive 的文件存储格式

Hive 支持的文件存储格式主要有 TextFile 格式、SequenceFile 格式、RCFile 格式和 ORC 格式。

（1）TextFile 格式。该格式是 Hive 默认的存储格式，采用行式存储方式，数据未被压缩，会占用大量的磁盘空间。

（2）SequenceFile 格式。该格式是 Hadoop API 提供的一种二进制文件格式，将数据以键值对的形式序列化到文件中，内部使用 Hadoop 标准的 Writable 接口实现序列化和反序列化，采用行存储方式。它与 Hadoop API 中的 MapFile 是互相兼容的。SequenceFile 继承自 Hadoop API 的 SequenceFile，不过它的 key 为空，使用 value 存放实际的值，这样做是为了避免 MapReduce 在运行 map 阶段的排序过程。

（3）RCFile 格式。该格式采用行列存储相结合的存储方式。将数据按行分块，保证同一个 record 在一个块上，避免读一个记录时需要读取多个 block 的情况；块数据采用列式存储方式，有利于数据压缩和快速列存取。

（4）ORC 格式。该格式是 Hadoop 生态圈中的列式存储格式，源于 Apache Hive，旨在减少对 Hadoop 数据存储空间的占用并加速 Hive 查询速度，压缩率非常高，是对 RCFile 格式的优化。Hive 和 Spark 都支持 ORC 格式，该格式按照行分块，每个块按照列存储，每个块都有一个索引。

3.8 实训

搭建大数据开发环境的过程较为复杂，本节重点讲解常用环境的搭建及应用，包括 Hadoop 环境、Spark 环境、Hive 环境和 Python 环境。

实训一 Hadoop 环境的搭建及应用

一、Hadoop 环境的搭建

1. 环境及软件说明

软件清单见表 3－6。

表 3-6 软件清单

序号	软件名称	版本号
1	CentOS	CentOS-7-x86_64-Minimal-2009
2	Java	1.8.0_251
3	Hadoop	2.7.4
4	Spark	2.3.2
5	Hive	2.3.9
6	MySQL	5.7
7	Python	2.7.5

2. 创建 Linux 虚拟机

3.1 Linux 安装

VMware Workstation 是一款功能强大的虚拟机软件，用户可以在虚拟机上创建不同版本的操作系统。本实训安装的是 VMware Workstation 12 Pro 版本，可以从 VMware 官网下载 VMware 安装包。安装 VMware 的过程比较简单，双击下载的 VMware 安装包，选择安装目录，输入产品的序列号，按照提示逐步进行，即可成功安装。

打开 VMware 软件，在 VMware 上安装 CentOS 7 的 linux 操作系统，具体安装步骤如下：

（1）双击桌面的 VMware Workstation 快捷方式图标，打开虚拟机主界面，如图 3-18 所示。

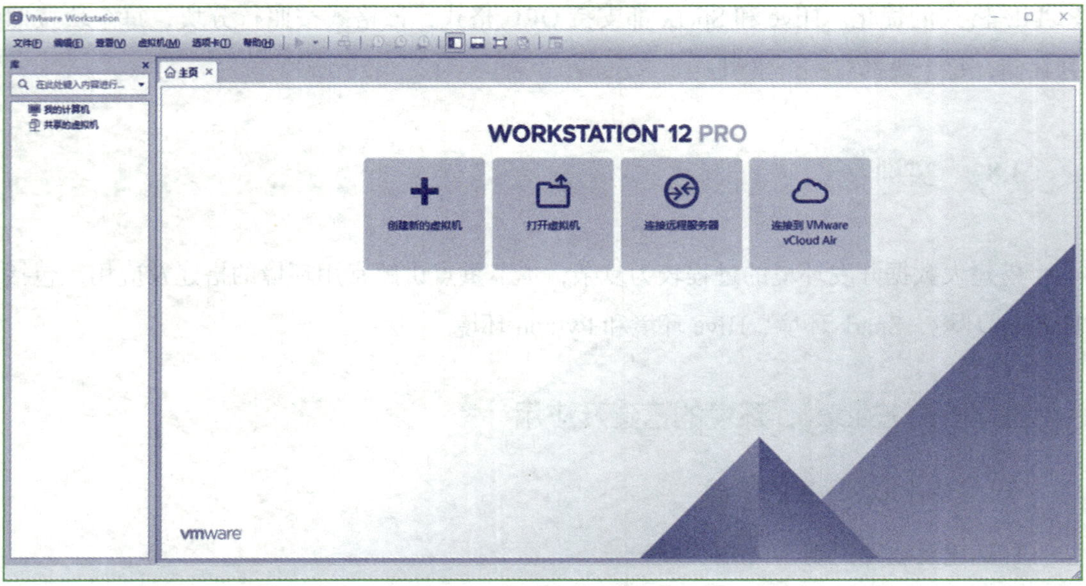

图 3-18 虚拟机主界面

(2) 单击“创建新的虚拟机”，打开“新建虚拟机向导”窗口，如图 3-19 所示。

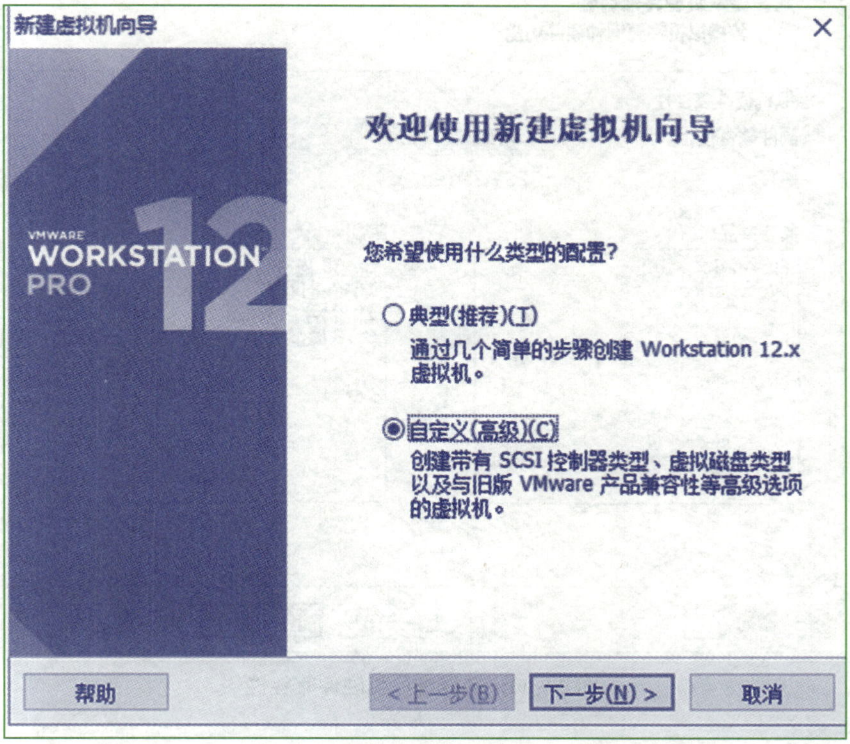

图 3-19　自定义安装虚拟机

(3) 选择“自定义（高级）”并单击“下一步”按钮，打开“新建虚拟机向导-选择虚拟机硬件兼容性”窗口，“硬件兼容性”选择“Workstation 12.x”，如图 3-20 所示。

(4) 单击“下一步”按钮，打开“新建虚拟机向导-安装客户机操作系统”窗口，如图 3-21 所示，在“安装程序光盘映像文件（iso）”中选择已经下载的 CentOS 7 系统镜像，通过镜像安装系统。

(5) 单击“下一步”按钮，打开“新建虚拟机向导-命名虚拟机”窗口，如图 3-22 所示，在“虚拟机名称”栏输入“hadoop1”，然后设置虚拟机存放位置，建议放到非 C 盘。

(6) 单击“下一步”按钮，打开“新建虚拟机向导-处理器配置”窗口，如图 3-23 所示，轻度使用情况下，“处理器数量”设置为“1”，“每个处理器的核心数量”设置为“1”。

(7) 单击“下一步”按钮，打开“新建虚拟机向导-此虚拟机的内存”窗口，如图 3-24 所示，轻度使用情况下，内存设置为“1024MB”。

(8) 单击“下一步”按钮，打开“新建虚拟机向导-网络类型”窗口，如图 3-25 所示，选择“使用网络地址转换（NAT）”选项。

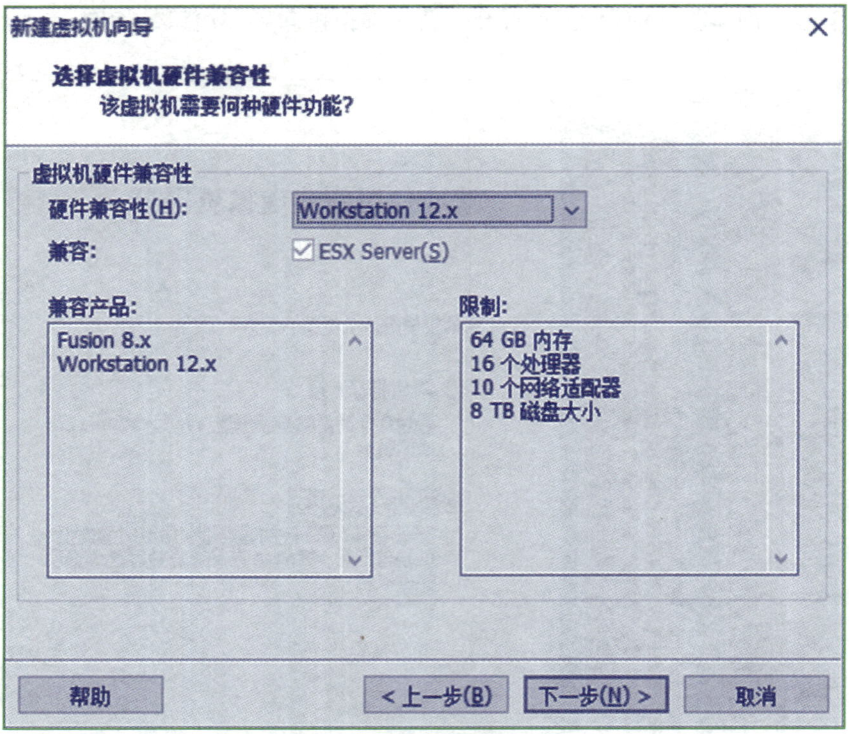

图 3－20　选择虚拟机硬件兼容性

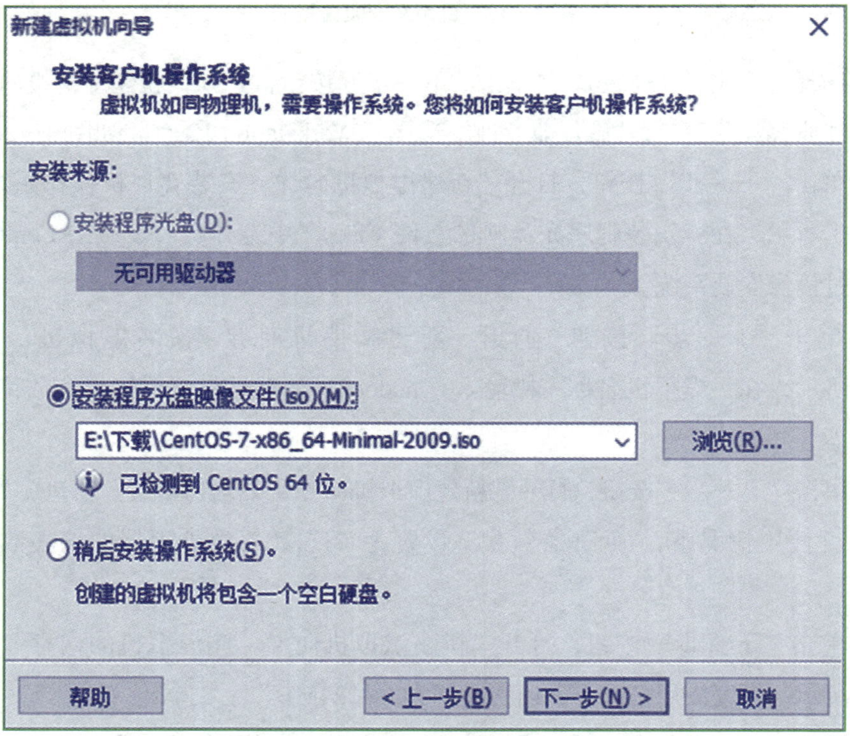

图 3－21　通过光盘镜像安装系统

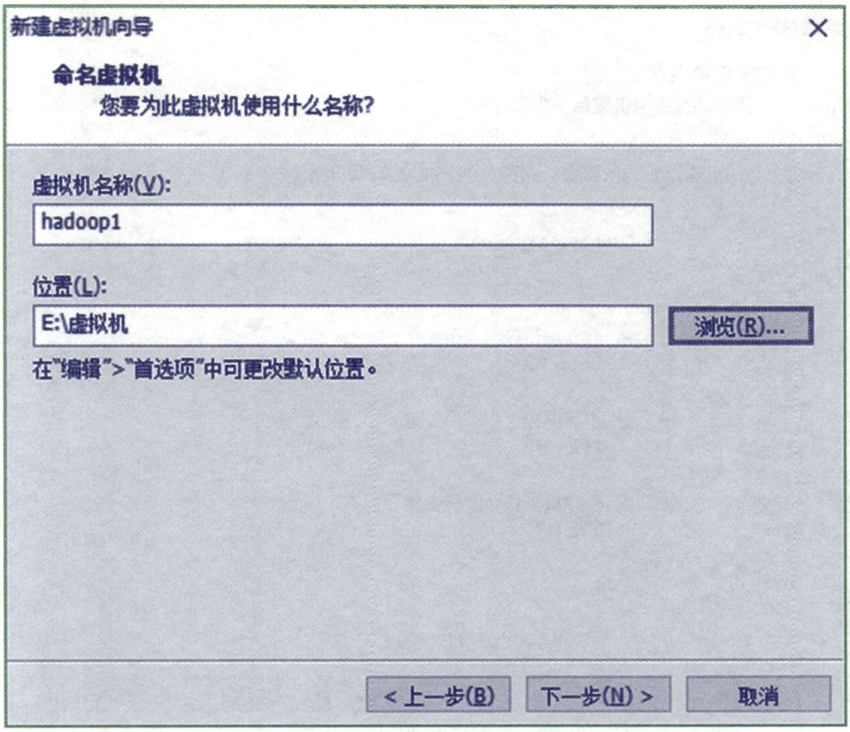

图 3-22　设置虚拟机名称及存放位置

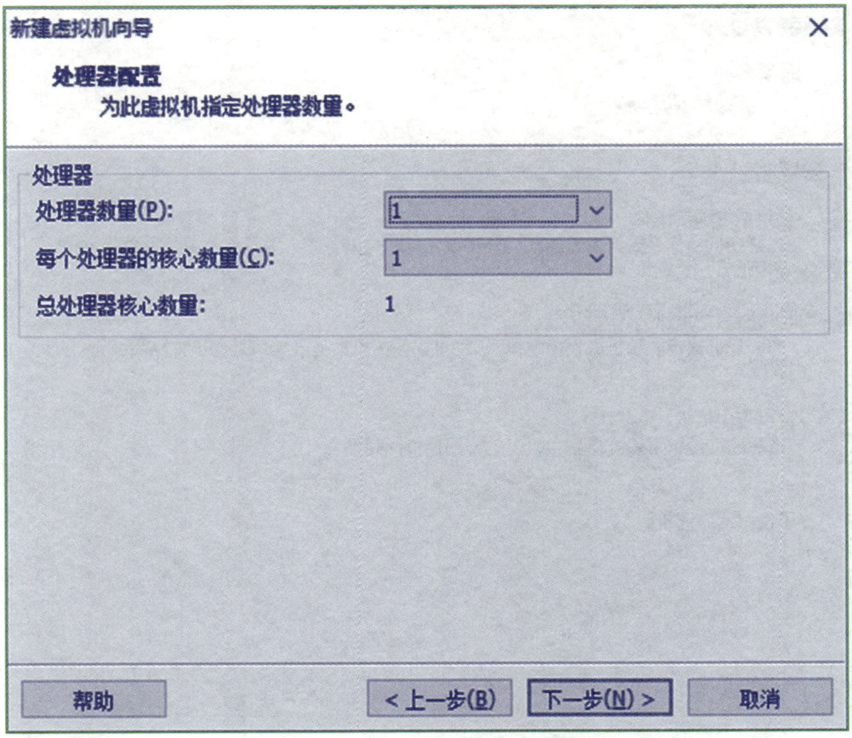

图 3-23　设置处理器配置

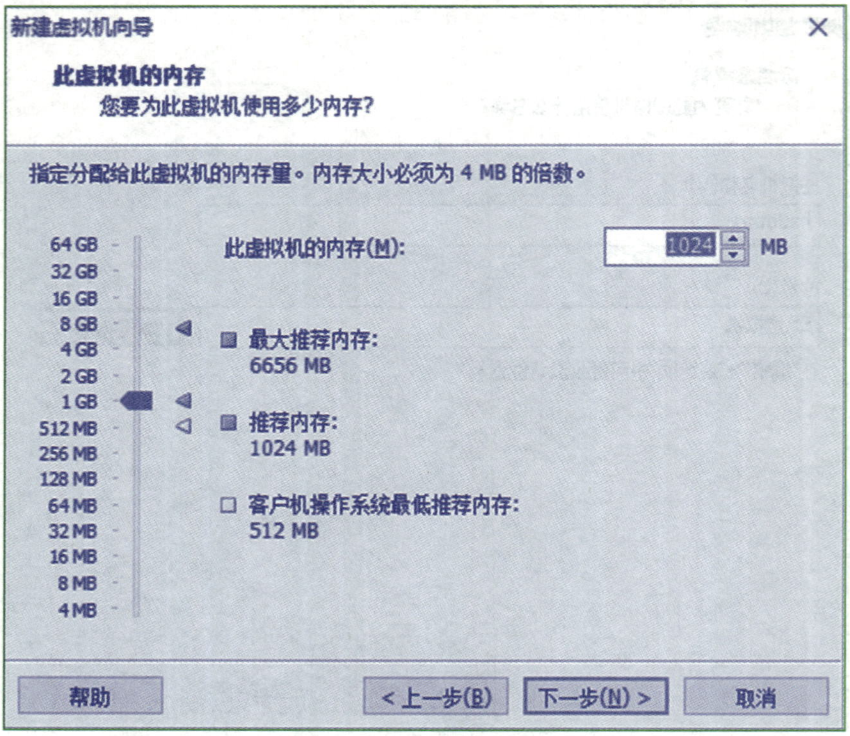

图 3-24　设置虚拟机内存

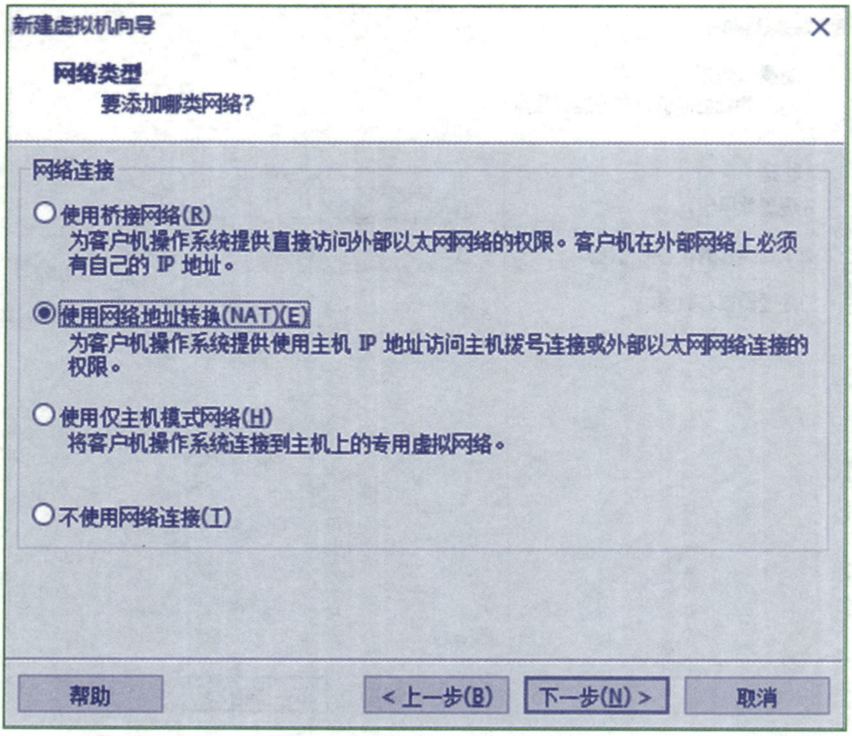

图 3-25　设置网络类型

（9）单击“下一步”按钮，打开“新建虚拟机向导 - 选择 I/O 控制器类型”窗口，如图 3－26 所示，选择推荐选项“LSI Logic”。

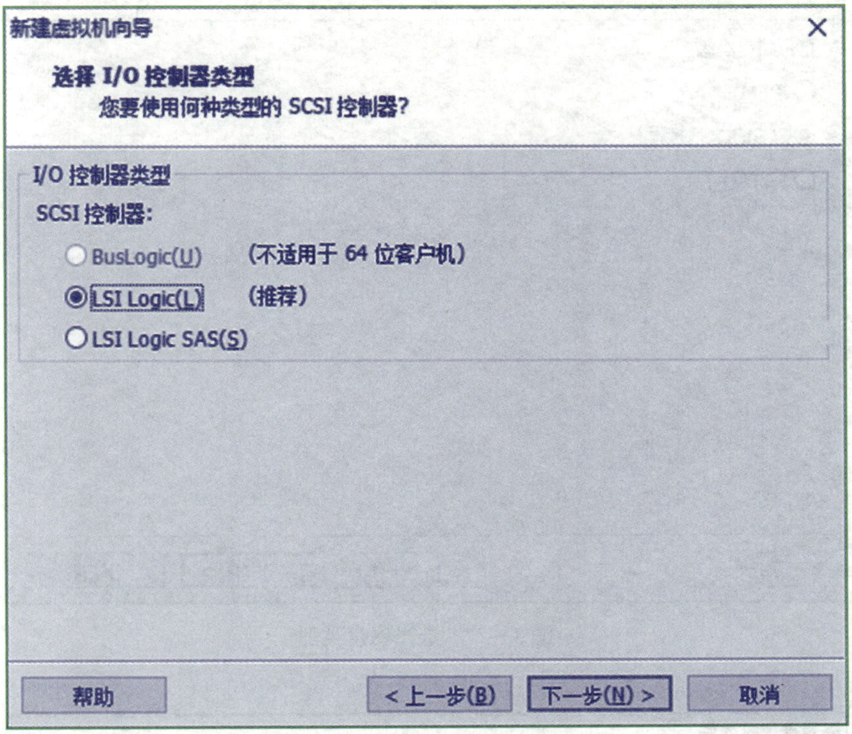

图 3－26　选择 I/O 控制器类型

（10）单击“下一步”按钮，打开“新建虚拟机向导－选择磁盘类型”窗口，如图 3－27 所示，选择推荐选项“SCSI”。

（11）单击“下一步”按钮，打开“新建虚拟机向导－选择磁盘”窗口，如图 3－28 所示，选择“创建新虚拟磁盘”选项。

（12）单击“下一步”按钮，打开“新建虚拟机向导－指定磁盘容量”窗口，如图 3－29 所示，“最大磁盘大小”设置为“20.0GB”，选择“将虚拟磁盘存储为单个文件”选项，方便文件传输，防止与其他虚拟机的文件混淆。

（13）单击“下一步”按钮，打开“新建虚拟机向导－指定磁盘文件”窗口，如图 3－30 所示，确定虚拟机文件名称为“hadoop1.vmdk”。

（14）单击“下一步”按钮，打开“新建虚拟机向导－已准备好创建虚拟机”窗口，如图 3－31 所示，单击“完成”按钮完成创建。

（15）打开 VMware Workstation 软件，如图 3－32 所示，选择“我的计算机”下的“hadoop1”，单击“开启此虚拟机”。

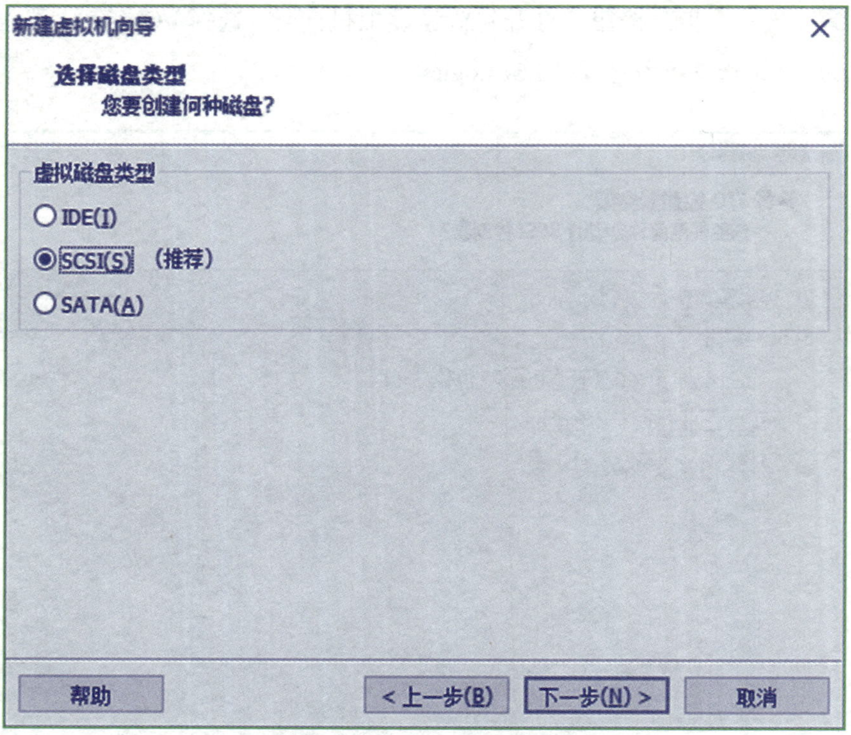

图 3-27　选择磁盘类型

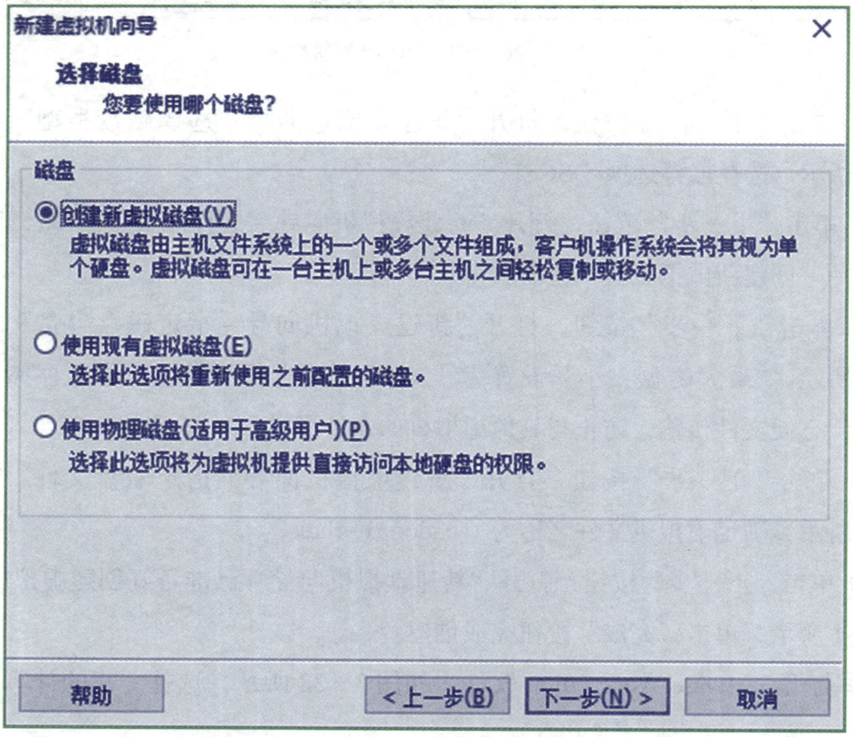

图 3-28　选择磁盘

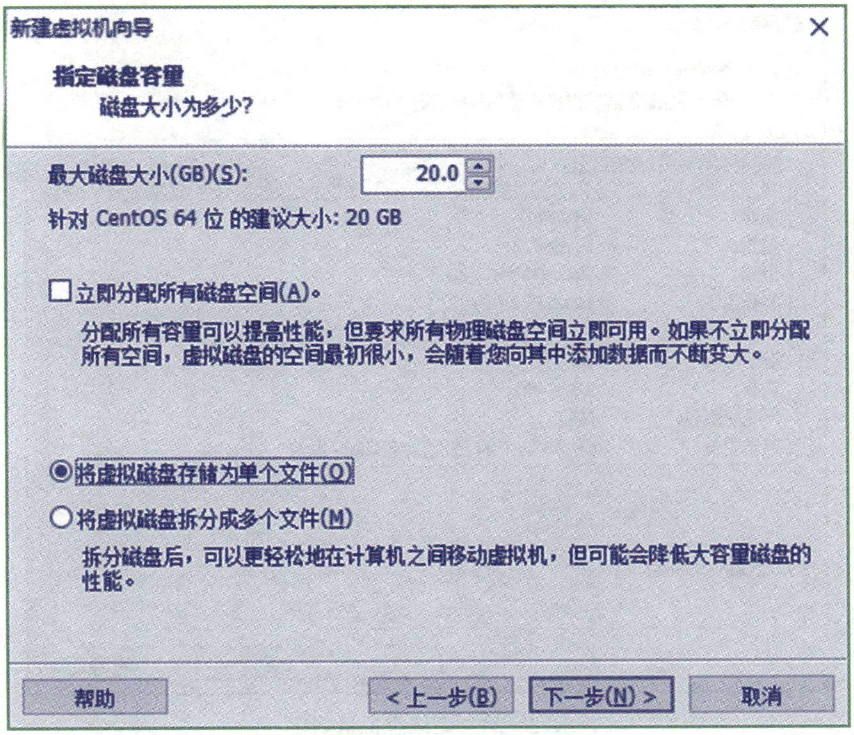

图 3-29　指定磁盘容量

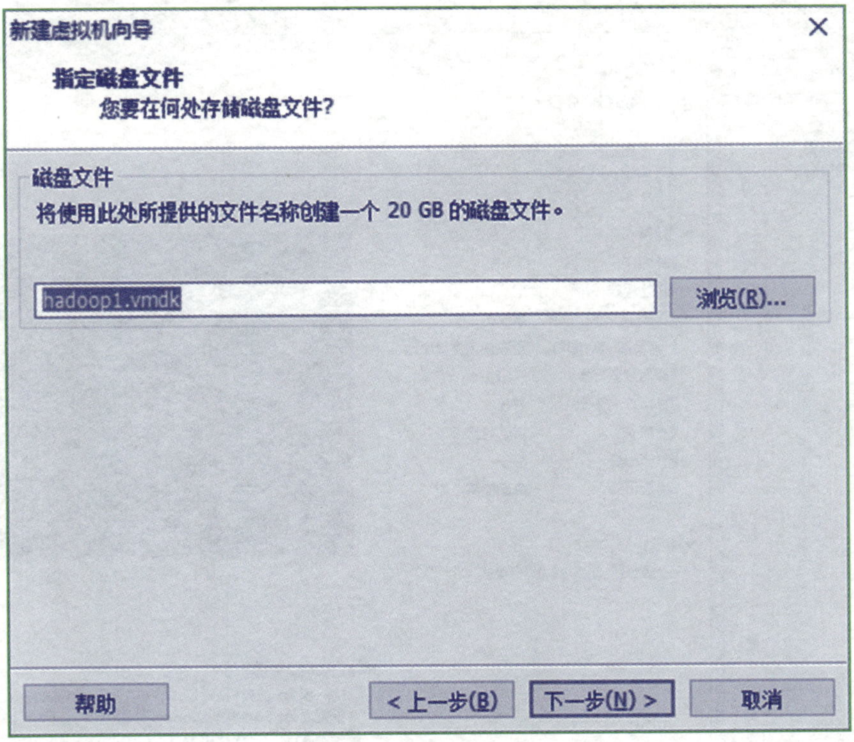

图 3-30　指定磁盘文件

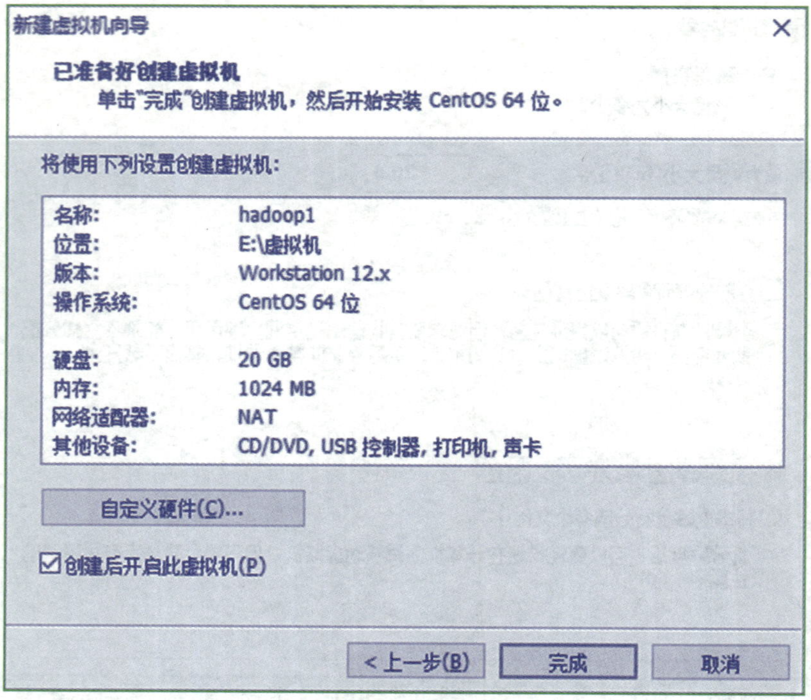

图 3-31　完成虚拟机创建

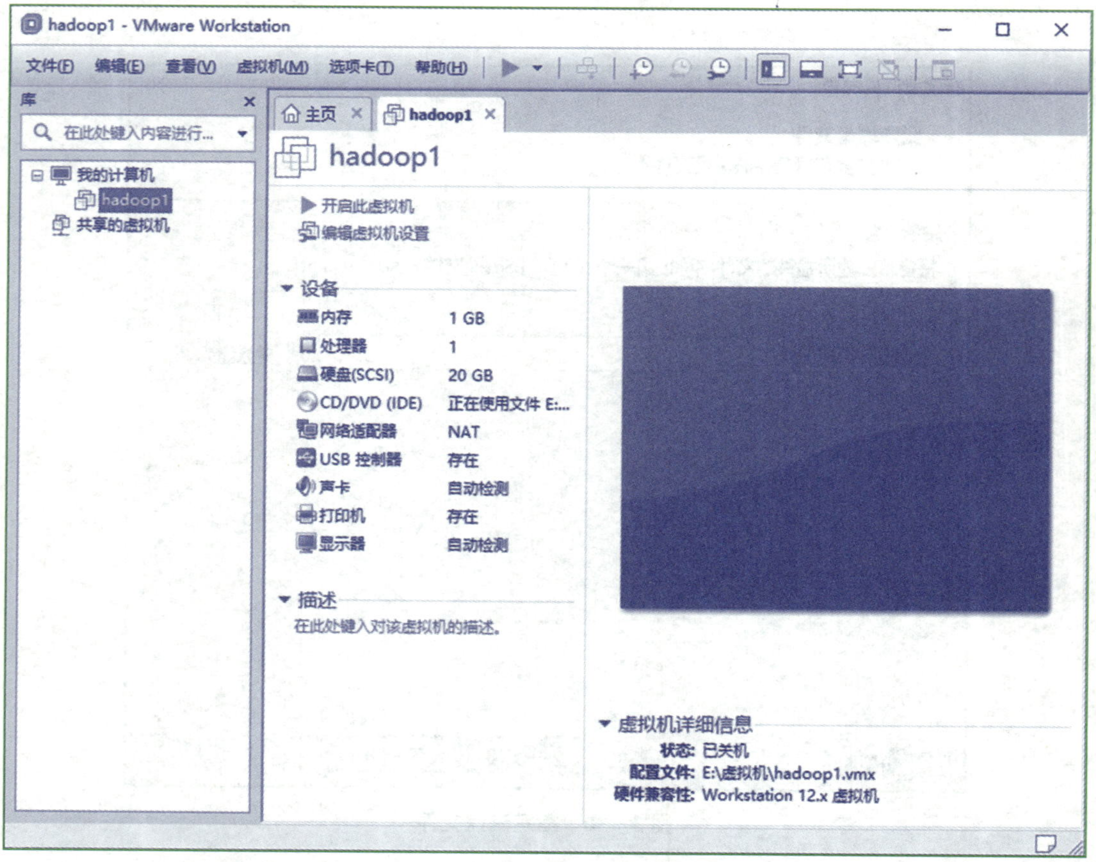

图 3-32　打开 hadoop1 虚拟机

（15）进入 CentOS 7 安装界面，如图 3－33 所示，选择“Install CentOS 7”。

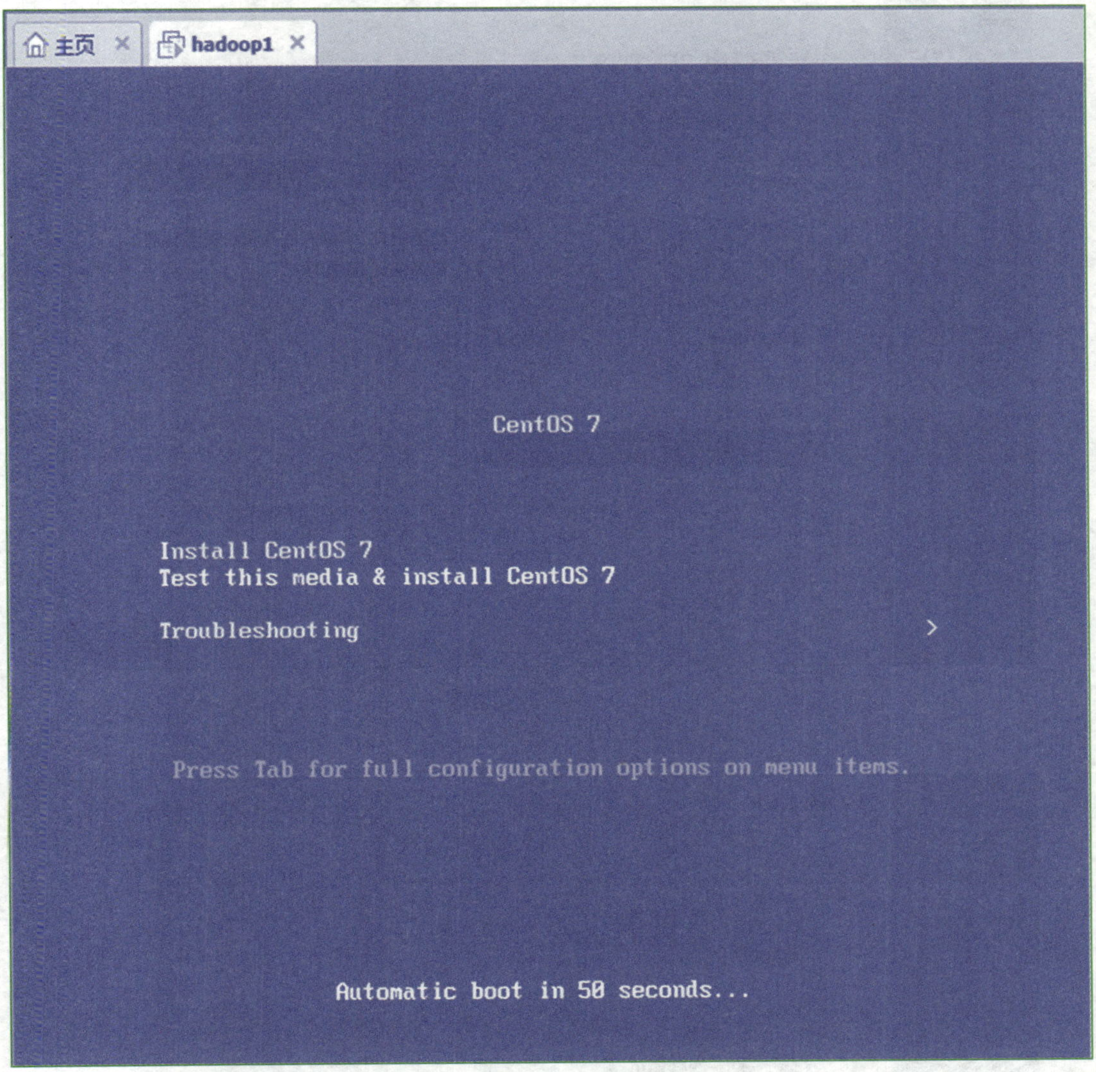

图 3－33　进入 CentOS 7 安装界面

（17）打开欢迎窗口，如图 3－34 所示，选择“中文”→“简体中文”，单击“继续”按钮。

（18）打开“安装信息摘要”窗口，如图 3－35 所示，单击“安装位置”。

（19）打开“安装目标位置”窗口，如图 3－36 所示，单击“完成”按钮。

（20）回到“安装信息摘要”窗口，如图 3－37 所示，单击“开始安装”按钮。

（21）打开“配置”窗口（见图 3－38），单击“ROOT 密码”，打开“ROOT 密码”窗口（见图 3－39），设置好 ROOT 密码后单击“完成”按钮返回“配置”窗口，等待安装完成。安装完成后单击“重启”按钮，如图 3－40 所示。

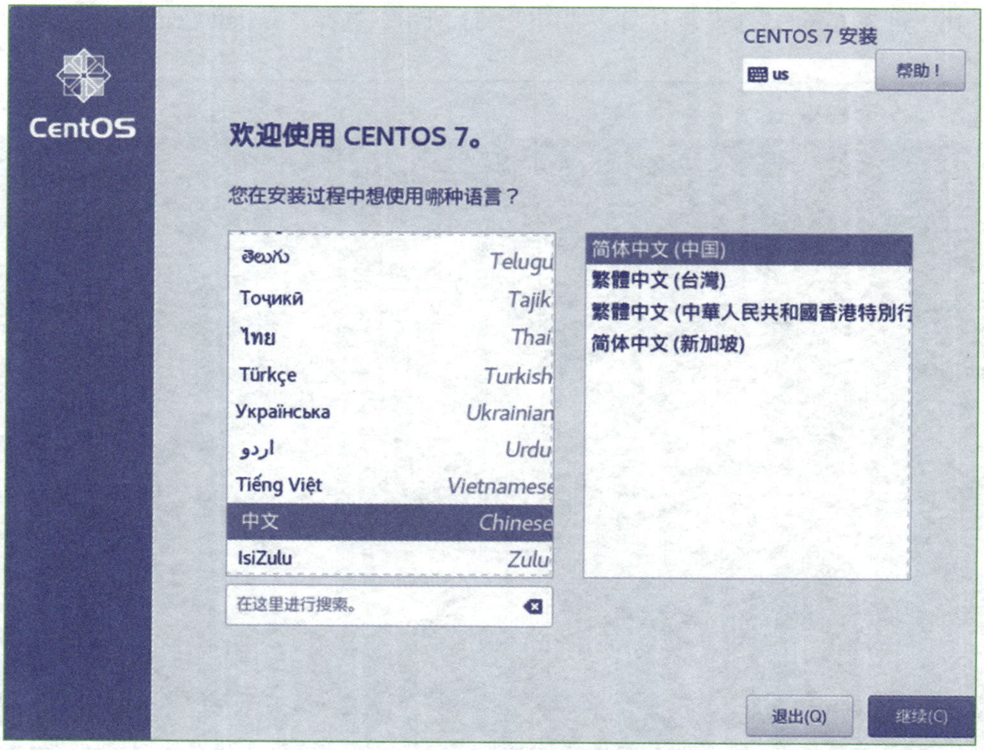

图 3－34　选择语言

图 3－35　“安装信息摘要”窗口

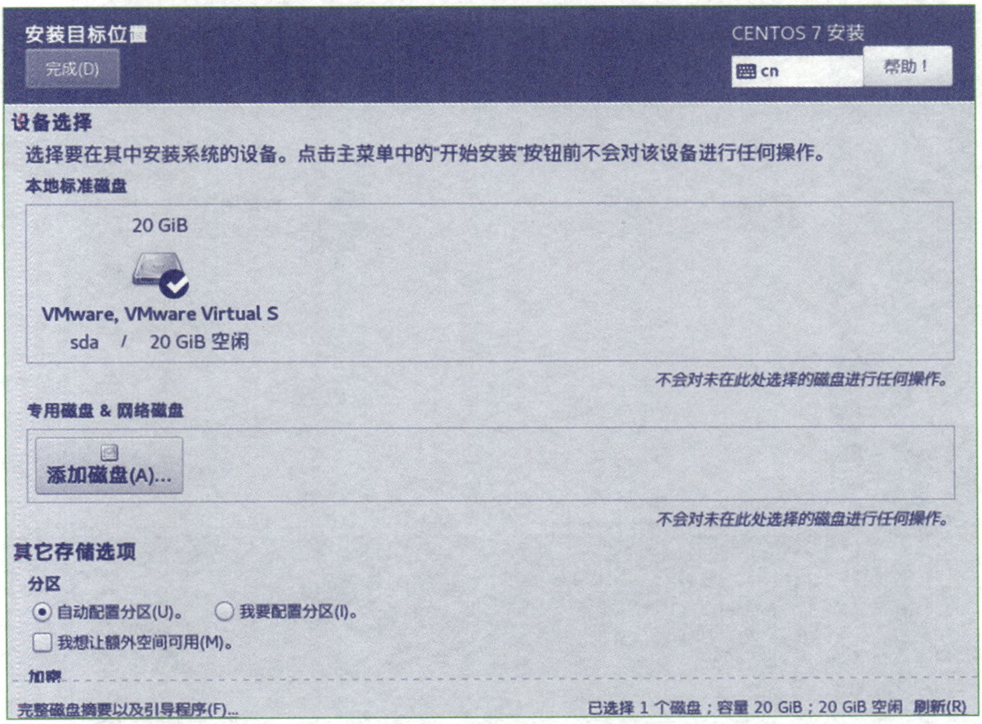

图 3－36 “安装目标位置”窗口

图 3－37 单击“开始安装”按钮

图 3－38 “配置”窗口

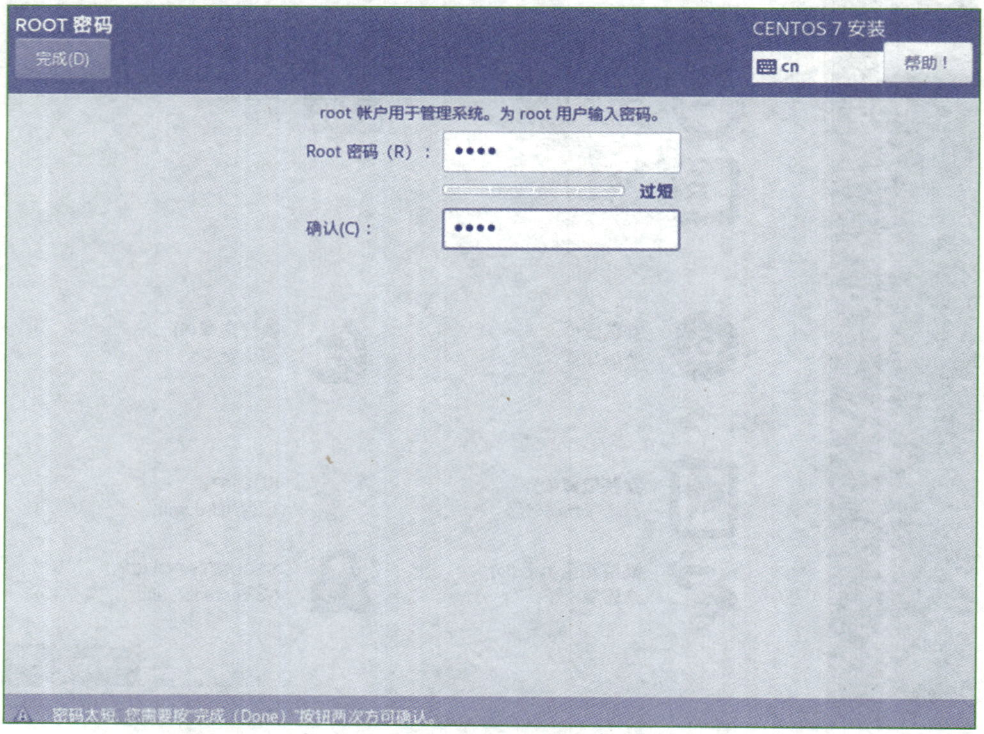

图 3－39 设置 ROOT 密码

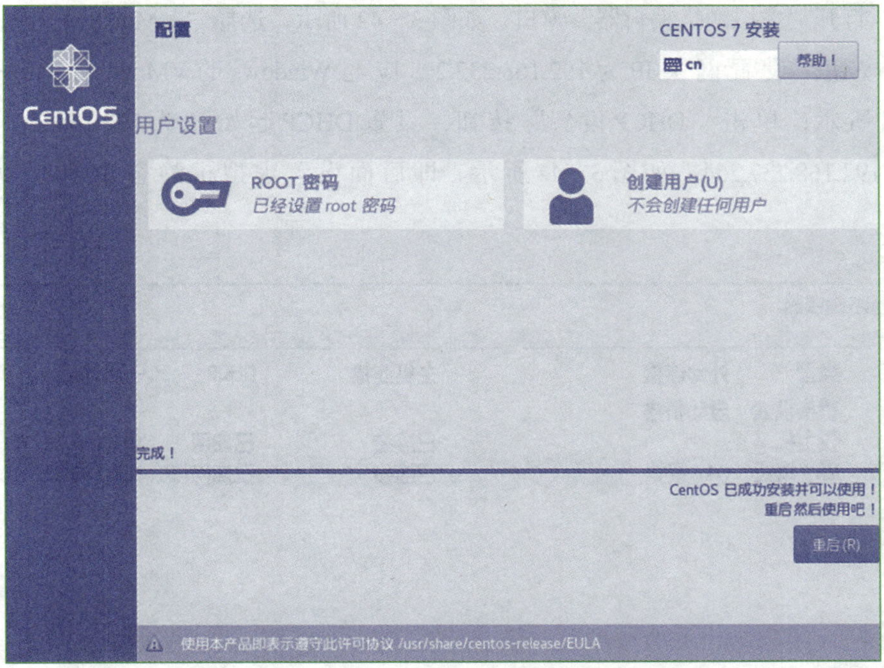

图 3－40　安装完成

3.2 修改虚拟机和 Windows 网络配置

3. 修改虚拟机和 Windows 网络配置

（1）在桌面右键单击“VMware Workstation”图标，以管理员身份打开 VMware Workstation，如图 3－41 所示，选择“编辑”→“虚拟网络编辑器”。

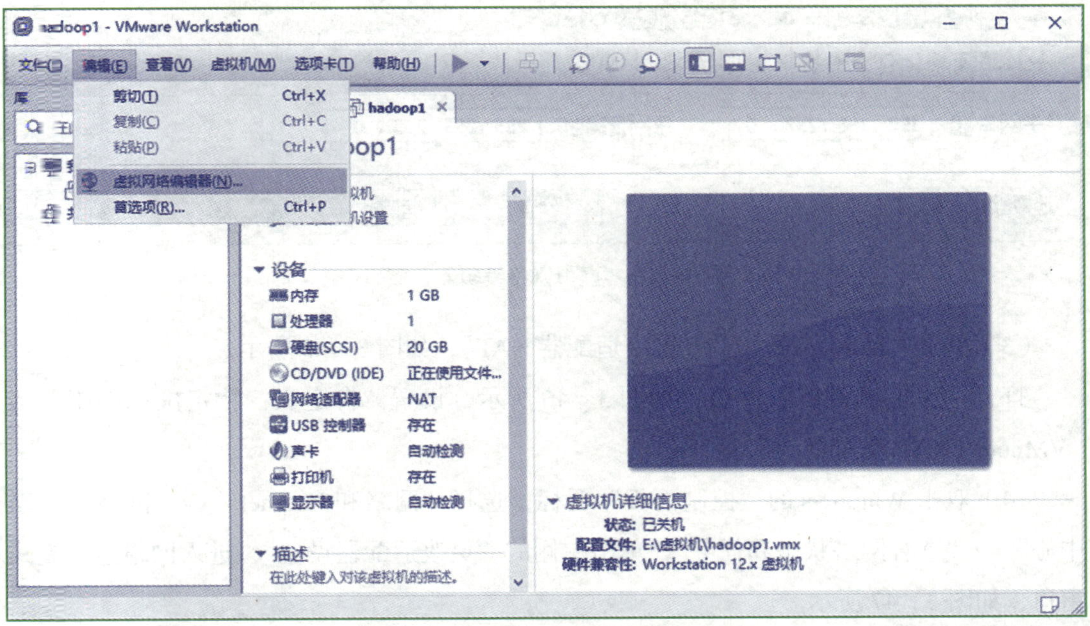

图 3－41　选择“虚拟网络编辑器”

（2）打开“虚拟网络编辑器”窗口，如图 3－42 所示，选择“VMnet8”。单击“NAT 设置”按钮，设置网关 IP 为 192.168.237.2，应与 Windows 的 VMnet8 保持一致，如图 3－43 所示；单击“DHCP 设置”按钮，设置 DHCP 起始 IP 为 192.168.237.128，结束 IP 为 192.168.237.254，如图 3－44 所示。即后面设置虚拟机静态 IP 地址为 192.168.237.X。

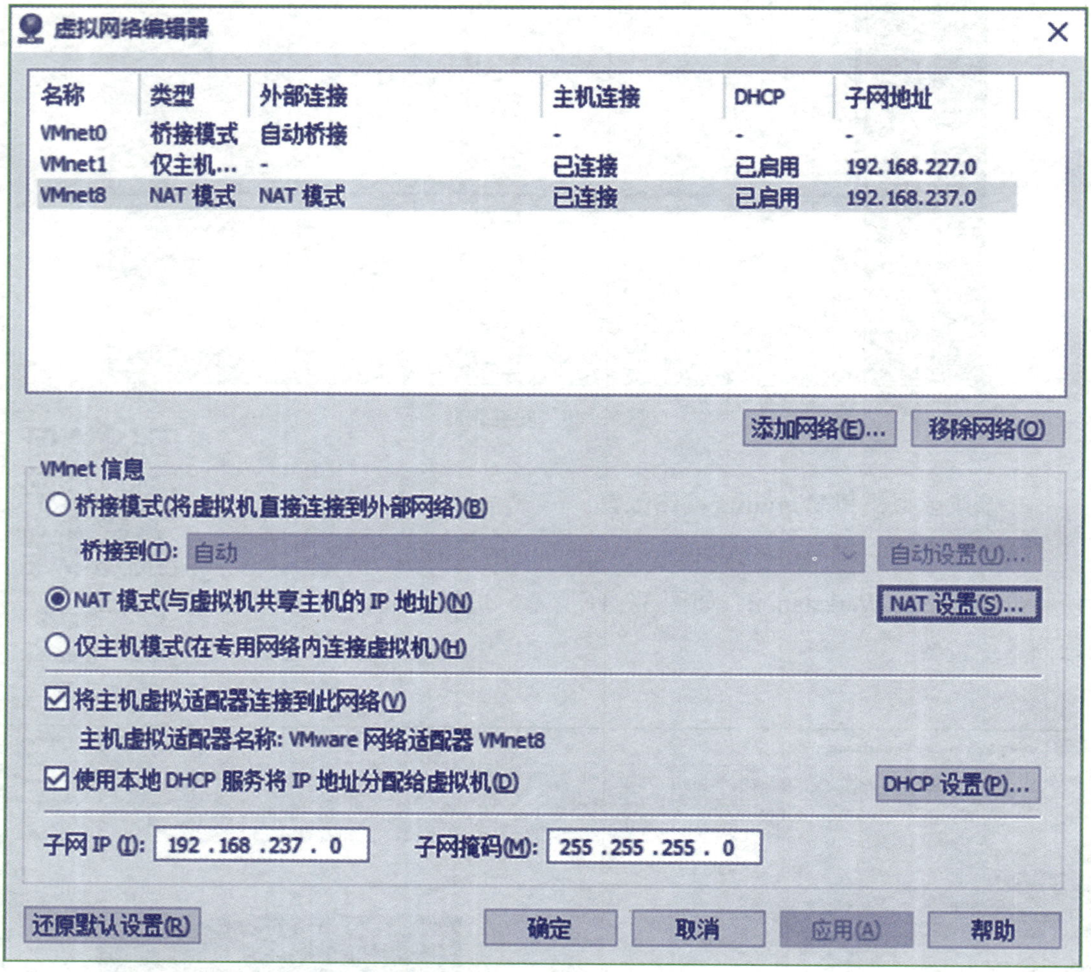

图 3－42 “虚拟网络编辑器”窗口

（3）单击“hadoop1”中的“网络适配器 NAT”，如图 3－45 所示。

打开“虚拟机设置”窗口，如图 3－46 所示，设置“自定义：特定虚拟网络”为“VMnet8（NAT 模式）”。

（4）双击 Windows 的“控制面板”图标，选择“网络和 Internet”→“网络和共享中心”→“查看网络状态和任务”，单击左侧的“更改适配器设置”，进入网络连接模式窗口，如图 3－47 所示。

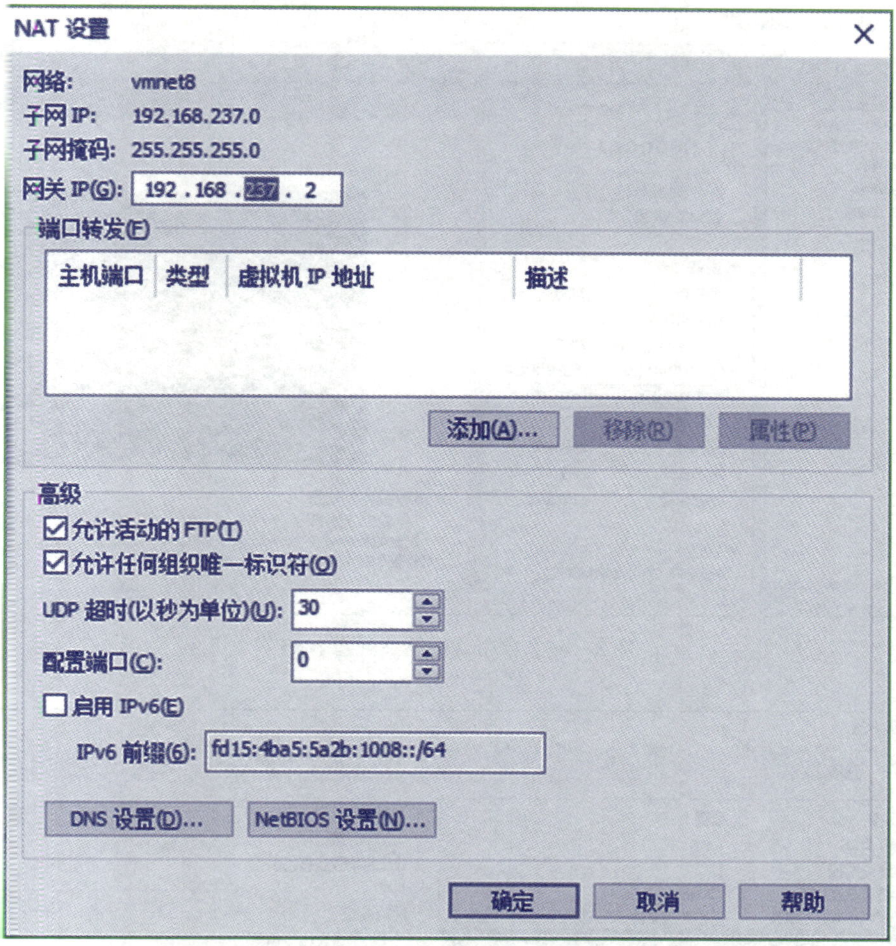

图 3-43 设置 NAT

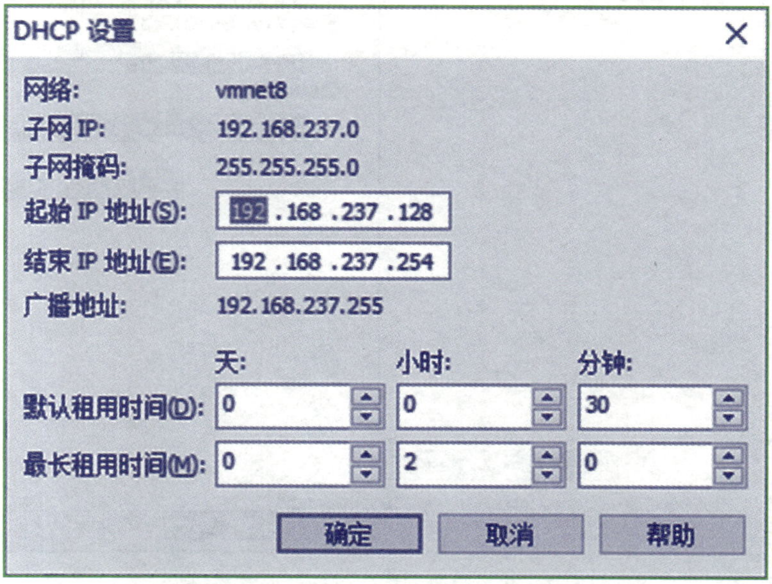

图 3-44 设置 DHCP

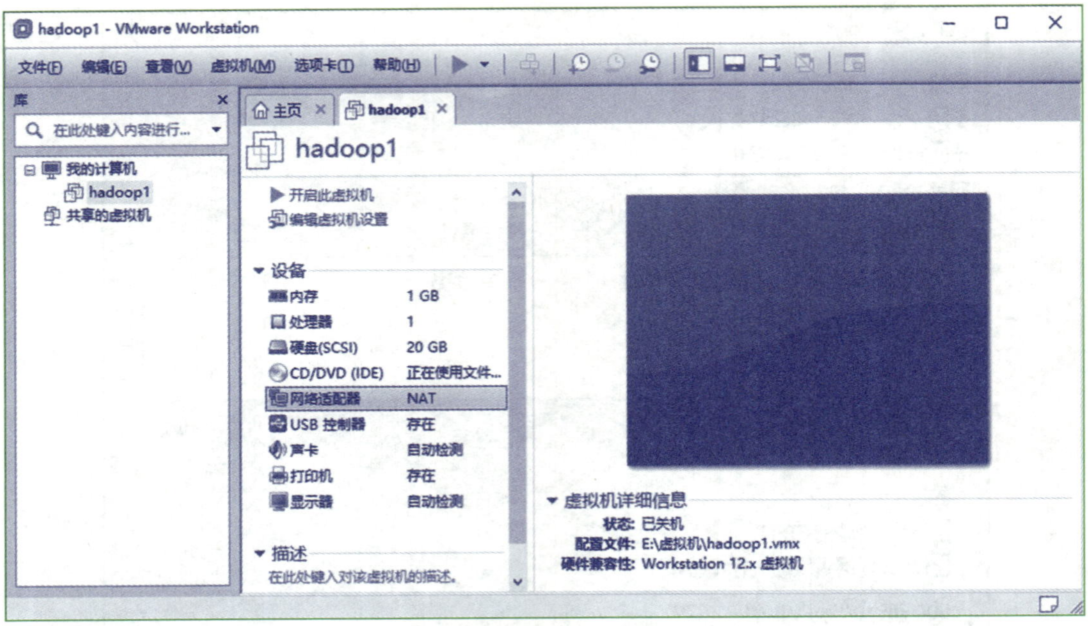

图 3-45 单击"网络适配器 NAT"

图 3-46 修改网络适配器的网络连接

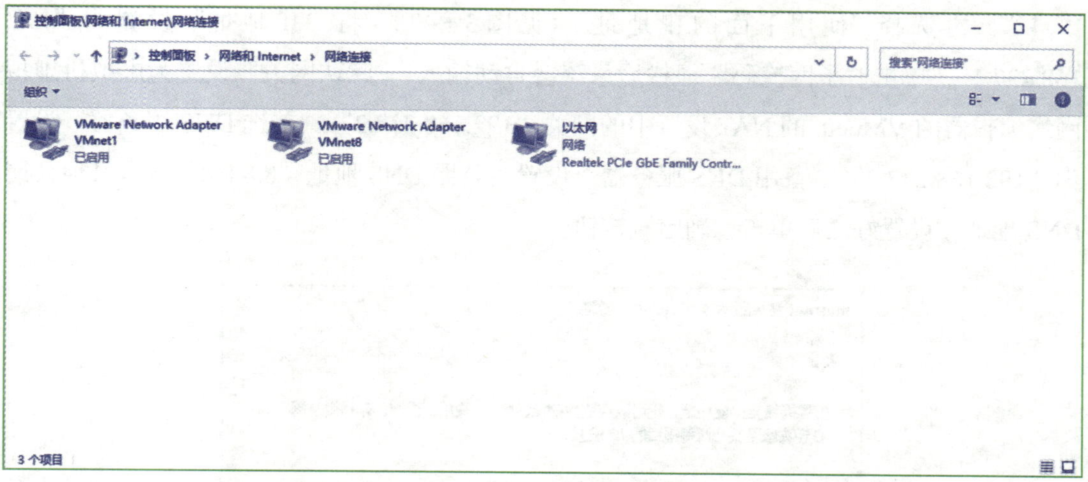

图 3－47　选择网络连接模式

右击“VMware Network Adapter VMnet8”，选择“属性”快捷选项，打开“VMware Network Adapter VMnet8 属性”窗口（见图 3－48），选择“Internet 协议版本 4（TCP/

图 3－48　VMnet8 属性设置

IPv4)”，再选择“使用下面的 IP 地址”（见图 3－49），将“IP 地址”设置为“192.168.237.1”，单击“子网掩码”一栏后系统会自动输入，“默认网关”设置为虚拟机虚拟网络编辑器的 VMnet8 的 NAT 设置中的网关“192.168.237.2”，“首选 DNS 服务器”设置为“192.168.237.2”，“备用 DNS 服务器”设置为公网 DNS 地址“8.8.8.8”或者其他公网 DNS 地址，设置好之后单击“确定”按钮。

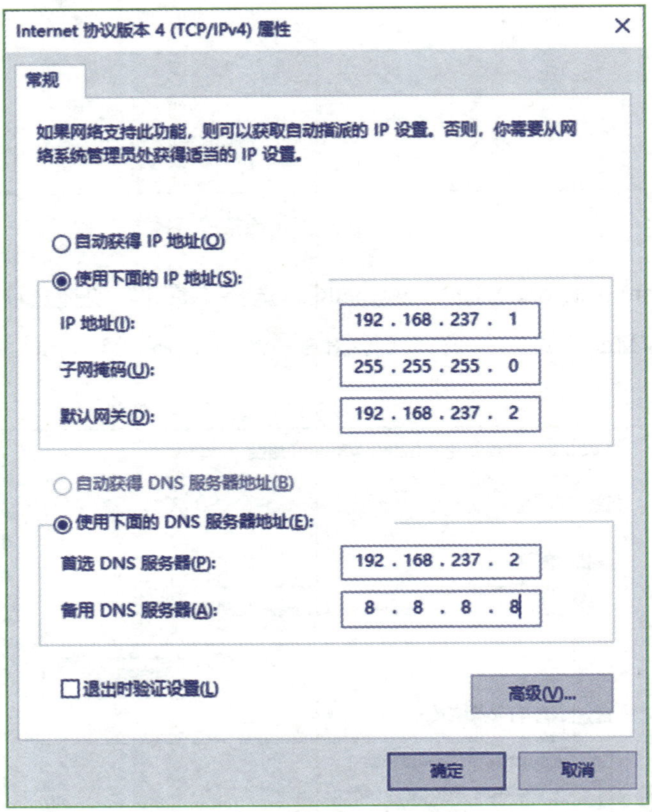

图 3－49　TCP/IPv4 属性设置

3.3 修改主机名和静态 IP

4. 修改主机名和静态 IP

（1）进入虚拟机，以 root 用户登录，编辑 hostname 文件修改主机名，将内容删除后添加 hadoop1。

```
vi /etc/hostname
hadoop1
```

（2）将 hadoop1 的动态 IP 设置为静态 IP，虚拟机重启后 IP 地址不变。

```
vi /etc/sysconfig/network-scripts/ifcfg-ens33
```

改为

```
DEVICE=ens33
TYPE=Ethernet
ONBOOT=yes
BOOTPROTO=static
NAME="ens33"
IPADDR=192.168.237.131
PREFIX=24
GATEWAY=192.168.237.2
DNS1=192.168.237.2
```

（3）重启 hadoop1，输入 ip addr 查看静态 IP 地址是否修改成功。使用 ping 命令查看虚拟机网络是否已经与互联网连接，即验证静态 IP 是否设置成功，如图 3－50 所示。

```
reboot
ip addr
ping www.baidu.com
```

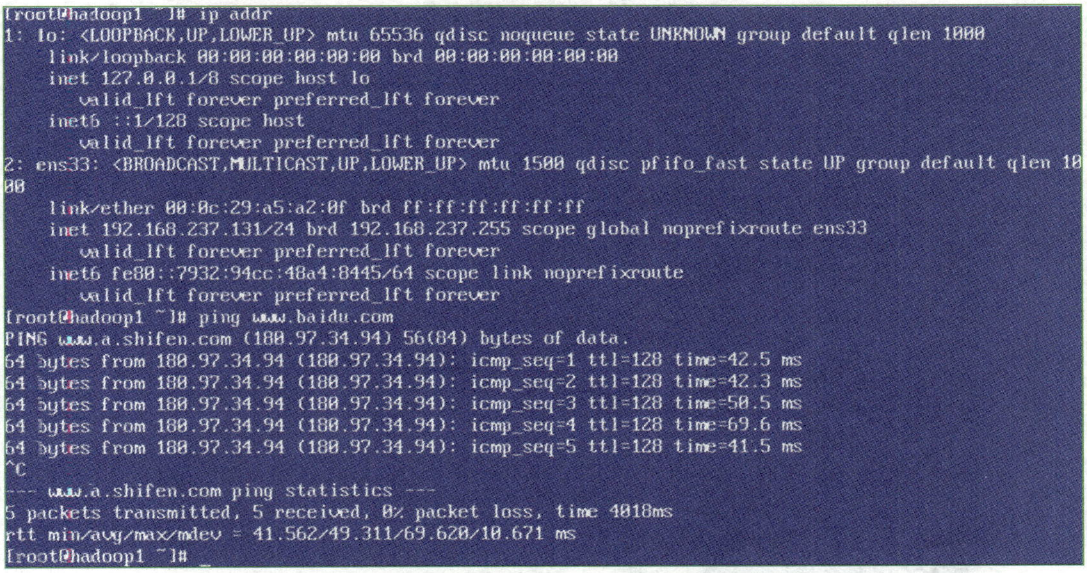

图 3－50　验证静态 IP 是否设置成功

5. 克隆虚拟机

（1）利用模板机 hadoop1 克隆 hadoop2，步骤如图 3－51 至图 3－56 所示。然后参照该步骤克隆 hadoop3。将 hadoop2 和 hadoop3 虚拟机的静态 IP 分别设置为 192.168.237.132 和 192.168.237.133。

3.4 克隆虚拟机

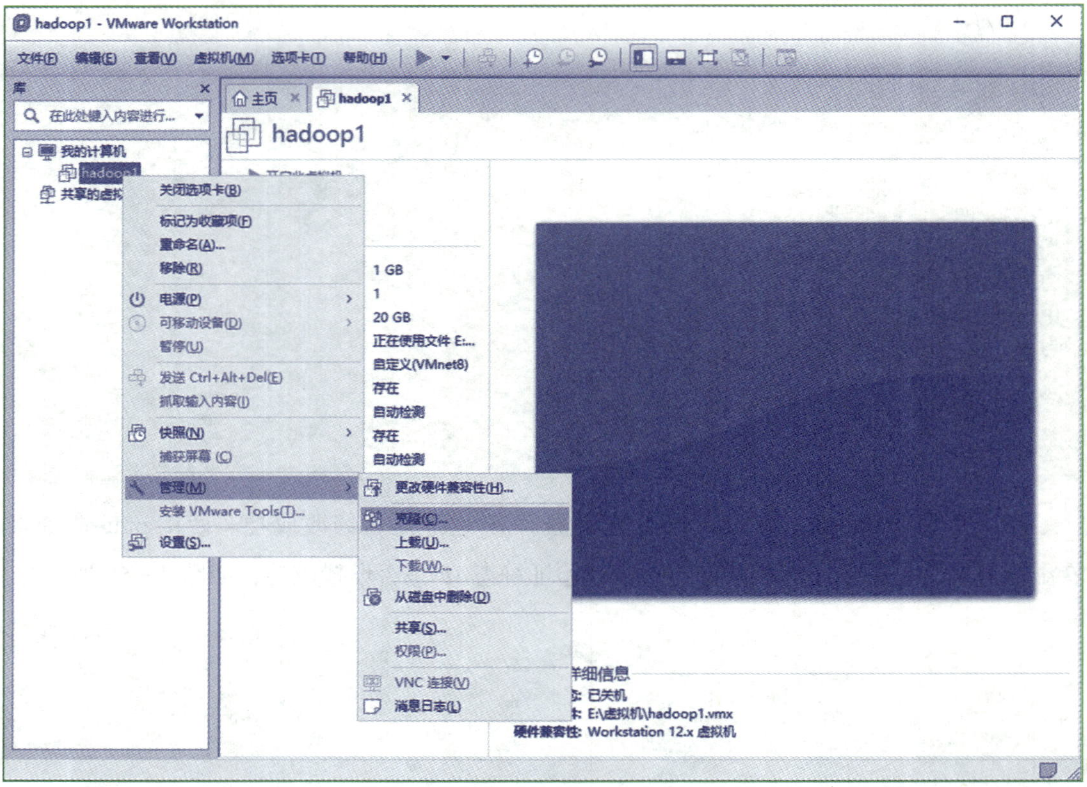

图 3-51　克隆虚拟机步骤 1

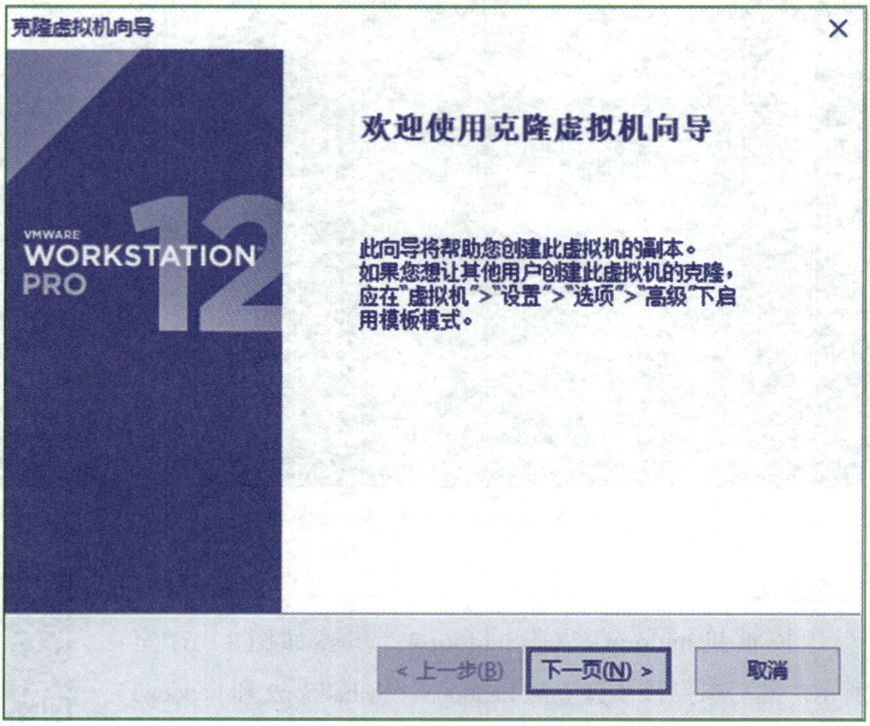

图 3-52　克隆虚拟机步骤 2

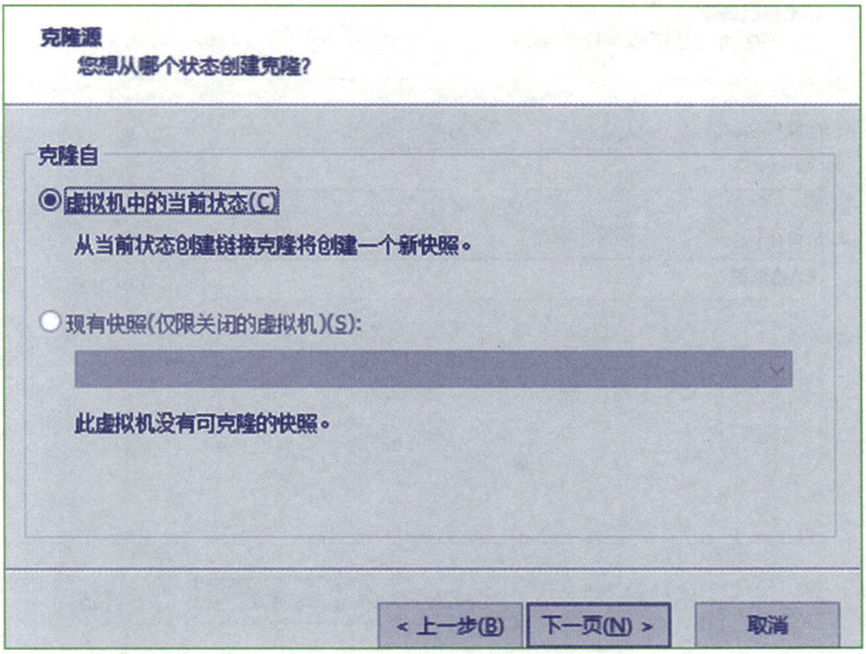

图 3-53　克隆虚拟机步骤 3

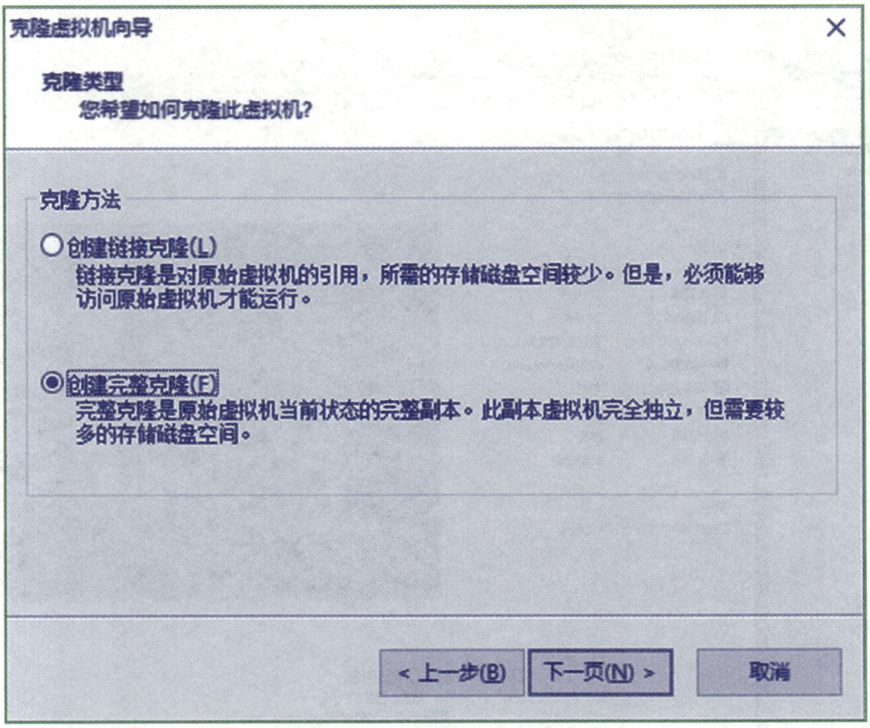

图 3-54　克隆虚拟机步骤 4

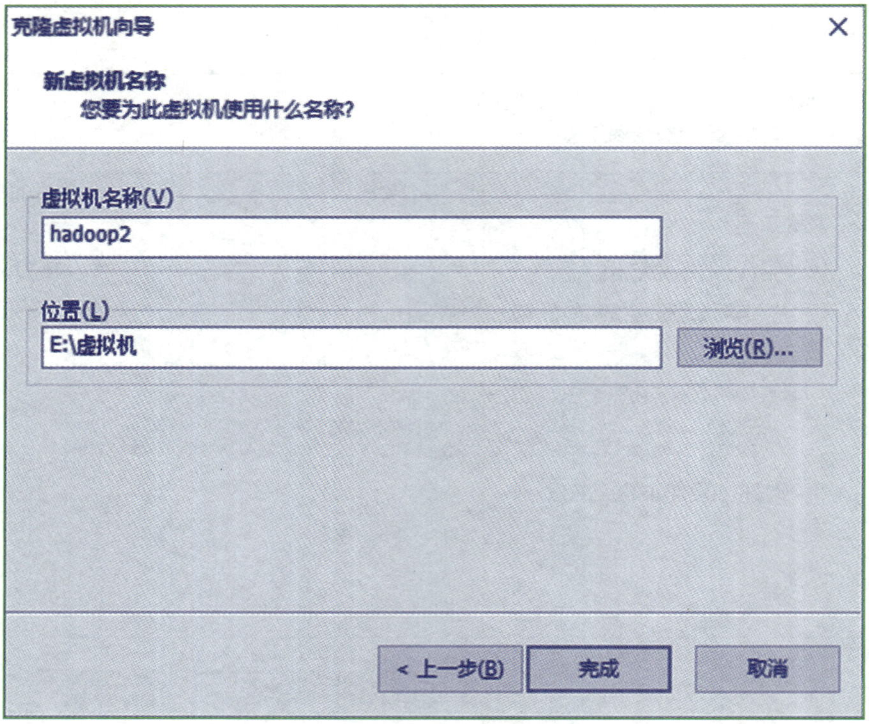

图 3-55　克隆虚拟机步骤 5

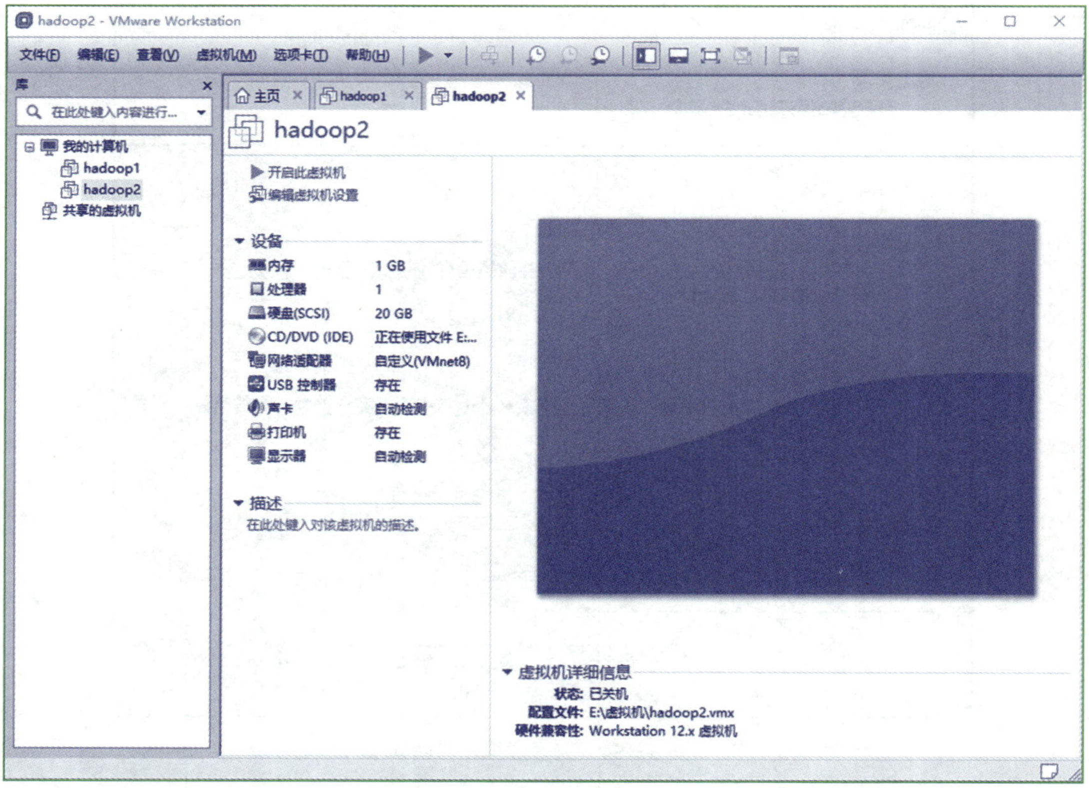

图 3-56　克隆虚拟机步骤 6

（2）参照前述方法修改主机名和静态 IP，将 hadoop2 和 hadoop3 虚拟机的主机名分别设置为 hadoop2 和 hadoop3。将 hadoop2 和 hadoop3 的静态 IP 分别设置为 192.168.237.132 和 192.168.237.133。通过 ping 命令连接百度网址，测试 hadoop2 和 hadoop3 的静态 IP 是否设置成功。

（3）设置虚拟机 IP 主机名映射，填入 3 台虚拟机的主机名 IP 地址。

```
vi /etc/hosts


192.168.237.131 hadoop1
192.168.237.132 hadoop2
192.168.237.133 hadoop3
```

（4）设置 Windows IP 主机名映射，编辑 hosts 文件，填入 3 台虚拟机的主机名 IP 地址。Windows 10 hosts 文件位于 C:\Windows\System32\drivers\etc\hosts，需要管理员权限才能编辑。

```
192.168.237.131 hadoop1
192.168.237.132 hadoop2
192.168.237.133 hadoop3
```

6. 安装完全分布式 Hadoop

（1）设置 SSH 免密登录。如果想在 hadoop1 上操作 hadoop2，那么每执行一次命令便需要输入一次 hadoop2 的密码。设置了免密登录后，则可以随意切换 hadoop1、hadoop2、hadoop3。SSH 类似一把锁，生成 SSH 文件后会产生两种钥匙：私钥、公钥。公钥发给需要免密登录的虚拟机。在 hadoop2、hadoop3 上重复上述操作后，3 台虚拟机便可相互免密登录。

3.5 安装完全分布式 hadoop

```
说明：# 后为注释部分
ssh-keygen -t rsa          # 接着按 3 次 Enter 键
ssh-copy-id hadoop1        # 输入本机 root 用户密码
ssh-copy-id hadoop2        # 输入 hadoop2 root 用户密码
ssh-copy-id hadoop3        # 输入 hadoop3 root 用户密码
```

（2）安装 jdk。将下载的 jdk 通过 Xftp 软件传输到 CentOS 7/opt/software 文件夹，使用 tar 命令解压到 CentOS 7/opt/module 文件夹，修改环境变量，通过 java -version 命令验证是否配置成功。

```
说明：# 后为注释部分
cd /opt/software/
tar -zxf jdk-8u251-linux-x64.tar.gz -C /opt/module
vi /etc/profile

# 添加如下内容
export JAVA_HOME=/opt/module/jdk1.8.0_251
export CLASSPATH=.:$JAVA_HOME/jre/lib/rt.jar:$JAVA_HOME/lib/dt.jar:$JAVA_HOME/lib/tools.jar
export PATH=$PATH:$JAVA_HOME/bin

source /etc/profile # 添加后执行此命令，使配置文件生效
java -version       # 验证安装配置是否成功

# 成功后显示如下信息
[root@hadoop1 software]# java -version
java version "1.8.0_251"
Java(TM) SE Runtime Environment (build 1.8.0_251-b08)
Java HotSpot(TM) 64-Bit Server VM (build 25.251-b08, mixed mode)
```

（3）安装 Hadoop。将下载的 Hadoop 安装包通过 Xftp 软件传输到 CentOS 7 /opt/software 文件夹，使用 tar 命令解压到 CentOS 7/opt/module 文件夹，修改环境变量，通过 hadoop version 命令验证是否配置成功。

```
说明：# 后为注释部分
cd /opt/software/
tar -zxf hadoop-2.7.4.tar.gz -C /opt/module
vi /etc/profile

# 添加如下内容
export HADOOP_HOME=/opt/module/hadoop-2.7.4
export PATH=$HADOOP_HOME/bin:$HADOOP_HOME/sbin:$PATH

source /etc/profile          # 添加后执行此命令，使配置文件生效
hadoop version               # 验证安装配置是否成功

# 成功后显示如下信息
[root@hadoop1 software]# hadoop version
```

```
Hadoop 2.7.4
Subversion https://shv@git-wip-us.apache.org/repos/asf/hadoop.git -r cd915e1e8d9d0131462a0b7301586c
175728a282
Compiled by kshvachk on 2017-08-01T00:29Z
Compiled with protoc 2.5.0
From source with checksum 50b0468318b4ce9bd24dc467b7ce1148
This command was run using /opt/module/hadoop-2.7.4/share/hadoop/common/hadoop-common-2.7.4.jar
[root@hadoop1 software]#
```

（4）修改 Hadoop 集群配置文件。core-site.xml、hdfs-site.xml、yarn-site.xml、mapred-site.xml 这 4 个配置文件存放在 $HADOOP_HOME/etc/hadoop 路径上，用户可以根据项目需求重新修改配置。

1）配置 core-site.xml 文件。

```
说明：# 后为注释部分
cd /opt/module/hadoop-2.7.4/
mkdir tmp
cd $HADOOP_HOME/etc/hadoop
vi core-site.xml

# 配置以下内容
<configuration>

<property>

<name>fs.defaultFS</name>

<value>hdfs://hadoop1:9000</value>

</property>

<property>

<name>hadoop.tmp.dir</name>

<value>/opt/module/hadoop-2.7.4/tmp</value>
```

```
</property>

</configuration>
```

2）配置 hdfs-site.xml 文件。

```
说明：# 后为注释部分
vi hdfs-site.xml

# 配置以下内容
<configuration>

<property>

<name>dfs.replication</name>

<value>3</value>

</property>

<property>

<name>dfs.namenode.secondary.http-address</name>

<value>hadoop2:50090</value>

</property>

</configuration>
```

3）配置 yarn-site.xml 文件。

```
说明：# 后为注释部分
vi yarn-site.xml

# 配置以下内容
<configuration>
```

```
<property>

<name>yarn.resourcemanager.hostname</name>

<value>hadoop1</value>

</property>

<property>

<name>yarn.nodemanager.aux-services</name>

<value>mapreduce_shuffle</value>

</property>

</configuration>
```

4）配置 mapred-site.xml 文件。

```
说明：# 后为注释部分
mv mapred-site.xml.template mapred-site.xml
vi mapred-site.xml

# 配置以下内容
<configuration>

<property>

<name>mapreduce.framework.name</name>

<value>yarn</value>

</property>

</configuration>
```

5）修改 slaves 文件。

```
说明：# 后为注释部分
cd $HADOOP_HOME/etc/hadoop
vi slaves  # 删除 slaves 中的内容，添加从机的主机名
hadoop1
hadoop2
hadoop3
```

6）修改 hadoop-env.sh 文件。

```
说明：# 后为注释部分
cd $HADOOP_HOME/etc/hadoop
vi hadoop-env.sh
# 修改 export JAVA_HOME=${JAVA_HOME} 为以下内容
export JAVA_HOME=/opt/module/jdk1.8.0_251/
```

（5）将 hadoop1 配置好的环境变量文件、jdk 安装目录、Hadoop 安装目录分发给 hadoop2、hadoop3。

```
说明：# 后为注释部分
scp /etc/profile hadoop2:/etc/profile
scp /etc/profile hadoop3:/etc/profile
scp -r /opt/module/ hadoop2:/opt/module/
scp -r /opt/module/ hadoop3:/opt/module/
source /etc/profile  #hadoop2
source /etc/profile  #hadoop3
```

（6）格式化文件系统并启动集群。

```
说明：# 后为注释部分
hdfs namenode -format


start-all.sh        # 在 hadoop1 上启动集群需配置 SSH 双向免密登录
jps                 # 使用 jps 查看启动进程
#hadoop1 jps 结果，主要关注进程名，进程号可能不一致
[root@hadoop1 ~]#jps
10560 NameNode
11017 NodeManager
10922 ResourceManager
```

```
0653 DataNode
1390 Jps

[root@hadoop2 ~]#jps
9616 Jps
9317 SecondaryNameNode
9332 NodeManager
9226 DataNode
[root@hadoop2 ~]#

[root@hadoop3 ~]#jps
9178 DataNode
9274 NodeManager
9453 Jps
[root@hadoop3 ~]#
```

（7）关闭集群所有节点防火墙，使用 Windows 浏览器访问 hadoop1:50070，如图 3－57 所示，表明 HDFS 运行正常。使用 Windows 浏览器访问 hadoop1:8088，如图 3－58 所示，表明 Yarn 运行正常。

```
说明：# 后为注释部分
systemctl stop firewalld    # 关闭防火墙 hadoop1  hadoop2  hadoop3
systemctl disable firewalld # 开机禁用防火墙自启命令 hadoop1
systemctl disable firewalld #hadoop2
systemctl disable firewalld #hadoop3
```

二、Hadoop 环境的应用

WordCount 是一个简单的分布式应用实例，主要功能是统计输入目录中所有单词出现的次数。本实训使用 Hadoop 实现 WordCount 程序。

3.6 Hadoop 环境的应用

1. 训练要点

（1）熟悉 HDFS 命令。

（2）进行 Hadoop 编程。

2. 需求说明

在本地计算机上创建测试文件 words.txt，输入任意 3 行记录。将 words.txt 上传到 HDFS 目录 /user/root（提示：HDFS 目录 /user/root 并不存在，因此需要先创建出来）。参考 Hadoop 官方示例程序包中的 WordCount 编写程序，对文件中的单词进行词频统计。

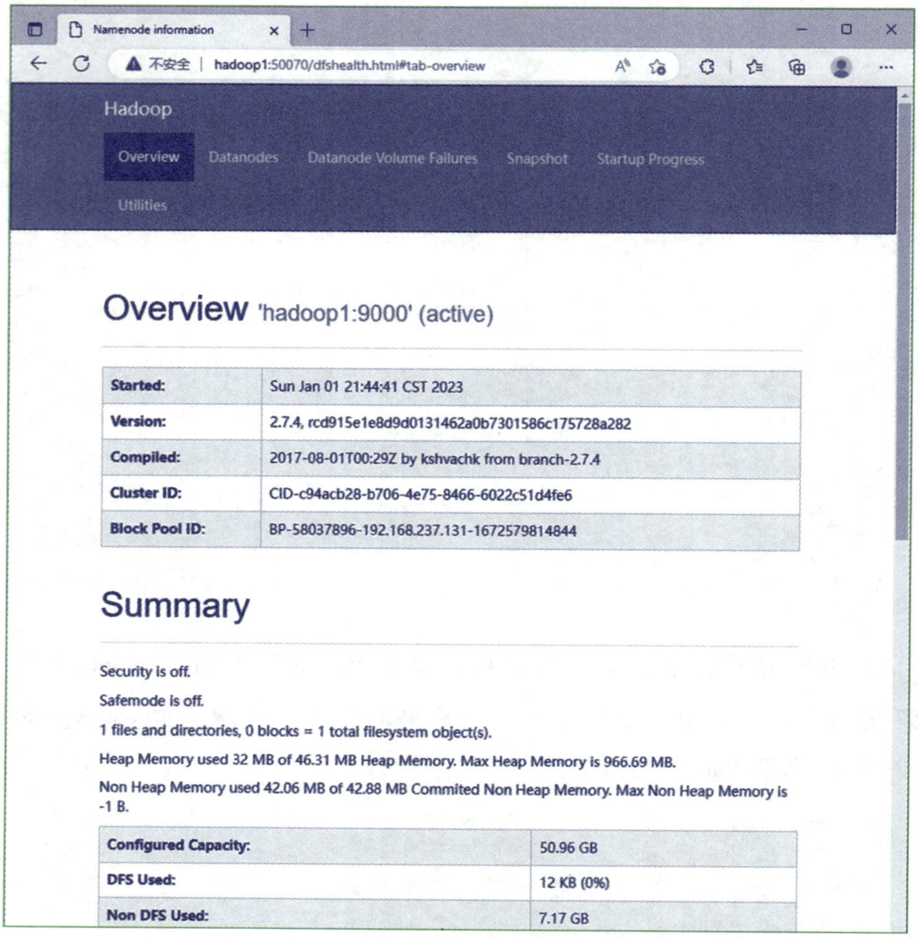

图 3-57　HDFS 资源监控网页

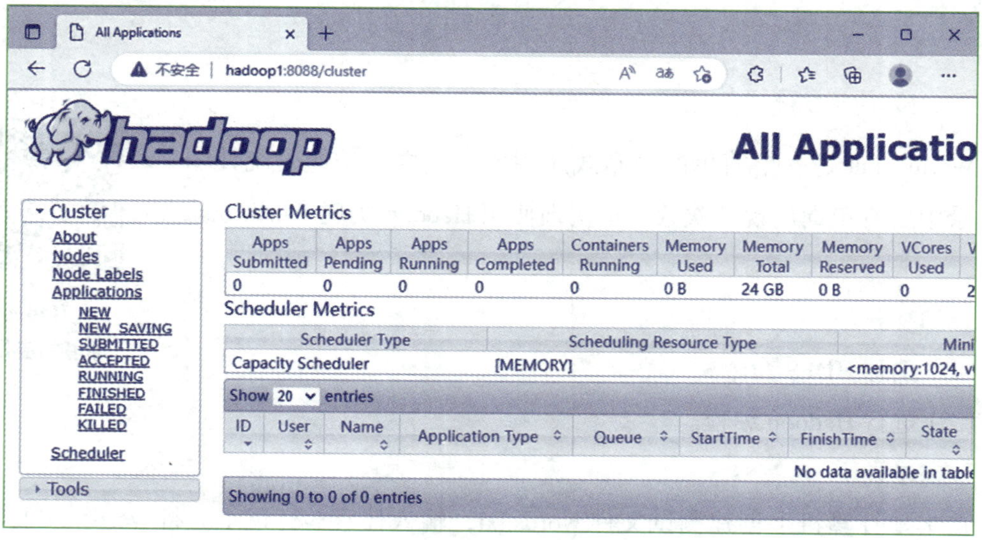

图 3-58　Yarn 资源监控网页

3. 实现思路及步骤

（1）创建 words.txt，输入内容。

（2）HDFS 创建 user/input 文件夹。

（3）上传 words.txt 到 HDFS 目录 /user/input。

（4）使用 Hadoop 官方的示例程序包，通过命令提交 MapReduce 任务。

（5）查看并检查结果。

```
说明：# 后为注释部分
hadoop fs -mkdir /user/
hadoop fs -mkdir /user/input/
hadoop fs -put /opt/software/words.txt /user/input/
hadoop jar /opt/module/hadoop-2.7.4/share/hadoop/mapreduce/hadoop-mapreduce-examples-2.7.4.jar
wordcount /user/input/words.txt /user/output/
hadoop fs -cat /user/output/part-r-00000
```

实训二　Spark 环境的搭建（Standalone 模式）及应用

3.7 Spark 环境搭建

一、Spark 环境的搭建

（1）将 spark-2.3.2-bin-hadoop2.7.tgz 文件上传到 opt/software 文件夹并解压缩，然后放置在指定位置。

```
说明：# 后为注释部分
cd /opt/software
tar -zxf spark-2.3.2-bin-hadoop2.7.tgz -C /opt/module
cd /opt/module
mv spark-2.3.2-bin-hadoop2.7 spark
```

（2）进入 spark 的 conf 目录修改 slaves 文件。

```
说明：# 后为注释部分
cd /opt/module/spark/conf
mv slaves.template slaves
vi slaves
# 删除或注释 localhost 并添加以下内容
hadoop1
hadoop2
hadoop3
```

（3）修改 spark-env.sh 文件。

```
说明：# 后为注释部分
mv spark-env.sh.template spark-env.sh
vi spark-env.sh
# 添加以下内容
export JAVA_HOME=/opt/module/jdk1.8.0_251
SPARK_MASTER_HOST=hadoop1
SPARK_MASTER_PORT=7077
```

（4）分发文件。

```
说明：# 后为注释部分
scp -r /opt/module/spark hadoop2:/opt/module
scp -r /opt/module/spark hadoop3:/opt/module
```

（5）启动集群，启动成功的界面如图 3－59 所示。

```
说明：# 后为注释部分
cd /opt/module/spark
sbin/start-all.sh
# 在浏览器地址栏输入 http://hadoop1:8080，进入 Spark 资源监控 Web UI 界面
```

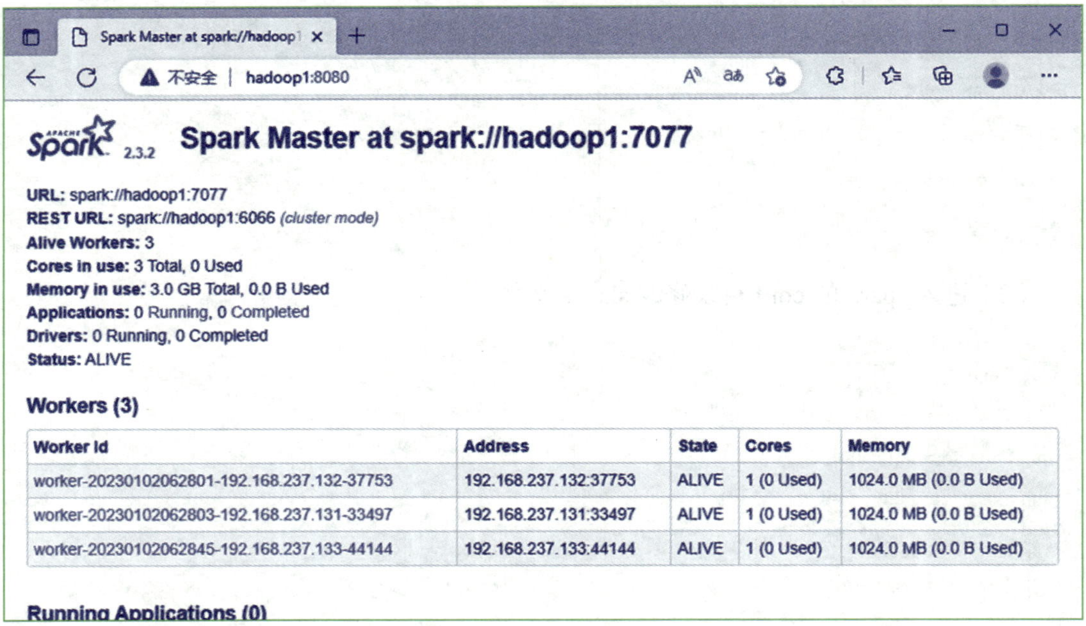

图 3－59 Spark 资源监控网页

（6）运行示例计算 Pi 程序测试集群，任务执行状态如图 3 - 60 所示。

```
说明：# 后为注释部分
cd /opt/module/spark
bin/spark-submit \
--class org.apache.spark.examples.SparkPi \
--master spark://hadoop1:7077 \
./examples/jars/spark-examples_2.11-2.3.2.jar \
10
```

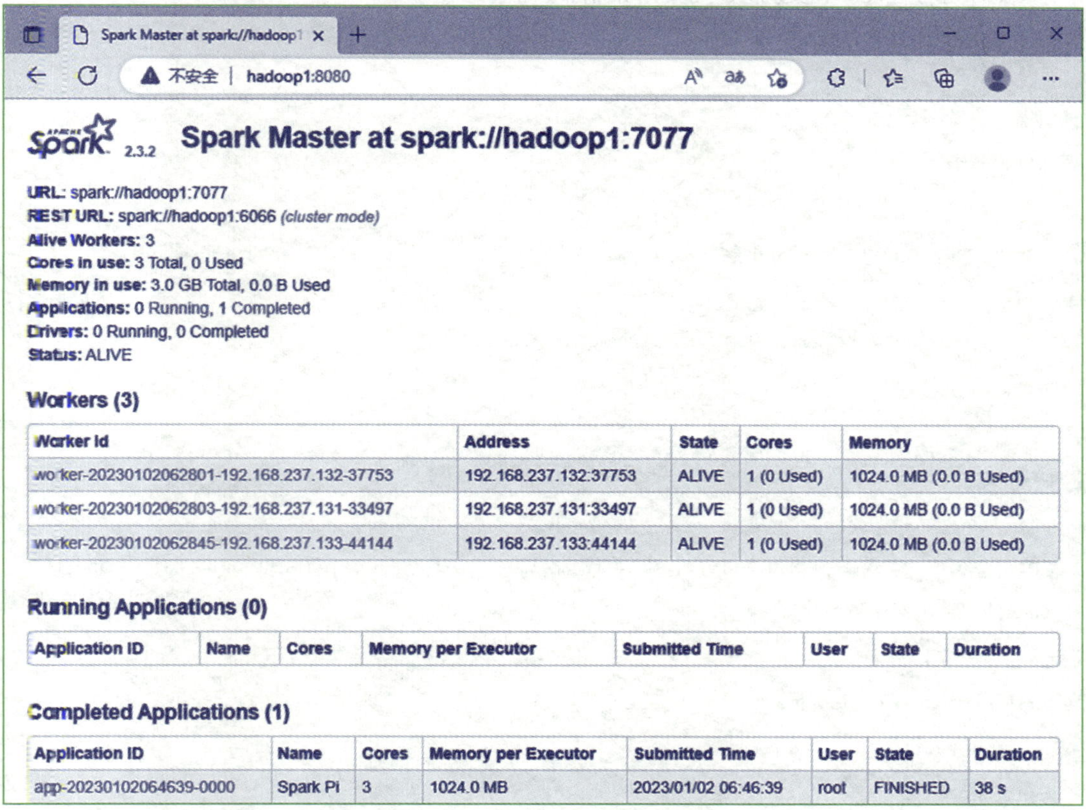

图 3 - 60　Spark Pi 任务执行状态

二、Spark 环境的应用

本实训使用 Spark 实现 WordCount 程序。

1. 训练要点

（1）熟悉 Spark 命令。

（2）进行 Spark 编程。

3.8 Spark 环境的应用

2. 需求说明

在本地计算机上创建测试文件 words.txt，输入任意 3 行记录。将 words.txt 上传到 HDFS 目录 /user/root（提示：HDFS 目录 /user/root 并不存在，因此需要先创建出来）。参考 Spark 官方示例程序包中的 WordCount 编写程序，对文件中的单词进行词频统计。

3. 实现思路及步骤

（1）创建 words.txt，输入内容。

（2）HDFS 创建 user/input 文件夹。

（3）上传 words.txt 到 HDFS 目录 /user/input。

（4）编写程序，通过命令提交给集群。

（5）查看并检查结果。

```
说明：# 后为注释部分
#python2 代码

from pyspark import SparkConf, SparkContext

conf = SparkConf().setMaster("local").setAppName("WordCount")
sc = SparkContext(conf=conf)

textFile = sc.textFile("hdfs://hadoop1:9000/user/input/words.txt")

wordCount = textFile.flatMap(lambda line: line.split("")).map(lambda word: (word,1)).
reduceByKey(lambda a, b : a + b)

wordColl =wordCount.collect()
for line in wordColl:
   print line

sc.stop()

----------

cd /opt/module/spark
bin/spark-submit --master local[2] /opt/software/wordcount.py
```

实训三 Hive 环境搭建及应用

一、Hive 环境搭建

1. 安装 MySQL

```
# 更改 yum 源为阿里云
curl -o /etc/yum.repos.d/CentOS-Base.repo https://mirrors.aliyun.com/repo/Centos-7.repo

# 安装 wget
yum -y install wget

# 从 MySQL 官方的 Yum Repository 中下载 rpm 软件包
wget -i -c http://dev.mysql.com/get/mysql57-community-release-el7-10.noarch.rpm

# 安装下载的 rpm 软件包
yum -y install mysql57-community-release-el7-10.noarch.rpm

# 导入 mysql 公钥
rpm --import https://repo.mysql.com/RPM-GPG-KEY-mysql-2022

# 安装 mysql 社区版服务器
yum -y install mysql-community-server

# 启动 mysql 服务
systemctl start mysqld

# 设置 mysql 服务开机启动
systemctl enable mysqld

# 查看临时生成的 root 用户的密码
grep "password" /var/log/mysqld.log（备注：查看默认的密码）

# 利用临时密码登录 mysql
mysql -uroot -p（备注：输入刚刚默认的密码）

# 修改临时密码
ALTER USER 'root'@'localhost' IDENTIFIED BY '你的新密码';
```

3.9 Hive 环境搭建 1

3.10 Hive 环境搭建 2

```
#mysql 要求新密码必须包含大小写字母、特殊符号和数字，并且长度大于 8 位

# 修改 mysql 库下的 user 表中的 root 用户，允许任意 ip 连接
update mysql.user set host='%' where user='root';
# 刷新权限
flush privileges;
```

2. 安装 Hive

```
# 上传 hive 安装包并解压到指定位置
cd/opt/software/
tar -zxf /opt/software/apache-hive-2.3.9-bin.tar_2.gz -C /opt/module/

# 修改 hive 解压后的文件夹名为 hive
mv /opt/module/apache-hive-2.3.9-bin/ /opt/module/hive

# 修改环境变量
vi /etc/profile

# 添加以下内容
export HIVE_HOME=/opt/module/hive
export PATH=$PATH:$HIVE_HOME/bin

# 刷新环境变量
source /etc/profile

# 将 mysql 驱动包拷贝到 hive 文件夹下的 lib 文件夹中
cp /opt/software/mysql-connector-java-5.1.27-bin.jar $HIVE_HOME/lib

# 编辑 hive 配置文件
cd $HIVE_HOME/conf/
vi hive-site.xml
<?xml version="1.0"?>
<?xml-stylesheet type="text/xsl" href="configuration.xsl"?>
<configuration>
<!-- jdbc 连接的 URL -->
<property>
```

```
<name>javax.jdo.option.ConnectionURL</name>
<value>jdbc:mysql://hadoop1:3306/metastore?useSSL=false</value>
</property>

<!-- jdbc 连接的 Driver-->
<property>
<name>javax.jdo.option.ConnectionDriverName</name>
<value>com.mysql.jdbc.Driver</value>
</property>

<!-- jdbc 连接的 username-->
<property>
<name>javax.jdo.option.ConnectionUserName</name>
<value>root</value>
</property>

<!-- jdbc 连接的 password -->
<property>
<name>javax.jdo.option.ConnectionPassword</name>
<value>Mysql@123</value>
</property>

<!-- H2S 运行绑定 host -->
<property>
<name>hive.server2.thrift.bind.host</name>
<value>hadoop1</value>
</property>

<!-- 远程模式部署 metastore 服务地址 -->
<property>
<name>hive.metastore.uris</name>
<value>thrift://hadoop1:9083</value>
</property>

<!-- Hive 元数据存储版本的验证 -->
<property>
```

```
<name>hive.metastore.schema.verification</name>
<value>false</value>
</property>

<!-- 元数据存储授权 -->
<property>
<name>hive.metastore.event.db.notification.api.auth</name>
<value>false</value>
</property>
</configuration>

# 添加用户的代理配置
cd $HADOOP_HOME/etc/hadoop/
vi core-site.xml

# 添加以下内容
<property>
<name>hadoop.proxyuser.root.hosts</name>
<value>*</value>
</property>
<property>
<name>hadoop.proxyuser.root.groups</name>
<value>*</value>
</property>

# 复制到其他虚拟机
scp $HADOOP_HOME/etc/hadoop/core-site.xml hadoop2:$HADOOP_HOME/etc/hadoop/core-site.xml
scp $HADOOP_HOME/etc/hadoop/core-site.xml hadoop3:$HADOOP_HOME/etc/hadoop/core-site.xml
# 启动 hadoop 集群
start-all.sh

# 登录 mysql 创建 hive 元数据库
mysql -uroot -p
create database metastore;
quit
# 初始化 hive 元数据库
```

```
cd /opt/module/hive/bin/
schematool -initSchema -dbType mysql – verbose
# 后台启动 hive 元服务、hiveserver2 服务
nohup hive --service metastore 2>&1 &
nohup hive --service hiveserver2 2>&1 &

#jdbc 方式登录 hive，输入查询数据库命令，验证是否配置成功
beeline -u jdbc:hive2://hadoop1:10000 -n root

Connecting to jdbc:hive2://hadoop1:10000
Connected to: Apache Hive (version 2.3.9)
Driver: Hive JDBC (version 2.3.9)
Transaction isolation: TRANSACTION_REPEATABLE_READ
Beeline version 2.3.9 by Apache Hive
0: jdbc:hive2://hadoop1:10000> show databases;
+----------------+
| database_name  |
+----------------+
| default        |
+----------------+
1 row selected (8.872 seconds)
```

二、Hive 环境的应用

本实训使用 Spark 连接 MySQL 并将表数据全量写入 Hive 表，然后进行数据分析。

3.11 Hive 环境的应用

1. 训练要点

（1）熟悉 MySQL、Hive 命令。

（2）进行 Spark 编程。

2. 需求说明

在 MySQL 创建数据库 shtd_store 和表 order_info。Spark 抽取 shtd_store 库中 order_info 的全量数据进入 Hive 的 ods 库中的表 order_info，编写 sql 语句查询并计算所有订单总额。

3. 实现思路及步骤

（1）启动 Hadoop 集群、MySQL、Hive。

（2）创建 Hive 数据库及表。

（3）导入表数据。

（4）编写 sql 语句，查询结果。

```
说明：# 后为注释部分
# 将 hive-site.xml 复制到 spark 文件夹下的 conf 文件夹，将 mysql 驱动 jar 包复制到 spark 文件夹下的 jars 文件夹，hive 创建 ods 数据库
#python2 代码
# -*- coding: utf-8 -*-
from pyspark.sql import SparkSession
from pyspark.sql import SQLContext


spark = SparkSession. \
    Builder(). \
    appName('sparksql'). \
    master('local'). \
    enableHiveSupport(). \
    getOrCreate()

df1=spark.read.format("jdbc").options(url="jdbc:mysql://hadoop1:3306/shtd_store",driver="com.mysql.jdbc.Driver",dbtable="order_info", user="root",password="Mysql@123").load()


df1.registerTempTable('tmp')
spark.sql("use ods")
spark.sql("create table ods.order_info select * from tmp")
spark.sql("select sum(final_total_amount) from ods.order_info")

spark.stop()


----------

cd /opt/module/spark
bin/spark-submit --master local[2] /opt/software/sparksql.py
```

实训四 Python 环境配置及应用

一、Python 环境配置

1. 安装 Python

3.12 安装 Python

（1）打开 Python 官网的下载页面（网址为 https://www.python.org/downloads/windows/），选择“Python 3.7.8”进行下载，如图 3－61 所示。注意 Python 3.7.8 不能用于 Windows XP 及早期版本。双击下载的安装包（以 Windows 系统为例），打开“Python 3.7.8（64-bit）Setup”窗口，如图 3－62 所示，可以选择第一项“Install Now”默认安装，也可以选择第二项“Customize installation”调整目录等配置。这里选择第二项，弹出图 3－63 所示的窗口，配置好相关项目后单击“Next”按钮，在图 3－64 所示的窗口中选择安装目录，然后单击“Install”按钮开始安装，安装成功界面如图 3－65 所示。

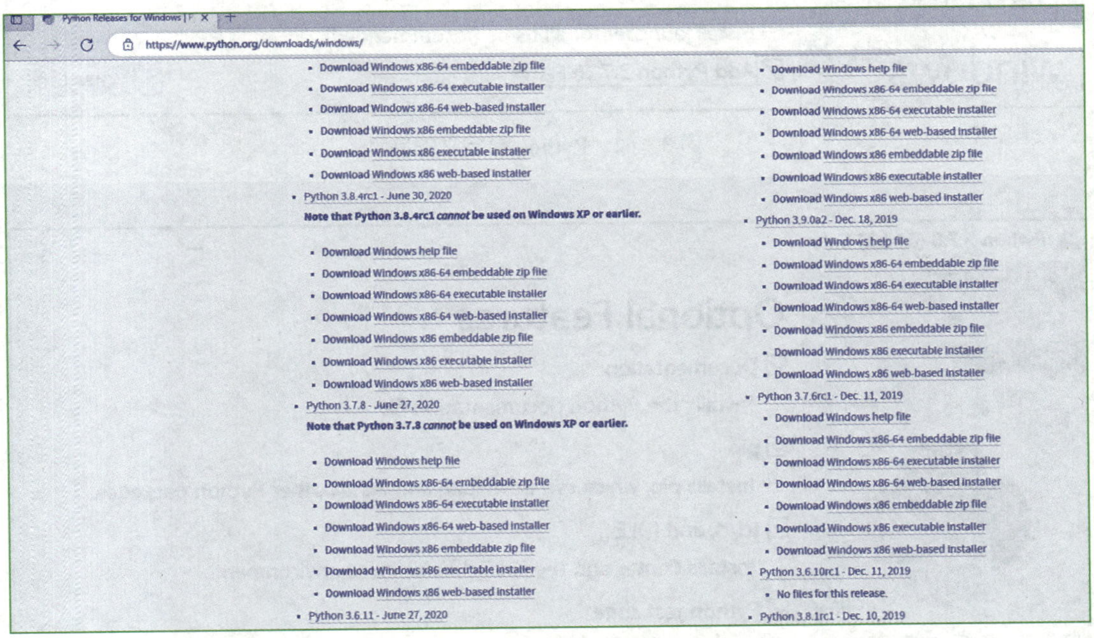

图 3－61 Python 安装包下载

3.13 安装 PyCharm

（2）按“Windows+R”键打开“运行”窗口，输入“cmd”命令，如图 3－66 所示，单击“确定”按钮，输入“Python”即可显示 Python 版本并进入 Python shell，验证 Python 是否安装成功，如图 3－67 所示。

2. 安装集成开发环境 PyCharm

PyCharm 是一款功能强大的 Python 编辑器，具有跨平台特性。下面介绍在 Windows 系统中安装 PyCharm 的方法。

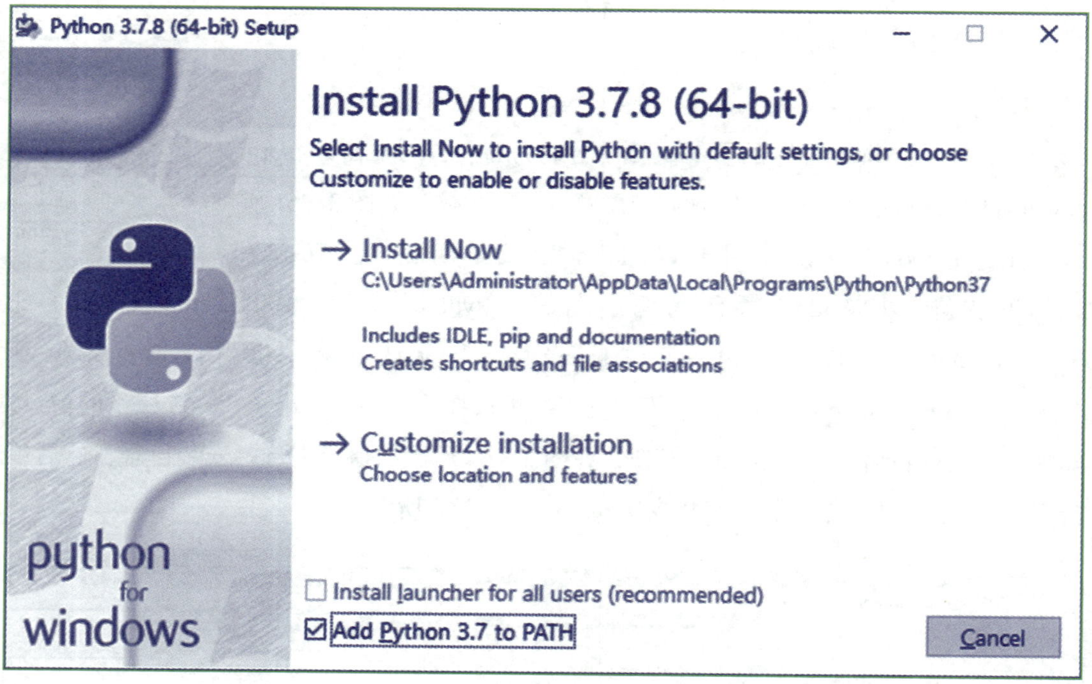

图 3-62　Python 自定义安装

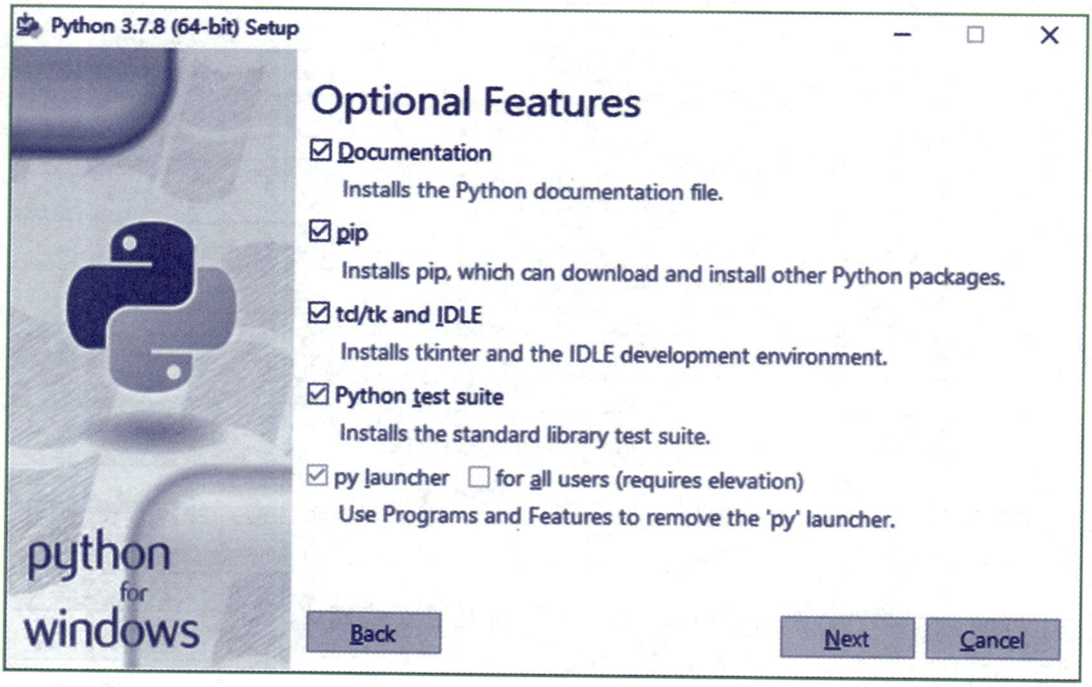

图 3-63　相关配置

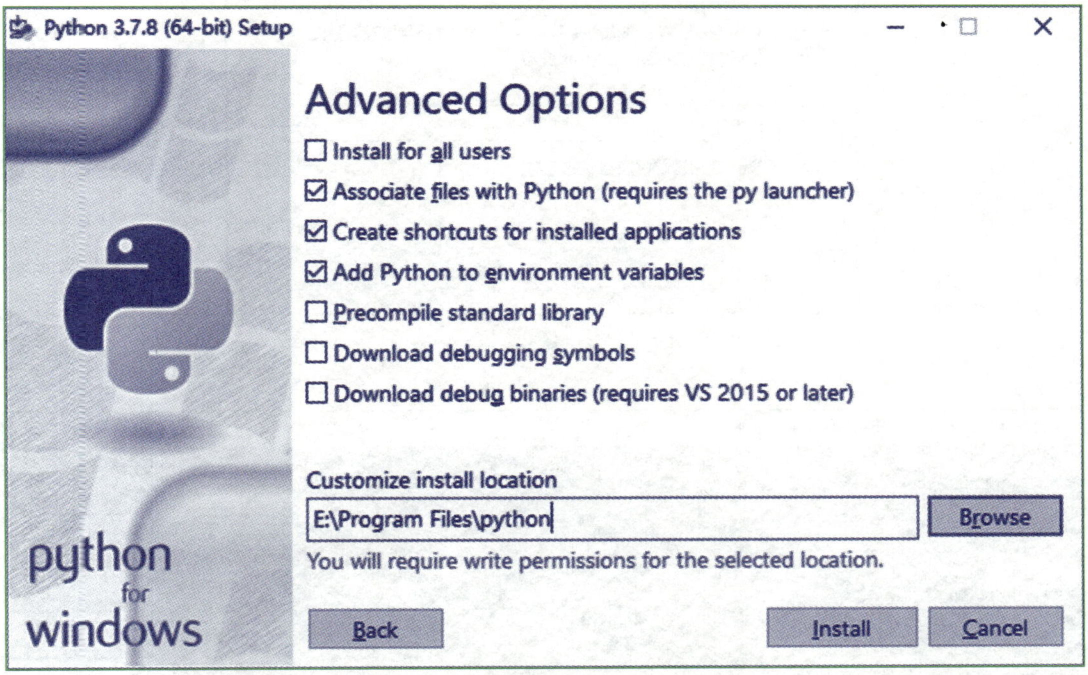

图 3－64　选择安装目录

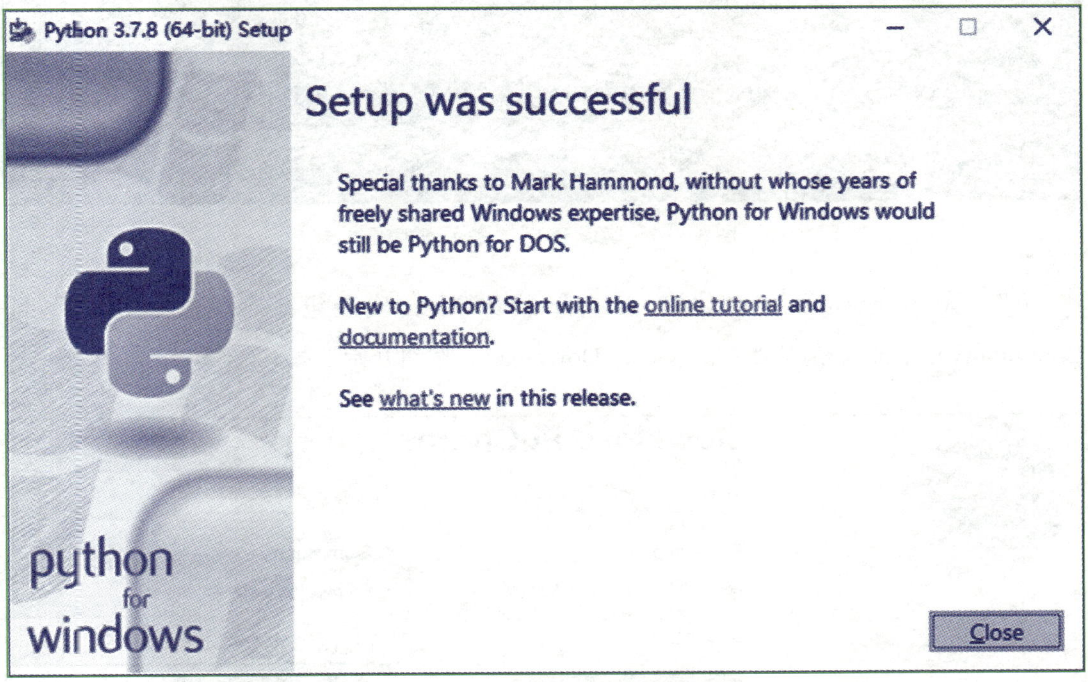

图 3－65　安装成功

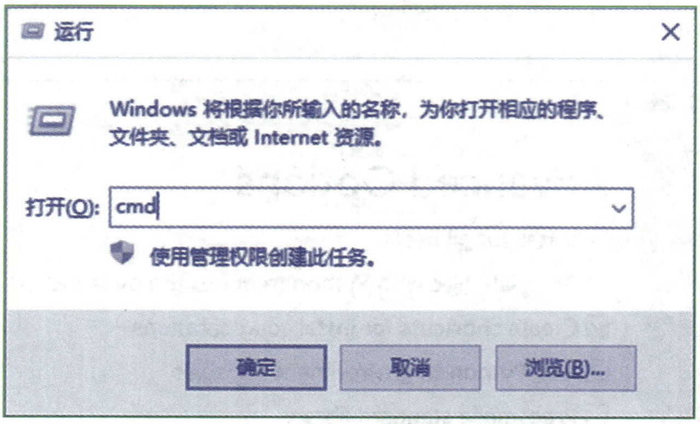

图 3－66　执行 cmd 命令

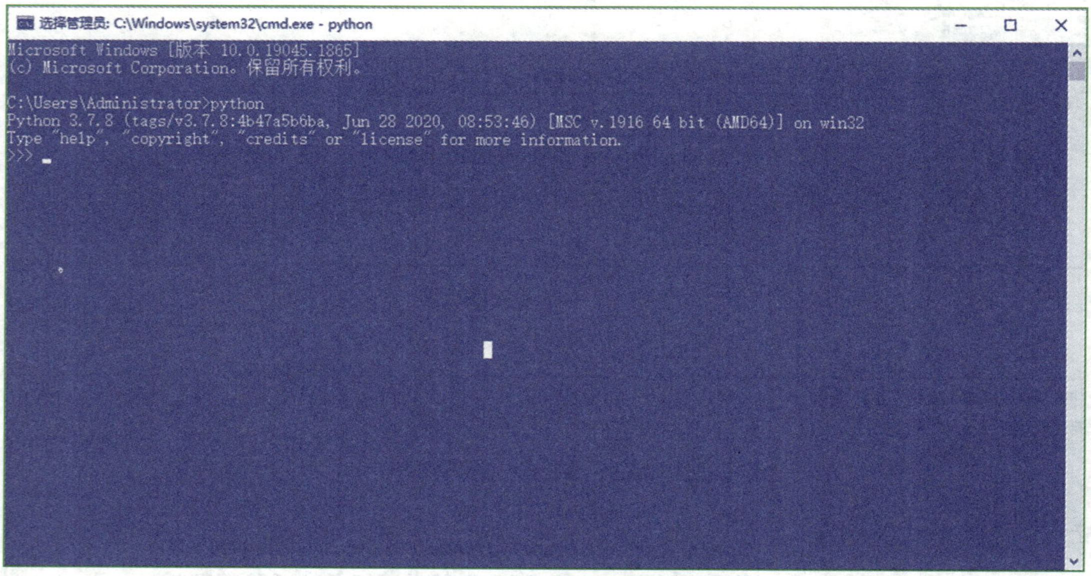

图 3－67　验证 Python 是否安装成功

（1）从 PyCharm 官网（见图 3－68）下载 PyCharm 安装包，推荐安装社区版（即 Community），该版本是免费的。单击“Download”按钮开始下载。

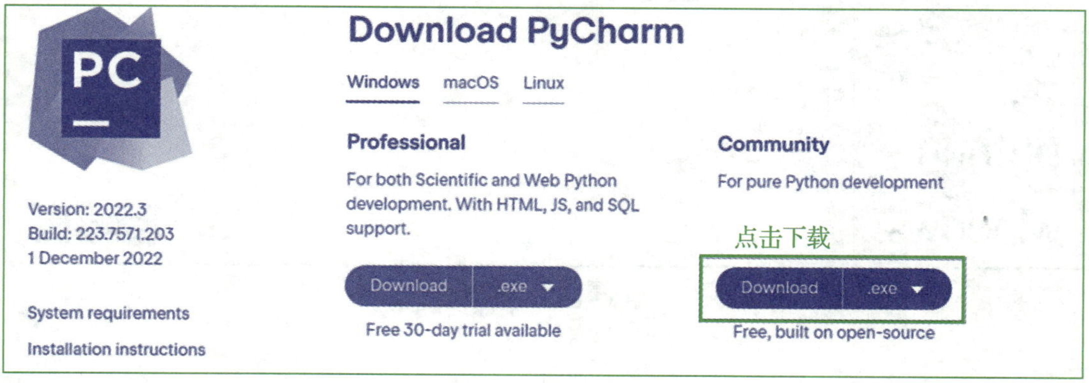

图 3－68　下载 PyCharm 安装包

（2）下载完成后，双击安装包，按照图 3－69 至图 3－75 所示安装 PyCharm。

图 3－69　PyCharm 安装向导

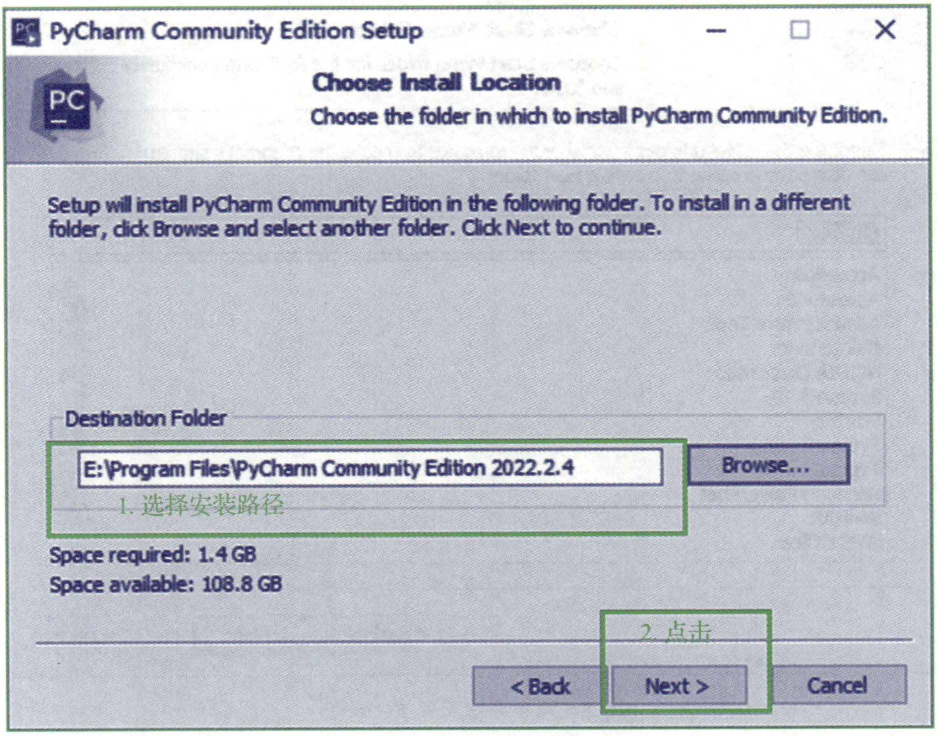

图 3－70　选择安装目录

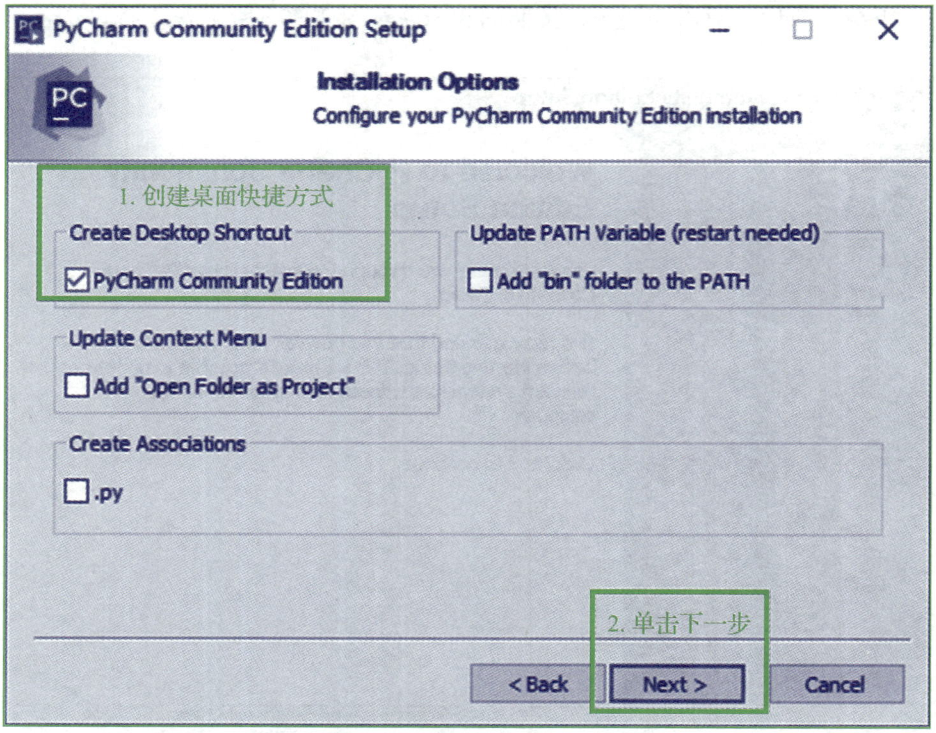

图 3-71　创建桌面快捷方式

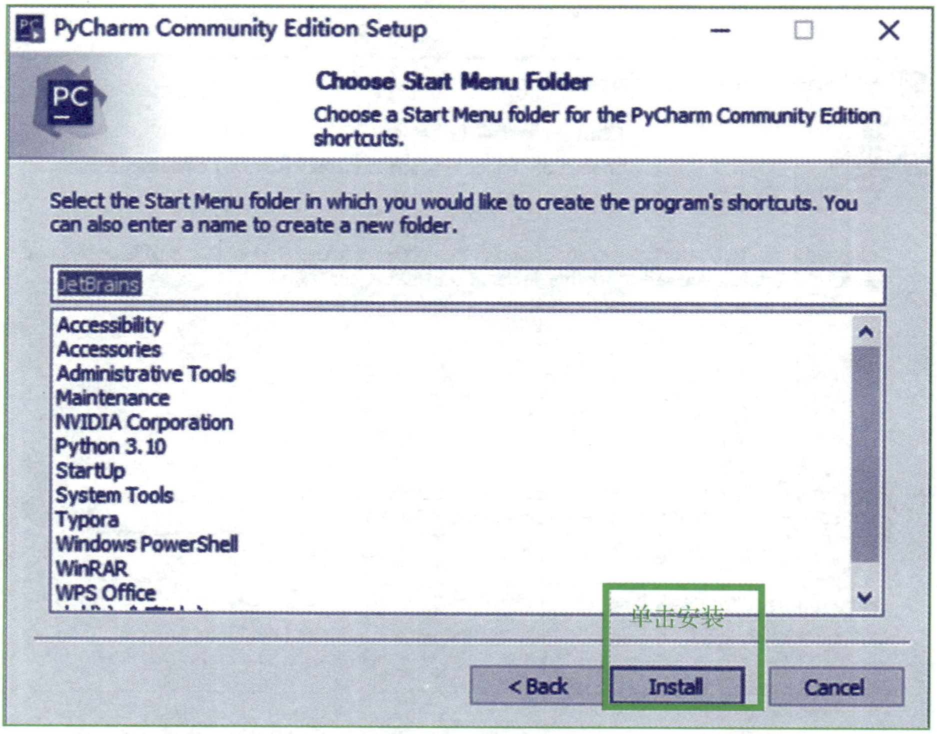

图 3-72　开始安装 Pycharm

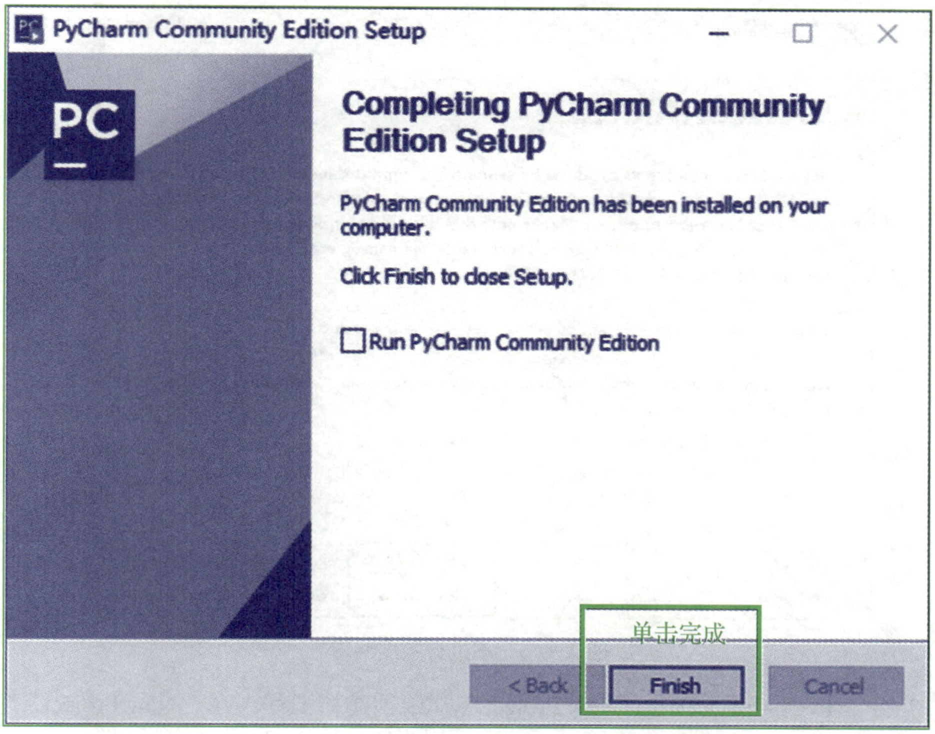

图 3-73　安装完成

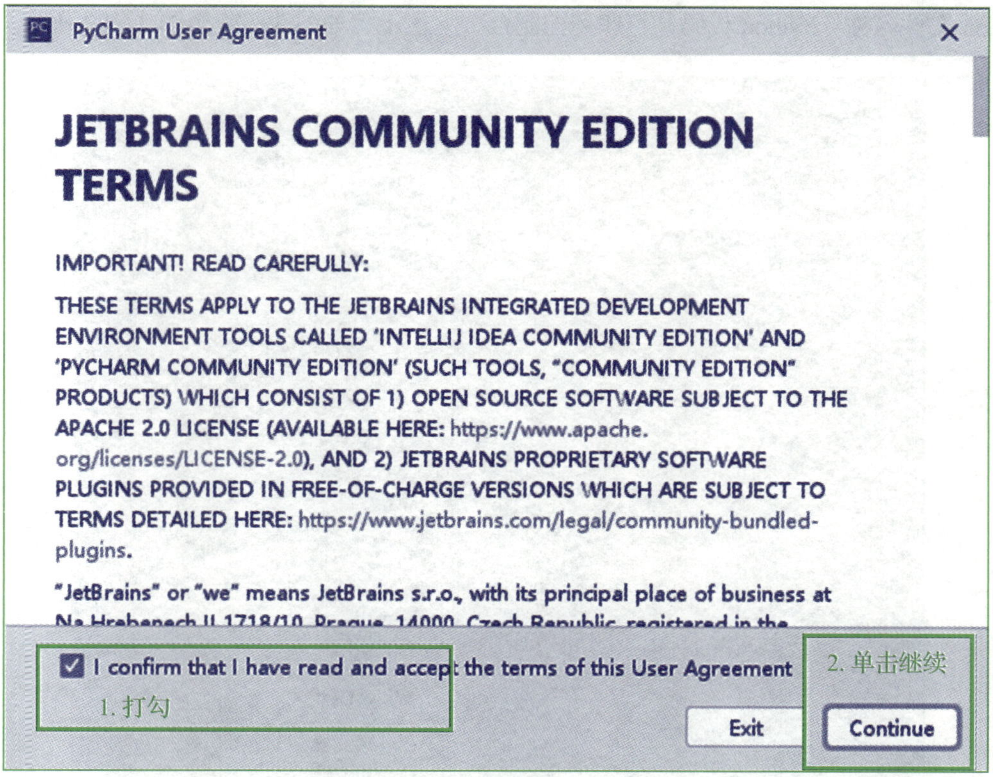

图 3-74　同意协议

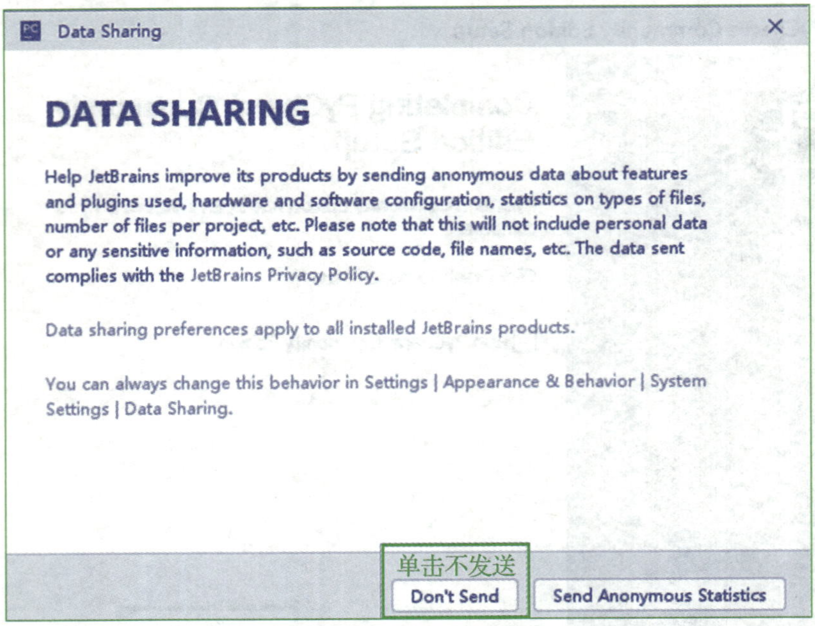

图 3－75　不进行数据共享

（3）打开 PyCharm，单击“New Project”开始创建新工程，在“New Project”窗口的“Location”中选择工程存放路径，在“Previously configured interpreter”下的“Interpreter”中添加本地解释器，单击“ Create”按钮创建。通过右键菜单新建 Python 文件，输入 Python 文件名称、Python 代码并打印到控制台。上述步骤如图 3－76 至图 3－82 所示。

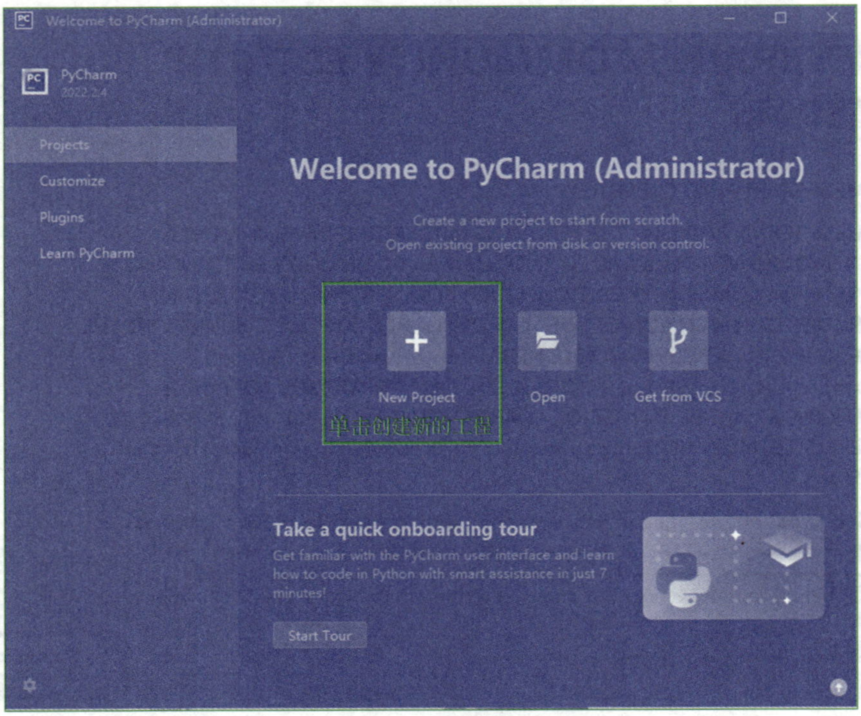

图 3－76　创建新工程

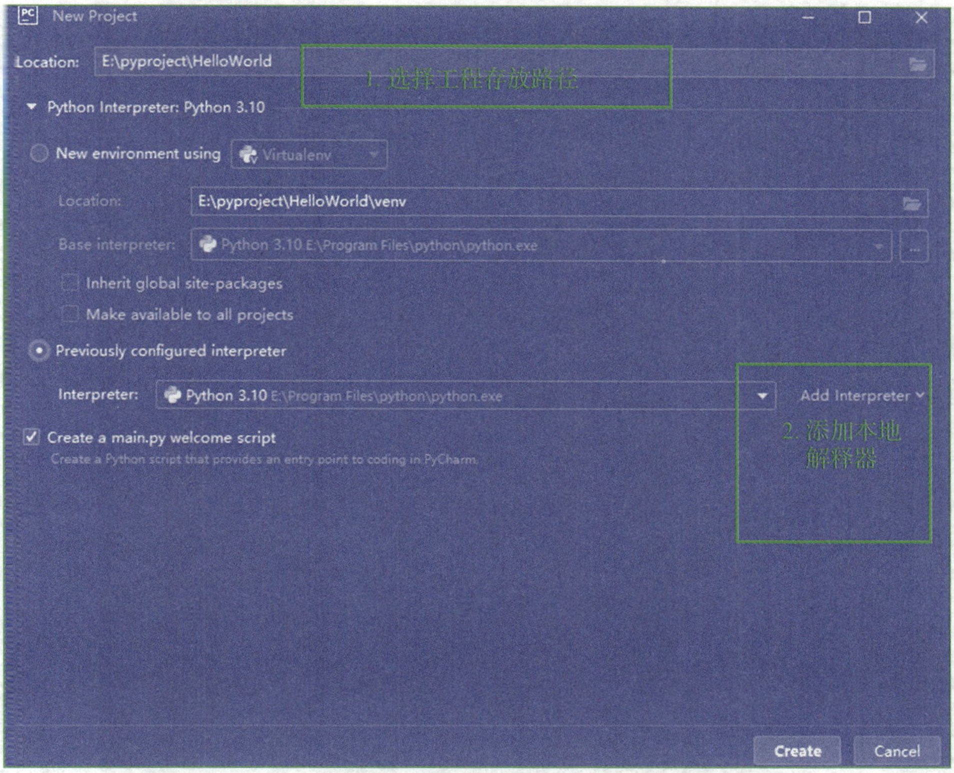

图3-77　选择工程存放路径并添加本地解释器

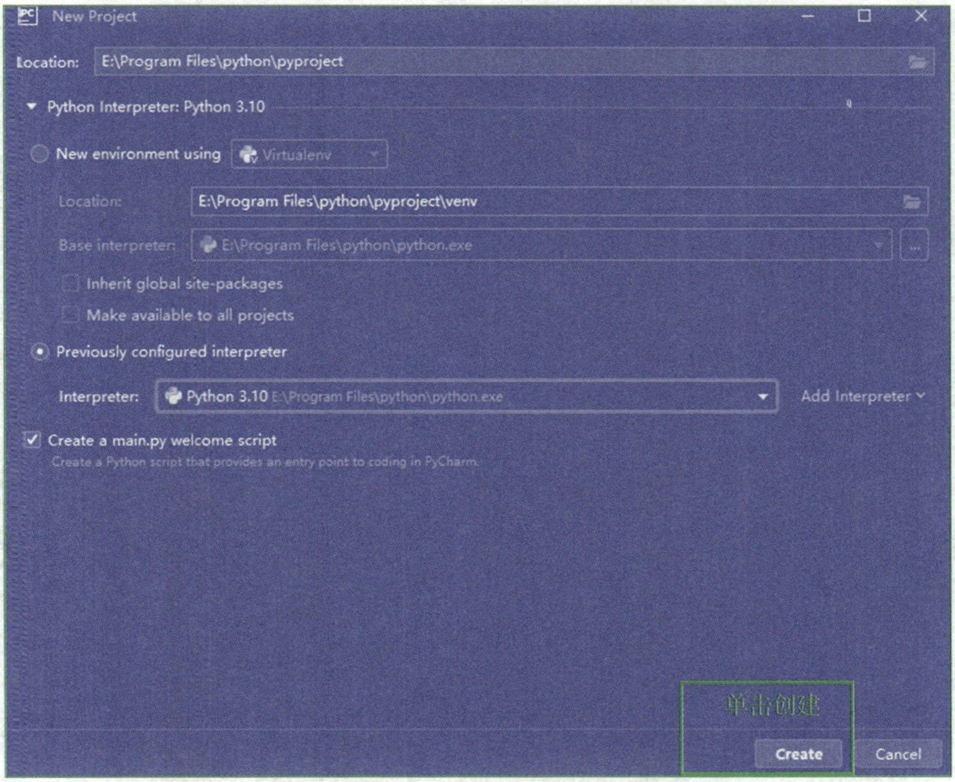

图3-78　单击“Create”按钮

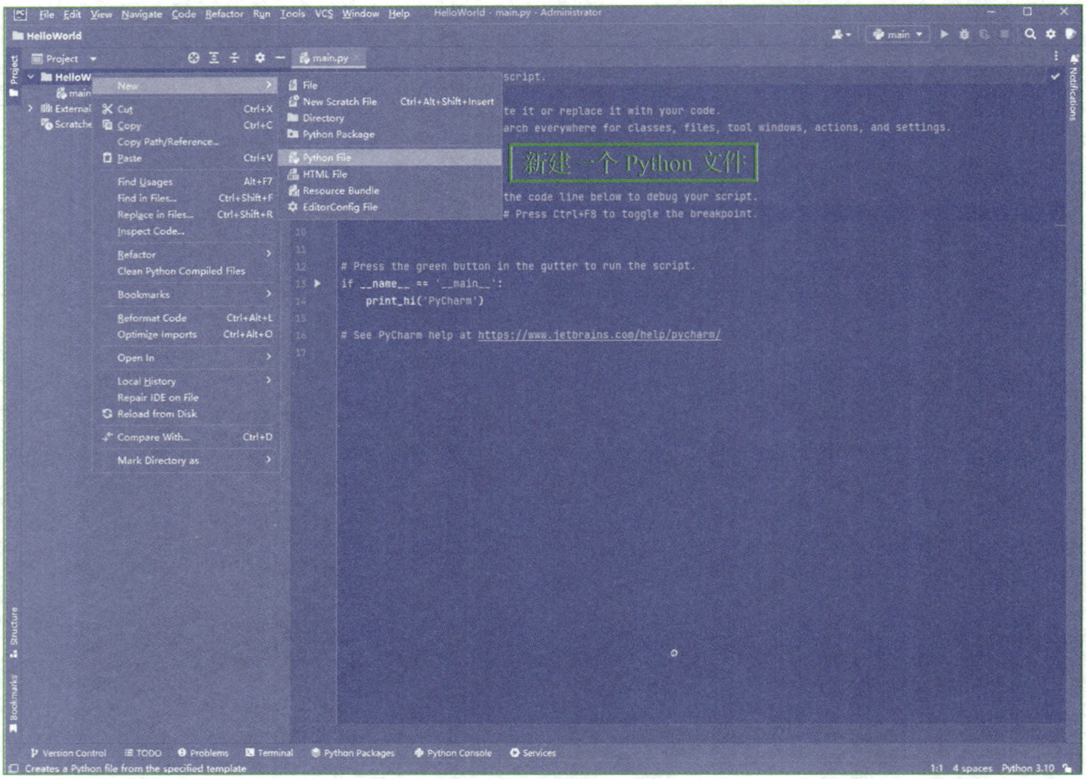

图 3－79　创建 Python 文件

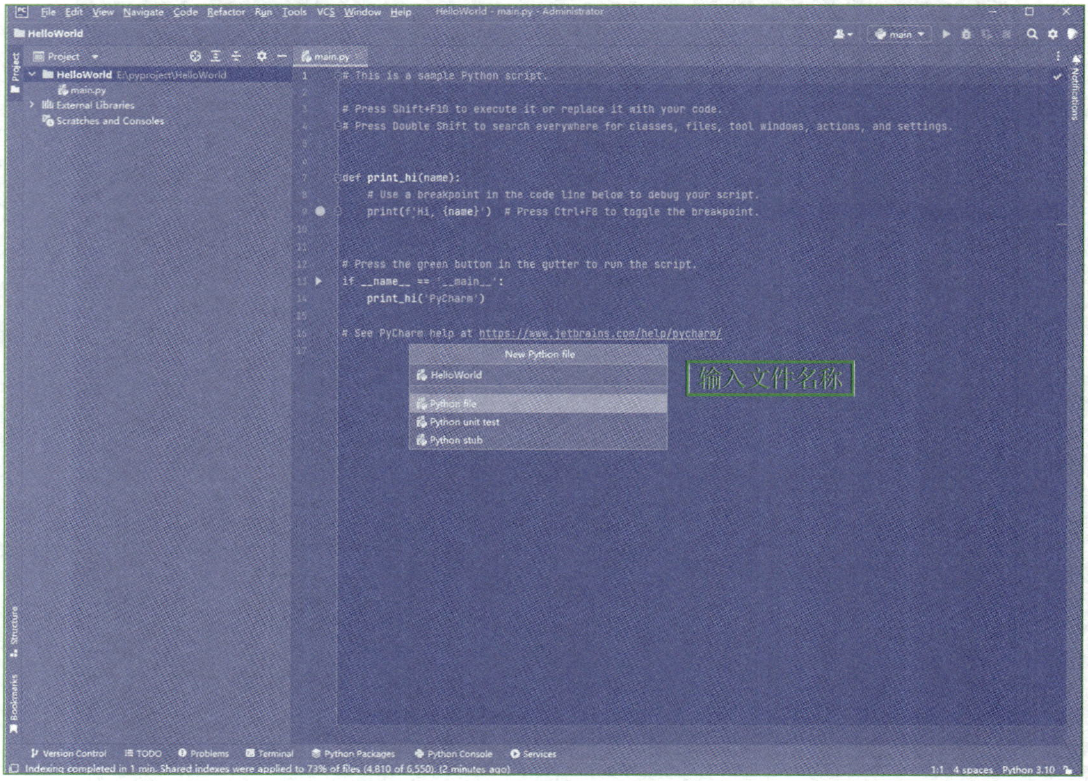

图 3－80　输入 Python 文件名称

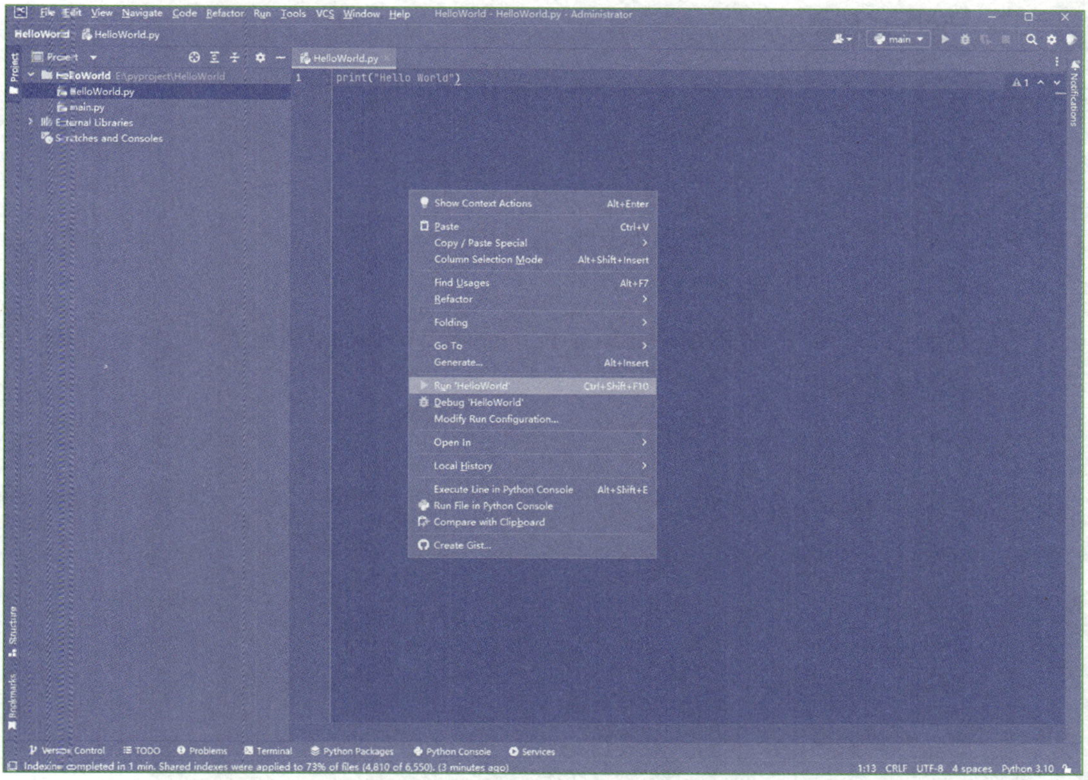

图 3－81 输入 Python 代码

图 3－82 运行结果

二、Python 环境的应用

3.14 Python 环境的应用

本实训使用 Python 实现 WordCount 程序。

1. 训练要点

（1）熟悉 PyCharm。

（2）进行 Python 编程。

2. 需求说明

使用 PyCharm 编写 Python 版 WordCount 并运行。

3. 实现思路及步骤

```
#代码如下
txt = "hello spark hello hadoop hello hive"
words = txt.split()  #按照空格将文本分割
counts = {}
for word in words:  #统计单词出现的次数，并存储到 counts 字典中
    counts[word] = counts.get(word, 0) + 1
items = list(counts.items()) #将字典转换为列表，以便操作
items.sort(key=lambda x: x[1], reverse=True)  #排序
for i in range(3):
    word, count = items[i]
    print("{0:<10}{1:>5}".format(word, count))

#运行结果如下

hello        3
spark        1
hadoop       1
```

实训拓展

实训一仅运行了 WordCount 示例程序，感兴趣的读者可以使用 Python、Java 实现 WordCount，对比这两种编程语言实现代码的优点和缺点。实训二使用 Python 实现 Spark 的 WordCount，感兴趣的读者可以使用 Java、Scala 实现。实训三使用 Spark sql 全量读取 MySQL 表数据并写入 Hive，Sqoop 也可以实现相应的功能，感兴趣的读者可以使用 Sqoop 实现实训三中数据迁移的部分。

小结

本模块介绍了大数据支撑技术，包括虚拟化技术、云计算、Hadoop、HDFS、MapReduce、Spark、Hive，还介绍了 Hadoop、Spark、Hive、Python 等常用软件的安装方法及应用案例，有助于读者更好地理解大数据基本知识，为后续深入学习大数据技术奠定良好的实践基础。

习题

一、选择题

1. 以下关于 Hadoop 的说法，错误的是（　　）。

A. Hadoop 是基于 Java 语言开发的，只支持 Java 语言编程

B. Hadoop 的核心是 HDFS 和 MapReduce

C. Hadoop MapReduce 是针对谷歌 MapReduce 的开源实现，通常用于大规模数据集的并行计算

D. Hadoop 2.0 增加了 NameNode HA 和 Wire-compatibility 两个重大特性

2. 以下组件中，（　　）不是 Hadoop 生态系统的组件。

A. HDFS　　B. Oracle　　C. Hbase　　D. MapReduce

3. HDFS 的 HA 是指（　　）。

A. 高容错性　　B. 高可用性　　C. 高吞吐率　　D. 高可靠性

4. HDFS 的核心组件是（　　）和 DataNode。

A. block　　B. NameNode　　C. Secondary NameNode　　D. worker

5. MapReduce 充分体现了（　　）的思想，即把一个复杂的任务拆分成小的任务并行处理，从而提高任务的处理速度。

A. 化繁为简　　B. 先合后分　　C. 分而治之　　D. 化整为零

6. （　　）是基于内存的分布式计算框架。

A. Spark　　B. MapReduce　　C. Kafka　　D. Flume

二、简答题

1. 大数据与云计算的关系是什么？

2. Hadoop 的优势有哪些？

3. 列举大数据目前的应用场景，思考其未来还可以应用在哪些方面。

4. 简述 HDFS 和 MapReduce 的主要功能。

三、实操题

1. 尝试安装 Hadoop 分布式集群。

2. 尝试安装 PyCharm 环境。

模块 4

大数据采集与预处理

知识目标

✧ 了解大数据采集的相关概念及采集方法分类。
✧ 了解网络爬虫常用技术。
✧ 了解大数据预处理中数据清洗、数据集成、数据规约和数据转换的概念和方法。
✧ 了解大数据采集和预处理的常用工具。

能力目标

✧ 理解网络爬虫采集的技术和方法。
✧ 会选择合适的大数据预处理的技术防范措施。
✧ 会使用爬虫工具进行网页内容的抓取。
✧ 会使用 kettle 工具实现大数据的预处理过程。

素质目标

✧ 培养学生利用科学方法和计算工具解决问题的思维方式。
✧ 培养学生的团队协作精神。
✧ 培养学生实事求是的工作作风，能够做到具体问题具体分析。

学习重点

✧ 大数据采集的实现方法和相关技术。
✧ 大数据预处理的实现方法和相关技术

学习难点

✧ 网络数据爬取技术的实现。

✧ 大数据预处理方法的具体实现。

本模块首先介绍了大数据采集的相关概念及方法，对网络爬虫技术进行了详细介绍；其次介绍了大数据预处理的概念以及数据清洗、数据集成、数据转换和数据规约等主要处理方法；最后设计了相应的实训项目。

4.1 大数据采集

数据采集技术就是对数据进行 ETL 操作，挖掘数据的潜在价值。大数据采集是指从传感器和智能设备、企业在线系统、企业离线系统、社交网络和互联网平台等获取数据的过程。数据包括 RFID 数据、传感器数据、用户行为数据、社交网络交互数据及移动互联网数据等各种类型的结构化、半结构化及非结构化的海量数据。大数据采集与传统的数据采集不同，不但数据源的种类多，数据的类型繁杂，数据量大，而且数据产生的速度快，传统的数据采集方法无法胜任。大数据采集技术面临着许多技术挑战，既要保证数据采集的可靠性和高效性，又要避免重复数据。

4.1.1 大数据采集方法

1. 数据库采集

传统企业一般采用传统的关系型数据库，如 MySQL、Oracle 等来存储业务数据，随着大数据时代的到来，HBase、Redis 和 MongoDB 等非关系型数据库逐渐应用于数据采集。企业可以通过在采集端部署大量数据库，并在这些数据库之间进行负载均衡和分片来完成大数据采集工作。

2. 系统日志采集

系统日志采集主要是收集公司业务平台日常产生的大量日志数据，供离线和在线的大数据分析系统使用。高可用性、高可靠性、可扩展性是日志收集系统具有的基本特征。目前使用广泛的、能应用于系统日志采集的海量数据采集工具主要有 Hadoop 框架中的 Apache Flume 以及 Scribe 等。这些工具均采用了分布式架构，能够满足每秒数百 MB 的日志数据采集和传输的需求。

3. 感知设备数据采集

感知设备数据采集是指通过传感器、摄像头和其他智能终端自动采集信号、图片或录像等数据。大数据智能感知系统需要实现对结构化、半结构化、非结构化的海量数据的智能化识别、定位、跟踪、接入、传输、信号转换、监控、初步处理和管理等。其关键技术包括针对大数据源的智能识别、感知、适配、传输、接入等。

4. 网络数据采集

网络数据采集是指通过网络爬虫或网站公开 API 等方式从网站上获取数据的过程。网络爬虫会从一个或若干初始网页的 URL 开始，获取各个网页上的内容，并且在抓取网页的过程中，不断从当前页面上抽取新的 URL 放入队列，直到满足设置的停止条件为止。

这样可将非结构化数据、半结构化数据从网页中提取出来，存储在本地的存储系统中。在互联网时代，网络爬虫主要用于为搜索引擎提供全面的、时效性强的数据；在大数据时代，网络爬虫是从互联网采集数据的一种有效工具。目前已知的各种网络爬虫工具已有上百种，接下来们将针对互联网的数据爬取方法和原理进行详细介绍。

4.1.2 网络爬虫简介

1. 网络爬虫

网络爬虫（web spider）又称网络机器人、网络蜘蛛，是一种通过既定规则，自动获取网页信息的程序或脚本。爬虫的目的在于将目标网页的数据下载至本地，以便进行数据分析。

2. 网页

网络爬虫与网页密切相关，因此了解网页的相关知识是非常有必要的。互联网网页之间通过多个超链接连接，形成一个互相关联、复杂庞大的有向图。从理论上讲，通过遍历算法遍历该有向图，可访问互联网上几乎所有的网页。

打开任意网页（如 https://www.baidu.com），单击鼠标右键，在弹出的快捷菜单中选择“检查”选项，即可查看该网页结构的相应代码，如图 4－1 所示。该网页的上半部分为 HTML 文件，下半部分为 CSS 样式。用户浏览的网页是浏览器渲染后的结果。

在浏览器中将网页切换到“新闻”页面（https://news.baidu.com），单击鼠标右键，在弹出的快捷菜单中选择“查看网页源代码”选项，即可查看该网页的源代码，如图 4－2 所示。

通过浏览器访问网页，本质上是对 HTTP 服务器的请求，浏览器上呈现的和控制台显示的都是 HTTP 服务器对用户请求的响应。

HTTP 采取的是请求响应模型，该协议由客户端发起请求，由服务器进行响应。通常，HTTP 消息包括客户机向服务器的请求消息和服务器向客户机的响应消息。一次 HTTP 操作称为一个事务，其执行过程可分为 4 个步骤。

（1）客户端与服务器需要建立连接，例如，单击某个超链接，HTTP 的工作就开始了。

（2）建立连接后，客户端发送一个请求给服务器。

（3）服务器接到请求后，给予相应的响应信息。

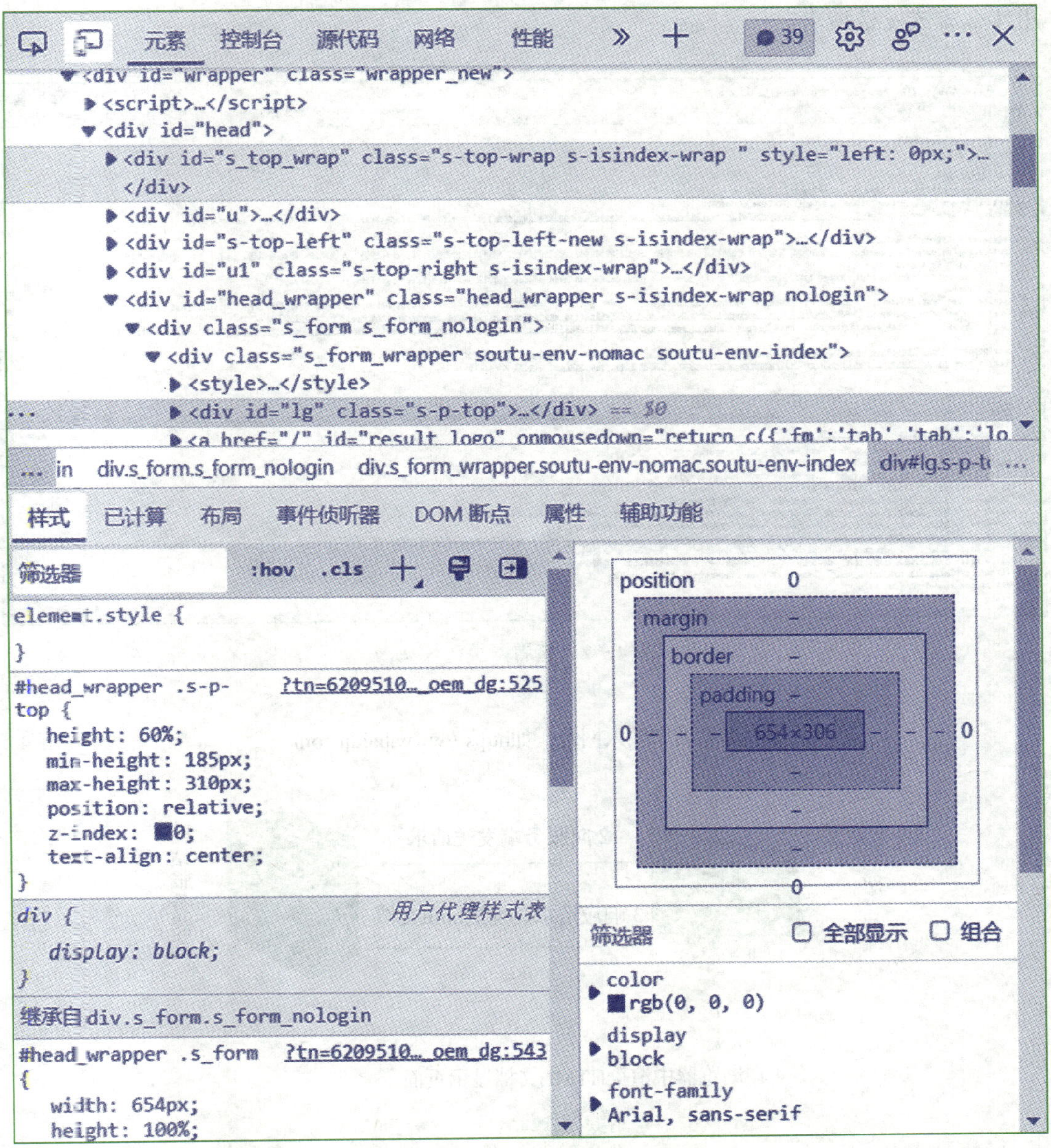

图 4-1　检查网页结构

（4）客户端接收服务器返回的信息，通过浏览器将信息显示在用户的显示屏上，随后，客户端与服务器断开连接。

上述 4 个步骤可通过图 4-3 来体现。

如果某一步出现错误，那么错误的信息将返回客户端，在输出端显示屏上输出，这些过程都是由 HTTP 协议来完成的。

网页请求的方式一般分为 GET 和 POST 两种。GET 是最常见的请求方式，一般用于获取或者查询资源信息。POST 与 GET 相比，多了以表单形式上传参数的功能，除了能够查询信息外，还可以修改信息。因此，在书写爬虫程序前要明确向谁发送请求，以及用什么方式发送请求。

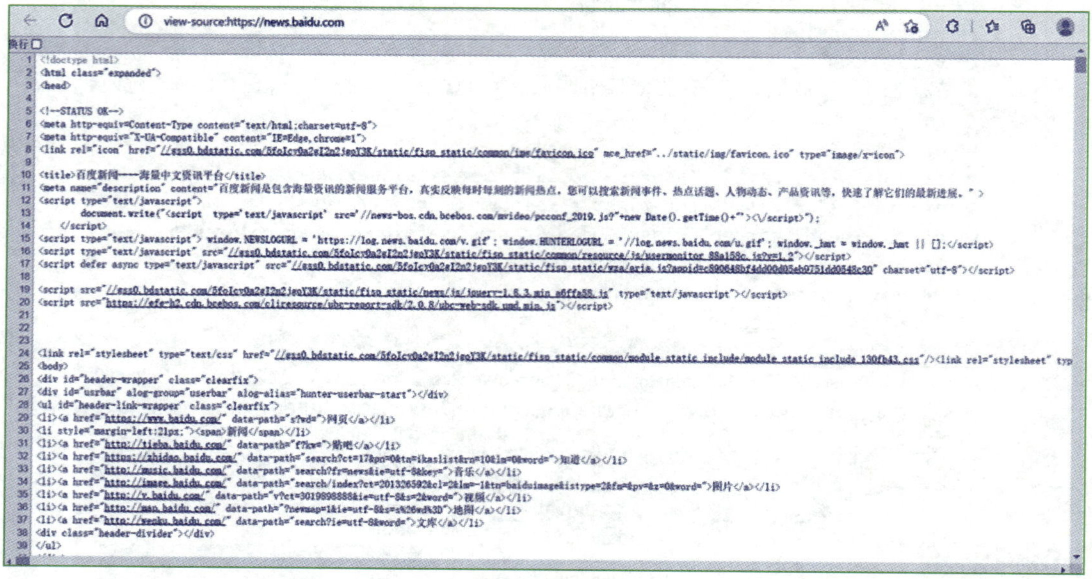

图 4－2　查看网页源代码

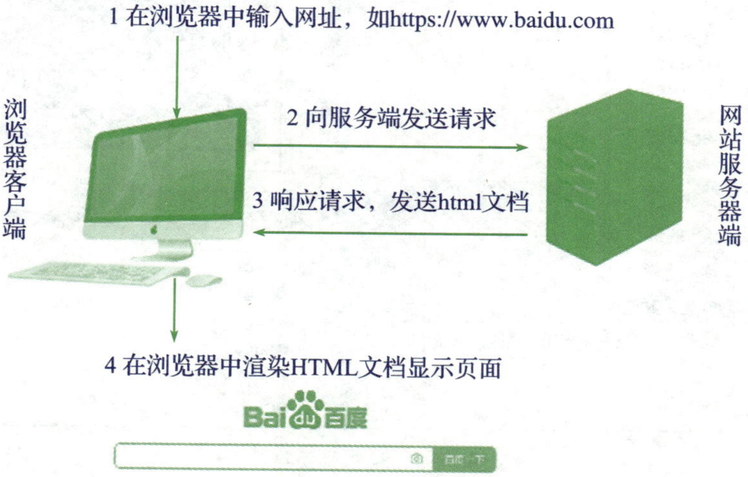

图 4－3　网页请求和响应的过程

从网络爬虫的角度来说，互联网中的所有网页主要包含已下载未过期的网页、已下载已过期的网页、待下载网页、可知网页和不可知网页共 5 个部分。

抓取到本地的网页实际上是互联网内容的一个镜像与备份。由于互联网是动态变化的，当互联网上的部分内容发生改变后，已抓取到本地的网页内容就过期了。因此，已下载的网页分为已下载未过期的网页和已下载已过期的网页两种类型。待下载网页是指待抓取 URL 队列中的页面。可知网页是指还没被抓取下来，也没在待抓取 URL 队列中，但可以通过对已抓取页面或者待抓取 URL 对应页面进行分析从而获取的网页。还有一部分网页，是网络爬虫无法直接抓取下载的，称为不可知网页。

3. 网络爬虫的基本工作流程

网络爬虫的基本工作流程如图 4－4 所示。

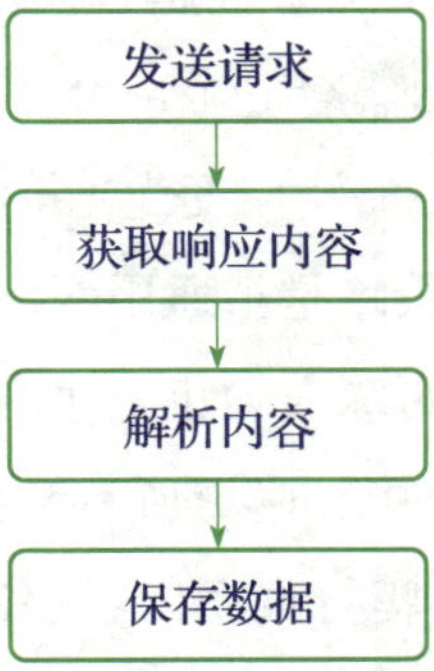

图 4－4　网络爬虫的基本工作流程

（1）发送请求。

通过 HTTP 库向目标站点发起请求，然后等待服务器响应。这个请求的过程就像用户打开浏览器，在浏览器地址栏输入网址“ https://www.baidu.com”，然后按“ Enter”键。即浏览器作为客户端向服务器端发送了一次请求。

（2）获取响应内容。

如果服务器能正常运行，用户会得到一个响应，响应的内容便是所要获取的内容，可能包括 HTML、Json 字符串、二进制数据（图片、视频等）等类型。

（3）解析内容。

解析得到的内容可能是 HTML，可以使用正则表达式、网页解析库进行解析；也可能是 Json，可以直接转为 Json 对象解析；如果是二进制数据，则可以保存起来或者进行进一步处理。

（4）保存数据。

保存数据的形式很多，可以保存为文本，也可以保存到数据库，或者保存为特定的格式文件（如 jpg、mp4 格式）。

4.1.3　网络爬虫的分类

1. 通用网络爬虫

通用网络爬虫又称“全网爬虫”（Scalable Web Crawler），爬行对象从一些种子 URL 扩充到整个 Web，主要为门户站点搜索引擎和大型 Web 服务提供商采集数据。由于商业原因，它们的技术细节很少公布出来。这类网络爬虫的爬行范围和数量巨大，对于爬行速度和存储空间要求较高，对于爬行页面的顺序要求相对较低。由于待刷新的页面太多，因此通常采用并行工作方式，但需要较长的时间才能刷新一次页面。虽然存在一定缺陷，但是通用网络爬虫可以为搜索引擎搜索广泛的主题，有较强的应用价值。传统的搜索引擎（Baidu 和 Google 等）便是一种大型的、复杂的网络爬虫，属于通用网络爬虫的范畴。

通用网络爬虫的结构大致可以分为页面爬行模块、页面分析模块、链接过滤模块、页面数据库、URL 队列、初始 URL 集合 6 个部分。为提高工作效率，通用网络爬虫会采取一定的爬行策略，如深度优先策略、广度优先策略。

（1）深度优先策略：深度优先策略是指通用网络爬虫按照深度由低到高的顺序，依次访问下一级网页链接，直到不能再深入为止。通用网络爬虫在完成一个爬行分支后返回上一链接节点进一步搜索其他链接。遍历所有链接之后，爬行任务结束。这种策略比较适合垂直搜索或站内搜索，但爬行页面内容层次较深的站点时会造成资源的巨大浪费。

（2）广度优先策略：广度优先策略是指通用网络爬虫按照网页目录层次深浅来爬行页面，处于较浅目录层次的页面首先被爬取。当同一层次中的页面被爬行完毕后，通用网络爬虫再深入下一层继续爬行。这种策略能够有效控制页面的爬行深度，避免遇到一个无穷深层分支时无法结束爬行的问题。该策略实现方便，无须存储大量中间节点；不足之处在于需较长时间才能爬行到目录层次较深的页面。

2. 聚焦网络爬虫

聚焦网络爬虫（Focused Crawler）又称“主题网络爬虫”（Topical Crawler），是指选择性地爬行那些与预先定义好的主题相关的页面的网络爬虫。

和通用网络爬虫相比，聚焦网络爬虫只需要爬行与主题相关的页面，极大地节省了硬件和网络资源，保存的页面也由于数量少而实现快速更新，并且可以很好地满足特定人群对特定领域信息的需求。

和通用网络爬虫相比，聚焦网络爬虫增加了链接评价模块和内容评价模块。聚焦网络爬虫爬行策略实现的关键是评价页面内容和链接的重要性，由于不同的方法计算出的重要性不同，因此导致链接的访问顺序也不同。

（1）基于内容评价的爬行策略：DeBra 将文本相似度的计算方法引入网络爬虫，提出了 Fish Search 算法，将用户输入的查询词作为主题，包含查询词的页面被视为与主题相关，其局限性在于无法评价页面与主题相关度的高低。Herseovic 对 Fish Search 算法进行了改进，提出了 Sharksearch 算法，利用空间向量模型计算页面与主题的相关度。

（2）基于链接结构评价的爬行策略：Web 页面作为一种半结构化文档，包含很多结构信息，可用来评价链接重要性。PageRank 算法最初用于搜索引擎信息检索中对查询结果进行排序，也可用于评价链接重要性，具体做法就是每次选择 PageRank 值较大的页面中的链接来访问。另一个利用 Web 结构评价链接价值的方法是 HITS 方法，它通过计算每个已访问页面的 Authority 权重和 Hub 权重，来确定链接的访问顺序。

（3）基于增强学习的爬行策略：Rennie 和 McCallum 将增强学习引入聚焦网络爬虫，利用贝叶斯分类器，根据整个网页文本和链接文本对超链接进行分类，为每个链接计算重要性，从而确定链接的访问顺序。

（4）基于语境图的爬行策略：Diligenti 等人提出了一种通过建立语境图（Context Graphs）学习网页之间的相关度的方法，即训练一个机器学习系统，可以计算当前页面到相关 Web 页面的距离，优先访问距离最近的页面中的链接。印度理工大学（IIT）和 IBM 研究中心的研究人员开发了一个典型的聚焦网络爬虫，该爬虫对主题的定义既不是采用关键词，也不是加权矢量，而是一组具有相同主题的网页。它包含两个重要模块：一个是分类器，用来计算所爬行的页面与主题的相关度，确定是否与主题相关；另一个是净化器，用来识别通过较少链接连接到大量相关页面的中心页面。

3. 增量式网络爬虫

增量式网络爬虫（Incremental Web Crawler）是指对已下载的网页进行增量式更新，只爬行新产生的或者已经发生变化的网页的爬虫，它能够在一定程度上保证所爬行的页面是尽可能新的页面。和周期性爬行的刷新页面的网络爬虫相比，增量式网络爬虫只会在需要的时候爬行新产生或产生更新的页面，并不重新下载没有发生变化的页面，可有效减少数据下载量，及时更新已爬行的网页，减小时间和空间上的耗费，但是增加了爬行算法的复杂度和实现难度。

增量式网络爬虫有两个目标：一是保持本地页面集中存储的页面为最新页面；二是提高本地页面集中页面的质量。

为实现第一个目标，增量式网络爬虫需要通过重新访问网页来更新本地页面集中的页面内容，常用的方法有以下 3 种：

（1）统一更新法：网络爬虫以相同的频率访问所有网页，不考虑网页的改变频率。

（2）个体更新法：网络爬虫根据个体网页的改变频率重新访问各页面。

（3）基于分类的更新法：网络爬虫根据网页改变频率将其分为更新较快网页子集和更新较慢网页子集两类，然后以不同的频率访问这两类网页。

为实现第二个目标，增量式网络爬虫需要对网页的重要性排序，常用的策略有广度优先策略、PageRank 优先策略等。

4. 深层网络爬虫

Web 页面按存在方式可以分为表层网页（Surface Web）和深层网页（Deep Web）。表层网页是指传统搜索引擎可以索引的页面，以超链接可以到达的静态网页为主构成的 Web 页面。深层网页是指大部分内容不能通过静态链接获取的、隐藏在搜索表单后的、需要用户提交一些关键词才能获得的 Web 页面。例如，用户注册后才可见的网页就属于深层网页。通常，深层网页中可访问的信息容量比表层网页多得多。

深层网络爬虫体系包含 6 个基本功能模块（爬行控制器、解析器、表单分析器、表单处理器、响应分析器、LVS 控制器）和两个爬虫内部数据结构（URL 列表、LVS 表）。其中，LVS（Label Value Set）表示标签 / 数值集合，是指填充表单的数据源。

Deep Web 爬虫爬行过程中，所完成的最重要的工作就是表单填写，包含以下两种类型：

（1）基于领域知识的表单填写：此方法一般会维持一个本体库，通过语义分析来选取合适的关键词填写表单。

（2）基于网页结构分析的表单填写：此方法一般无领域知识或仅有有限的领域知识，将网页表单表示成 DOM 树，从中提取表单各字段值。

实际上，网络爬虫系统通常是以上几种爬虫技术相结合实现的。

4.1.4 网络爬虫常用技术

1. Requests

Requests 是使用 Python 语言编写的，基于 urllib，采用 Apache2 Licensed 开源协议的 HTTP 库。它比 urllib 更加方便，可以帮助开发者节约大量的时间，完全满足 HTTP 测试需求。Requests 实现了 HTTP 协议中的绝大部分功能，它提供的功能包括 Keep-Alive、连接池、Cookie 持久化、内容自动解压、HTTP 代理、SSL 认证、连接超时、Session 等，更重要的是它同时兼容 Python2 和 Python3。

2. Beautiful Soup

Beautiful Soup 是 Python 的一个库，主要功能是从网页抓取数据。Beautiful Soup 提供了一些简单的、Python 式的函数，用于导航、搜索、修改分析树等。它是一个工具箱，通过解析文档为用户提供需要抓取的数据，正因为简单，所以不需要多少代码就可以写出一个完整的应用程序。Beautiful Soup 支持 Python 标准库中的 HTML 解析器，以及第三方的解析器。如果用户不安装 Beautiful Soup，那么 Python 会使用默认的解析器。

3. lxml

lxml 是使用 Python 语言编写的库，主要用于解析和提取 HTML 或者 XML 格式的数据，具有功能丰富、使用便捷的特点，可以利用 XPath 语法快速定位特定的元素或节点。与 Beautiful Soup 相比，lxml 解析器更加强大、速度更快。Lxml 还可以和 Requests、beautiful soup 结合使用。

4. Scrapy

Scrapy 是一个使用 Python 语言编写的开源网络爬虫框架，属于高级的 Python 爬虫框架，目前主要用于抓取 Web 站点并从页面中提取结构化的数据。

Scrapy 具有简单、灵活、跨平台的特点，在 Linux 及 Windows 平台上都可以使用。目前，Scrapy 框架支持 Python2.7 及 Python3 以上的版本。

4.2 大数据预处理方法

现实世界中的大数据大体上是不完整、不一致的“脏”数据，无法直接进行数据挖掘，或挖掘结果差强人意。为提高数据挖掘的质量，人们研发了数据预处理技术。数据的预处理是指对采集的数据进行分类，或分组前所做的审核、筛选、排序等必要的处理。数据预处理主要包括数据清洗、数据集成、数据转换和数据规约等。通过这些预处理方法，可以有效地清除冗余的数据、纠正错误的数据、完善不完整的数据，从而筛选出有效的数据，达到数据挖掘的目的。

4.2.1 数据清洗

数据清洗是指对数据进行重新审查和校验的过程，目的在于清除重复数据、纠正错误数据、保证数据的完整性等，最终获得高质量的数据，提高数据的可用性。

一般来说，数据清洗是将数据库精简，去除重复记录，并将剩余部分数据转换成标准可接收格式的过程。数据清洗标准模型是将数据输入到数据清洗处理器，通过一系列步骤来“清理”，然后以期望的格式输出清理后的数据。数据清洗从数据的准确性、完整性、一致性、唯一性、适时性、有效性方面来处理数据的丢失值、越界值、不一致代码、重复内容等。

数据清洗一般针对具体应用，因此难以总结归纳统一的方法和步骤，不过根据数据不同可以给出相应的数据清洗方法。

1. 缺失数据清洗

数据缺失是最常见的问题。缺失数据产生的原因多种多样，主要分为机械原因和人为原因。机械原因包括数据收集失败或数据保存失败。如存储器损坏、机械故障导致某段时间数据未能收集（对于定时数据采集而言）。人为原因包括人的主观失误、历史局限或有意隐瞒。比如，在市场调查中被访人拒绝透露相关问题的答案，或者回答的答案无效；数据录入人员漏录了数据。对于缺失数据的处理，总体上分为删除缺失值记录和填补缺失值内容两种。

（1）删除缺失值记录。

如果一条记录中有缺失值，则将该条记录直接删除。删除法是对缺失值进行处理的原始方法，该方法会牺牲大量数据，通过减少历史数据来换取完整的信息，可能丢失很多隐藏的重要信息。当缺失数据比例很小时，可直接删除缺失记录。当缺失数据比例较大时，特别是缺失数据非随机分布时，直接删除可能会导致数据偏离。例如，原本的正态分布变为非正态分布，对这样的数据进行分析，很可能得出错误结论。因此，在样本量较少且缺失太多时，不建议删除缺失值记录。

（2）填补缺失值内容。

该方法是用一定的值来填补缺失的值，即以最可能的值来插补缺失值，与删除缺失值记录的方法相比信息丢失少。数据挖掘工作面对的通常是大型数据库，其属性有几十个甚至几百个，若因为一个属性值的缺失而放弃大量的其他属性值，则是对信息的极大浪费。

对于缺失值的填补，可以针对具体的应用场景采用不同的方式。例如，可以利用默认值（固定值）进行填充，即对一个属性的所有缺失值，都使用一个事先确定好的值（如 0 或 9 999）来填充，使用默认值填充时需仔细分析填充后的影响，尽量避免对最终的挖掘结果造成较大的误差。除了可以用默认值填充，还可以用同一指标的计算结果（均值、中位数、众数等）来填充。例如，客户的平均收入为 5 000 元，则可用该值来填充“收入”这一列其他的缺失值。另外，还可以采用模型填充法，即结合已有数据，利用回归分析、贝叶斯公式或者决策树等建立预测模型，推断出该缺失值最有可能的取值进行填充。例如，可以利用数据集中其他顾客的属性值来构建决策树，从而预测“收入”这一列的缺失值。该方法较为常用，与其他方法相比，它能够最大限度地利用当前数据所包含的信息来协助预测缺失的数据。

此外，在数据预处理阶段，对于含有缺失值的数据记录不做处理，也是一种解决思路。很多模型对于缺失值有容忍度或灵活的处理方法，因此在预处理阶段可以不做处理。

2. 重复数据清洗

重复数据清洗，又称为“数据去重”，该过程能够减少重复的数据，提高数据的质量。重复的数据是冗余数据，应当删除。数据清洗是一个反复的过程，只有不断发现问题、解决问题，才能完成数据的去重工作。可采用模糊匹配算法来清除重复数据。

3. 噪声数据清洗

噪声数据是指数据集中存在的错误或者异常的数据。产生噪声数据的原因有多种，比如数据采集设备有问题，数据录入过程中发生了人为或设备错误，数据传输过程中发生错误等。处理噪声数据时，需要先辨别哪些是真正的噪声数据。对于有固定业务规则的，可以直接套用业务规则；对于没有固定业务规则的，可以采用常见的数学模型进行判断，包括基于概率分布的模型（如正态分布的标准差范围）、基于统计的方法（如分位数法）、基于聚类的方法（如 KMeans）、基于分类的方法（如 KNN）、基于密度的方法（如 LOF）等。噪声数据的定义带有较强的主观判断色彩，需要根据实际情况选择。目前，用于噪声数据清洗的技术主要有聚类、统计、回归、分箱等。

4.2.2 数据集成

在数据挖掘的过程中，需要的数据往往分布在不同的数据源，数据集成是指将来自多个数据源的数据按照一定的规则有机地合并，构成一个完整数据集的过程。将不同来源、格式、特点、性质的数据在逻辑上或物理上有机地集中，旨在为企业提供全面的数据共享。在企业数据集成领域，已有很多成熟的框架可以利用。通常借助联盟数据库系统、中间件模式和数据仓库来构造集成系统，这些技术可以基于不同重点和应用解决数据共享问题，并为企业提供决策支持。

1. 联盟数据库系统（FDBS）

联盟数据库系统由半自治数据库系统构成，彼此分享数据，联盟各数据源之间相互提供访问接口，同时联盟数据库系统可以是集中式数据库系统或分布式数据库系统及其他联盟式系统。在这种模式下，又分为紧耦合和松耦合两种情况，紧耦合提供统一的访问模式，一般是静态的，在增加数据源上比较困难；而松耦合则不提供统一的接口，但可以通过统一的语言访问数据源，其核心工作是必须解决所有数据源语义上的问题。

2. 中间件模式

中间件模式通过统一的全局数据模型来访问异构的数据库、遗留系统、Web 资源等。中间件位于异构数据源系统（数据层）和应用程序（应用层）之间，向下协调各数据源系统，向上为访问集成数据的应用提供统一数据模式和数据访问的通用接口。各数据源的应用仍然是完成它们自己的任务，中间件系统则主要集中为异构数据源提供高层次检索服务。

中间件模式是比较流行的数据集成方法，它通过在中间层提供统一的数据逻辑视图来隐藏底层的数据细节，使用户可以把集成数据源看为统一的整体。这种模型下的关键问题是如何构造这个逻辑视图并使不同数据源映射到这个中间层。

3. 数据仓库

数据仓库是在企业管理和决策中面向主题的、集成的、与时间相关的和不可修改的数据集合。其中，数据被归类为广义的、功能上独立的、没有重叠的主题。这几种方法在一定程度上解决了应用之间的数据共享和互通的问题，但也存在以下问题：联盟数据库系统主要面向多个数据库系统的集成，其中数据源有可能要映射到每一个数据模式，当集成的系统很大时，将给实际开发带来很大困难。

数据仓库技术可在另外一个层面上表达数据之间的共享，它主要是针对企业某个应用领域提出的一种数据集成的方法，也就是前面提到的面向主题并为企业提供数据挖掘和决策支持的系统。

4.2.3 数据转换

数据转换是把原始数据转换成适合数据挖掘的形式，是大数据预处理中不可或缺的一环，包括数据类型转换、数据语义转换、数据值域转换、数据粒度转换、表 / 数据拆分、行列转换、数据离散化、提炼新字段、属性构造、数据压缩等。数据转换常用于数据存储和机器学习中，常见的转换方式是对各种文本的转换，如将 JSON 文件转换为纯文本文件。

数据转换的形式主要有数据平滑、数据聚集、数据泛化和数据规范化等。

1. 数据平滑

除去数据中的噪声，主要方法有 Bin 方法、聚类方法、回归方法。

2. 数据聚集

对数据进行集中汇总或合计操作。例如，对每天的销售额进行合计操作以获得每月或每年的销售总额。这个操作常用于构造数据立方或对数据进行多维度分析。

3. 数据泛化

用更抽象或更高层次的概念来取代低层次的概念。例如，街道属性就可以泛化到更高层次的概念，如城市、国家。对于数值型的属性，如年龄属性，也可以泛化到更高层次的概念，如青年、中年、老年。

4. 数据规范化

对特征数据进行缩放，将原始数据映射到指定的区域或范围中，以消除数值型属性因大小不一致而导致的挖掘结果的偏差。例如，将某一数值型属性映射到 0 ～ 1 范围内。

值得注意的是，在数据转换的过程中，应当充分考虑数据的损耗，不能不顾一切地对数据进行转换，否则可能会严重扭曲数据的内涵。

4.2.4 数据规约

对大规模数据进行分析，通常需要耗费大量的时间，数据清洗与数据集成无法改变数据集的规模，数据规约则可降低数据规模。数据规约的主要目的是从原有大规模数据集中获得一个精简的数据集，并使这一精简的数据集保持原有数据集的完整性。这样便可提高在精简数据集上进行数据挖掘和分析的效率，并能保证分析结果与使用原有大规模数据集所获得的结果基本相同。

数据规约的方法主要包括以下 4 种：

1. 维度规约

数据集中的数据可能包含成百上千的属性，这些属性中的一部分是与数据挖掘任务无关的或冗余的。维度规约的作用就是通过消除无关的或冗余的属性来缩小数据集的规模。常用的方法有属性子集选择、小波变换和主成分分析。属性子集选择的目标是找出最小的属性子集，将不相关、弱相关或冗余的属性合并或删除，从而减少数据量。小波变换和主成分分析都是通过把原始数据变换或投影到较小的空间来对数据进行降维。

2. 数据压缩

数据压缩就是通过数据编码或数据转换将原来的数据集压缩为一个较小规模的数据集。若仅仅根据压缩后的数据集就可以恢复原来的数据集，那么就认为这一压缩是无损的，否则就是有损压缩。在数据挖掘领域常用的两种数据压缩方法均是有损的，它们是主要素分析法和离散小波变换法。其中，主要素分析法能更好地对稀疏数据进行压缩，而离散小波变换法更适合对高维数据进行压缩处理。

3. 数值规约

数值规约主要包括参数与非参数两种方法。参数方法就是用一个模型来协助计算进而获得原来的数据，因此只需要存储模型的参数即可，不需要存放实际数据，如回归（线性回归和多元回归）和对数线性模型。而非参数方法则需要存放实际数据，如直方图、聚类、抽样（采样）。

4. 数据立方体聚集

数据立方体聚集可帮助人们将低粒度的数据分析聚合成汇总粒度的数据分析。人们认为表中最细的粒度是一个最小的立方体，在此上的每个高层次的抽象都能形成一个更大的立方体。数据立方体聚集就是将细粒度的属性聚集到粗粒度的属性。

4.3 数据预处理工具

数据预处理离不开软件工具的支持，业界已经开发了多种数据预处理工具，用户可以根据预处理工具的性能、对平台的支持度、对数据源的支持度以及是否具有良好的集成性和开放性等因素来选择。下面介绍几种常用的数据预处理工具。

4.3.1 Kettle

Kettle是一款开源的ETL工具，纯Java编写，可以在Windows、Linux、Unix等操作系统上运行。它支持图形化的用户界面，在数据抽取、数据清洗、数据转换、数据过滤等方面有着比较稳定的表现。Kettle的意思是“水壶”，该项目的主程序员MATT希望把各种数据放到一个虚拟的壶里，然后以一种指定的格式流出。目前，Kettle已经更名为PDI（Pentaho Data Integration）。要处理不同数据源的异构数据，就要求PDI能够进行图形化操作，在UI界面上对数据源进行数据治理，最终所有的图形化处理都要能够保存为PDI可识别的文件。PDI主要生成两种类型的文件：一种是转换文件（transformation），另一种是任务文件（job），transformation用于完成针对数据的基础转换，job用于完成整个工作流的控制。这两种文件可以相互调用，以达到最终的数据清洗目的。

4.3.2 OpenRefine

OpenRefine 是一款开源的数据处理工具，可以实现对数据的清洗和转换等。OpenRefine 主要用于对 Excel、HTML 等结构型数据进行数据清洗、修正、分类、排序、筛选与整理，可以以数据库的形式进行列和字段操作，功能强大，便于操作。如图 4－5 所示为 OpenRefine 的工作界面。

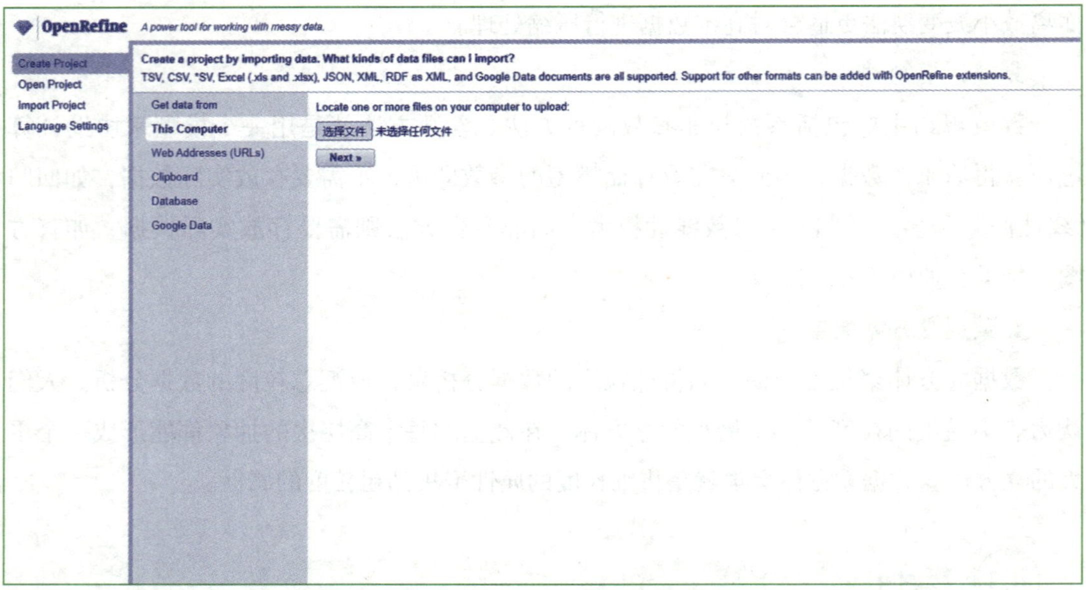

图 4－5　OpenRefine 的工作界面

4.3.3 Beeload

Beeload 是由北京灵蜂纵横软件有限公司研发的一款 ETL 工具，将数据抽取、清洗、转换及装载融为一体，通过标准化企业各个业务系统产生的数据，向数据仓库提供高质量的数据，从而助力企业高层基于数据仓库做出正确决策。

Beeload 的特点：支持绝大多数主流数据接口；通过图形操作界面辅助用户完成数据抽取、转换、装载等规则的设计；支持对抽取数据进行切分、过滤等操作。

4.4 实训

网络爬虫一直是 Python 的一大应用场景，几乎每门语言都可以编写出网络爬虫程序，但是更多的程序员选择了 Python，这是因为 Python 具有简洁的语法以及良好的可读性。本节将介绍如何使用 Python 编写一个简单的爬虫程序，然后利用网络爬虫程序获取数据，再进行数据预处理。这里选用的数据预处理工具为 PDI。

实训一 利用爬虫获取数据

利用网络爬虫获取数据之前要明确一个基本事实：网络爬虫是建立在网络之上的，所以网络爬虫的基础就是网络请求。简单的网络爬虫就是利用网络请求获取数据，也可以对请求的数据进行一些简单的处理。为了获取网站数据，Python 提供了封装好的 requests 模块。

1. 训练要点

应用 requests 模块获取网页。

2. 需求说明

通过百度网站的网址（https://www.baidu.com）获取百度网站首页的 HTML 数据，并将 HTML 数据显示到屏幕上。

4.1 利用爬虫获取数据

3. 实现思路及步骤

（1）导入 requests 包。

（2）确定要爬取的网站网址。

（3）获取的网站网页内容。

代码如下：

```
说明：# 后为注释部分
import requests
target = 'https://www.baidu.com/'
req = requests.get(url=target)
print(req.content.decode('utf-8'))
```

网页内容如下：

```
<!DOCTYPE html>
<!--STATUS OK--><html><head><meta http-equiv=content-type content=text/html;charset=utf-8><meta http-equiv=X-UA-Compatible content=IE=Edge><meta content=always name=referrer><link rel=stylesheet type=text/css href=http://s1.bdstatic.com/r/www/cache/bdorz/baidu.min.css><title>百度一下，你就知道</title></head><body link=#0000cc><div id=wrapper><div id=head><div class=head_wrapper><div class=s_form><div class=s_form_wrapper><div id=lg><imghidefocus=true src=//www.baidu.com/img/bd_logo1.png width=270 height=129></div><form id=form name=f action=//www.baidu.com/s class=fm><input type=hidden name=bdorz_come value=1><input type=hidden name=ie value=utf-8><input type=hidden name=f value=8><input type=hidden name=rsv_bp value=1><input type=hidden name=rsv_idx value=1><input type=hidden name=tn value=baidu><span class="bgs_ipt_wr"><input
```

```
id=kw name=wd class=s_ipt value maxlength=255 autocomplete=off autofocus></span><span class="bgs_
btn_wr"><input type=submit id=su value= 百度一下 class="bgs_btn"></span></form></div></div><div
id=u1><a href=http://news.baidu.com name=tj_trnews class=mnav> 新闻 </a><a href=http://www.hao123.
com name=tj_trhao123 class=mnav>hao123</a><a href=http://map.baidu.com name=tj_trmap class=mnav> 地
图 </a><a href=http://v.baidu.com name=tj_trvideo class=mnav> 视频 </a><a href=http://tieba.baidu.com name=
tj_trtieba class=mnav> 贴吧 </a><noscript><a href=http://www.baidu.com/bdorz/login.gif?login&amp;tpl=
mn&amp;u=http%3A%2F%2Fwww.baidu.com%2f%3fbdorz_come%3d1 name=tj_login class=lb> 登录 </a>
</noscript><script>document.write('<a href="http://www.baidu.com/bdorz/login.gif?login&tpl=mn&u='+
encodeURIComponent(window.location.href+ (window.location.search === "" ? "?" : "&")+ "bdorz_
come=1")+ '" name="tj_login" class="lb"> 登 录 </a>');</script><a href=//www.baidu.com/more/ name=tj_
briicon class=bri style="display: block;"> 更多产品 </a></div></div></div><div id=ftCon><div id=ftConw>
<p id=lh><a href=http://home.baidu.com> 关于百度 </a><a href=http://ir.baidu.com>About Baidu</a></
p><p id=cp>&copy;2017 Baidu <a href=http://www.baidu.com/duty/> 使用百度前必读 </
a>  <a href=http://jianyi.baidu.com/ class=cp-feedback> 意 见 反 馈 </a>  京 ICP 证 030173
号   <imgsrc=//www.baidu.com/img/gs.gif></p></div></div></div></body></html>
```

实训二　提取网页中的数据

利用 Python 的第三方插件 Beautiful Soup 库来提取 xml 或 HTML 中的数据。

4.2 提取网页中的数据

1. 训练要点

（1）下载并安装 Beautiful Soup 库。

（2）熟悉 Beautiful Soup 库的基本用法。

2. 需求说明

获取网站的 HTML 数据之后，利用 Beautiful Soup 库对这些数据进行分析，如获取所有链接、获取特定的 URL 地址、获取段落文字。

3. 实现思路及步骤

（1）在命令行模式下输入以下命令安装 Beautiful Soup 库：

```
pip install beautifulsoup4
```

（2）使用 Beautiful Soup 库解析“实训一”中获取的 HTML 文件。

代码如下：

```
说明：# 后为注释部分
import requests
from bs4 import BeautifulSoup
target = 'https://www.baidu.com/'
```

```
req = requests.get(url=target)
# 创建一个 BeautifulSoup 解析对象
soup = BeautifulSoup(req.content,"html.parser",from_encoding="utf-8")
# 获取所有的链接
print(" 所有的链接 ")
links = soup.find_all('a')
print(links)
print(" 获取特定的 URL 地址 ")
link_node = soup.find('a',href="https://www.hao123.com")
print(link_node.name,link_node['href'],link_node['class'],link_node.get_text())
print(" 获取 P 段落的文字 ")
p_node = soup.find('p',id='lh')
print(p_node.name,p_node['id'],p_node.get_text())
```

运行结果如下：

```
所有的链接
[<a class="mnav" href="http://news.baidu.com" name="tj_trnews"> 新　闻 </a>, <a class="mnav" href=
"https://www.hao123.com" name="tj_trhao123">hao123</a>, <a class="mnav" href="http://map.baidu.
com" name="tj_trmap"> 地图 </a>, <a class="mnav" href="http://v.baidu.com" name="tj_trvideo"> 视频
</a>, <a class="mnav" href="http://tieba.baidu.com" name="tj_trtieba"> 贴吧 </a>, <a class="lb" href="http:
//www.baidu.com/bdorz/login.gif?login&amp;tpl=mn&amp;u=http%3A%2F%2Fwww.baidu.
com%2f%3fbdorz_come%3d1" name="tj_login"> 登录 </a>, <a class="bri" href="//www.baidu.com/more/"
 name="tj_briicon" style="display: block;"> 更多产品 </a>, <a href="http://home.baidu.com"> 关于百度
</a>, <a href="http://ir.baidu.com">About Baidu</a>, <a href="http://www.baidu.com/duty/"> 使用百度
前必读 </a>, <a class="cp-feedback" href="http://jianyi.baidu.com/"> 意见反馈 </a>]
获取特定的 URL 地址
a https://www.hao123.com ['mnav'] hao123
获取 P 段落的文字
p lh 关于百度 About Baidu
```

实训三　安装数据清洗工具

下载和安装 PDI 工具。

1. 训练要点

（1）下载 PDI 工具。

（2）安装 PDI 工具。

4.3 安装数据清洗工具

2. 需求说明

安装 PDI 工具之前要确认系统中已经安装 JAVA SDK，且版本为 JDK 1.7 以上，Java 环境变量配置（JDK1.8）见表 4 - 1。运行环境满足要求后，方可下载并安装 PDI 工具。

表 4 - 1　Java 环境变量配置

环境变量名称	环境变量值
JAVA_HOME	C:\Program Files\Java\jdk1.8.0_131
CLASSPATH	.;%JAVA_HOME%\lib\dt.jar;%JAVA_HOME%\lib\tools.jar
Path	.;%JAVA_HOME%\bin;%JAVA_HOME%\jre\bin

3. 实现思路及步骤

（1）下载 PDI 工具。

登录 PDI 官方网站下载安装包，这里用 PDI 7.0.0.0-25 版本进行实验。

（2）安装并运行 PDI 工具。

下载的 PDI 安装包名称为 pdi-ce-7.0.0.0-25.zip。将压缩包解压至路径 E:\pdi-ce-7.0.0.0-25\data-integration（以 E 盘为例），在 data-integration 目录中双击 “spoon.bat”，进入 “PDI” 启动界面，如图 4 - 6 所示，表明 PDI 工具已经成功启动。

图 4 - 6　PDI 启动界面

实训四　数据清洗

数据去重是常用的数据清洗形式之一，也属于一种数据规约。数据去重指的是找到数据文件集合中重复的数据并将其删除，只保存唯一的数据单元，从而消除冗余数据。本实训利用 PDI 工具实现数据去重。

4.4 数据清洗

1. 训练要点

（1）掌握 PDI 工具中的 CSV 文件输入功能。

（2）掌握 PDI 工具中的排序功能。

（3）掌握 PDI 工具中的唯一行转换功能。

2. 需求说明

读取 CSV 文件中的学生信息数据，将重复的信息去除，只保留不重复的信息。

3. 实现思路及步骤

（1）启动 PDI 工具，在“New file”中建立一个新的“转换”，并命名为“去重复值”，如图 4-7 所示。

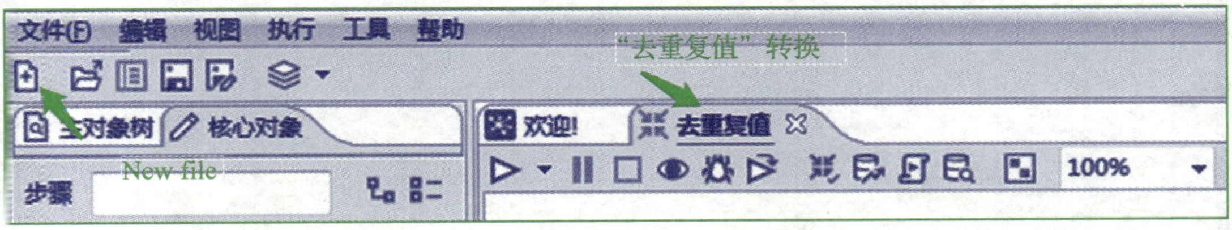

图 4-7　建立“去重复值”转换

（2）拖入“CSV 文件输入”模块，建立 CSV 文件输入功能，如图 4-8 所示。

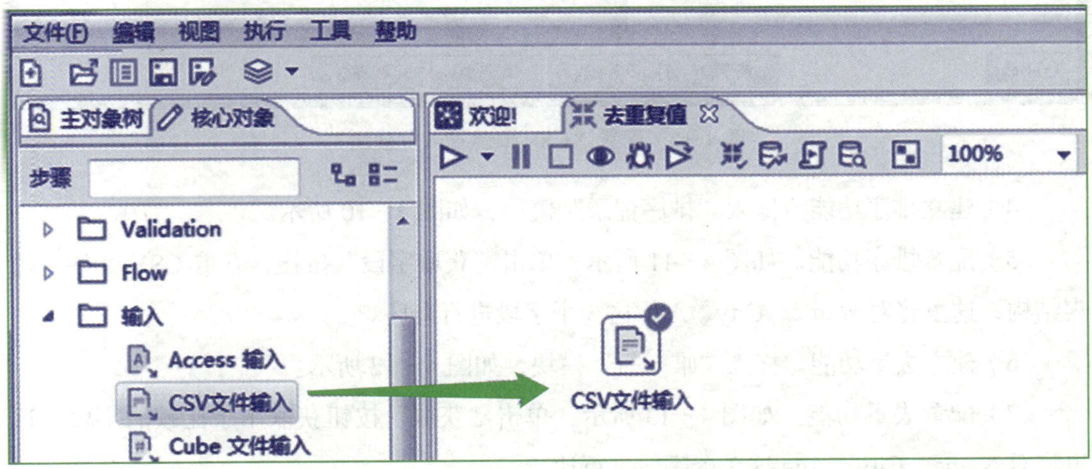

图 4-8　建立 CSV 文件输入功能

（3）双击“CSV 文件输入”模块，并进行配置，如图 4-9 所示。单击“浏览”按钮，配置 CSV 文件地址；单击“获取字段”按钮，获取 CSV 文件中的表结构信息；单击“预览”按钮，查看 CSV 文件中的数据信息。

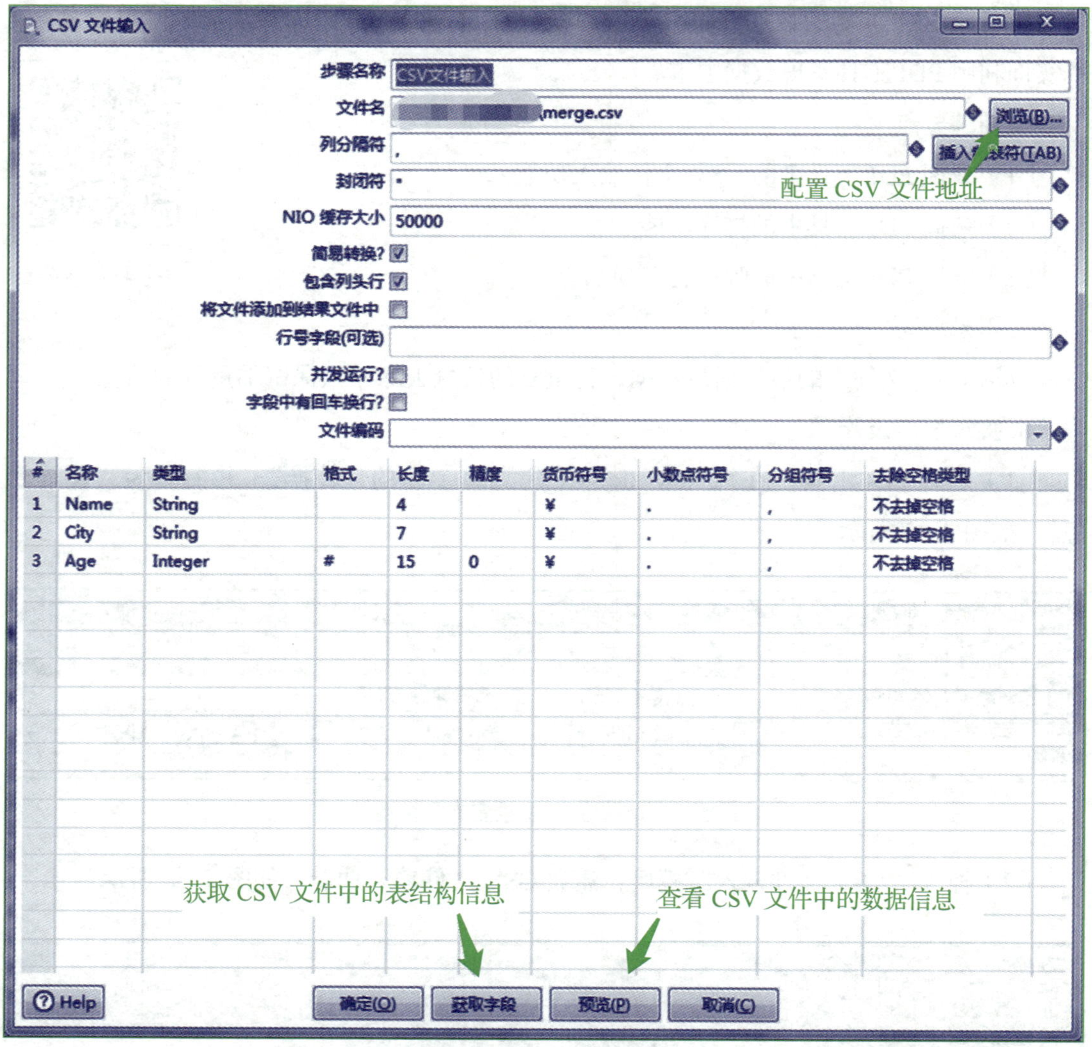

图 4-9　配置“CSV 文件输入”模块

（4）建立排序功能。拖入“排序记录”模块，如图 4-10 所示。

（5）配置排序功能。如图 4-11 所示，单击“获取字段”按钮，获取 CSV 文件中的表结构，这里将对 Name、City、Age 这 3 个字段进行升序。

（6）建立去重功能。拖入“唯一行”模块，如图 4-12 所示。

（7）配置去重功能。如图 4-13 所示，单击“获取”按钮获取用于比较的字段，这里将对 Name、City、Age 这 3 个字段进行比较。

（8）单击“转换”按钮 ▷，开始转换，如图 4-14 所示。

（9）转换结束后，单击“唯一行”模块，可以在执行结果中查看去重结果，如图 4-15 所示。

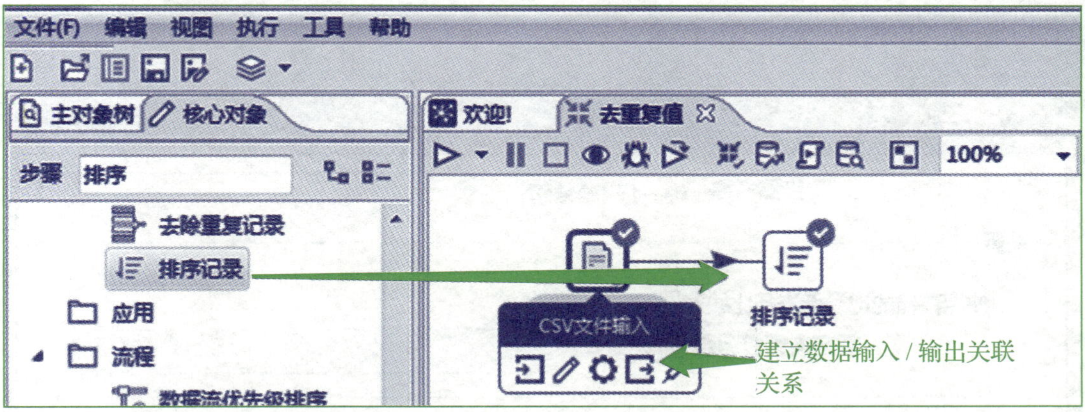

图 4－10　建立排序功能

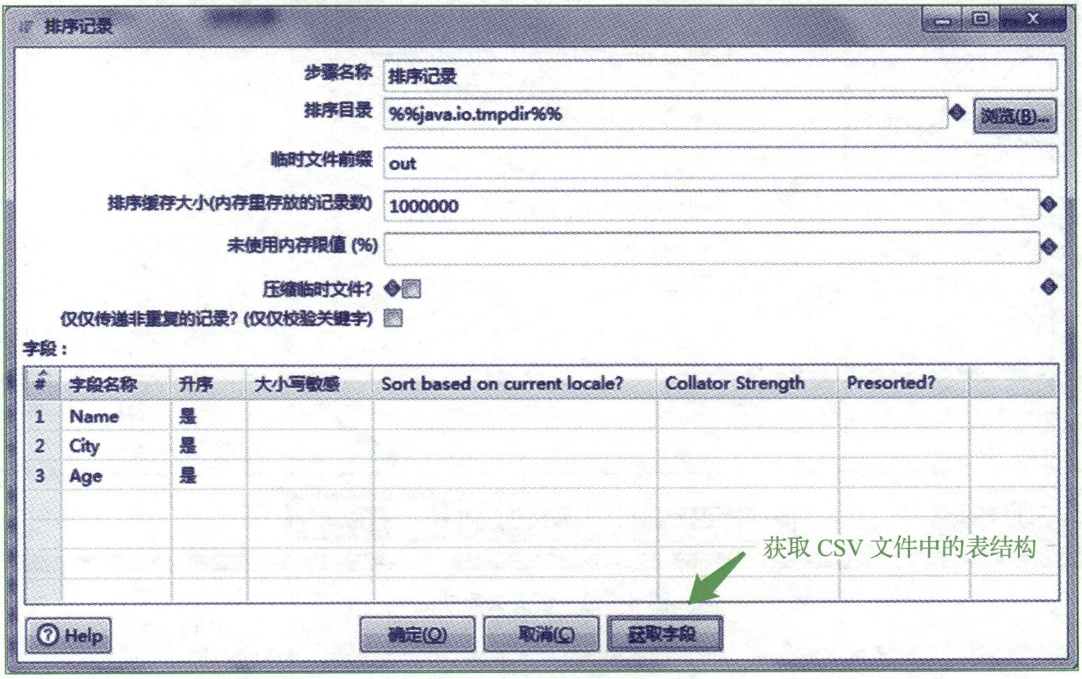

图 4－11　配置排序功能

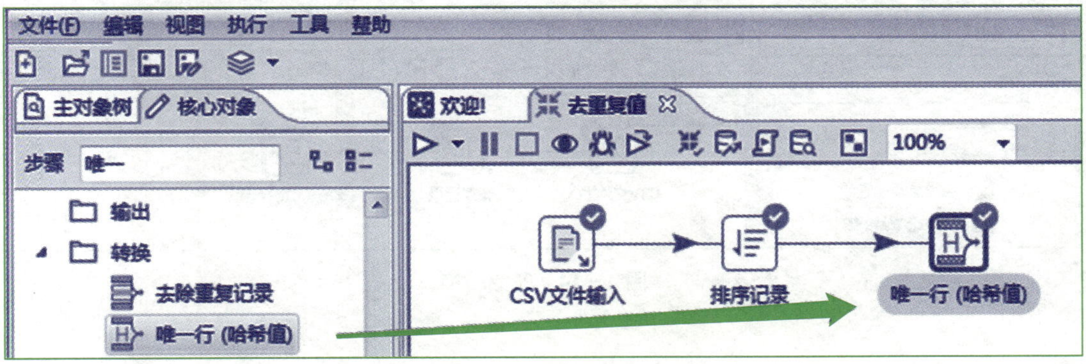

图 4－12　建立去重功能

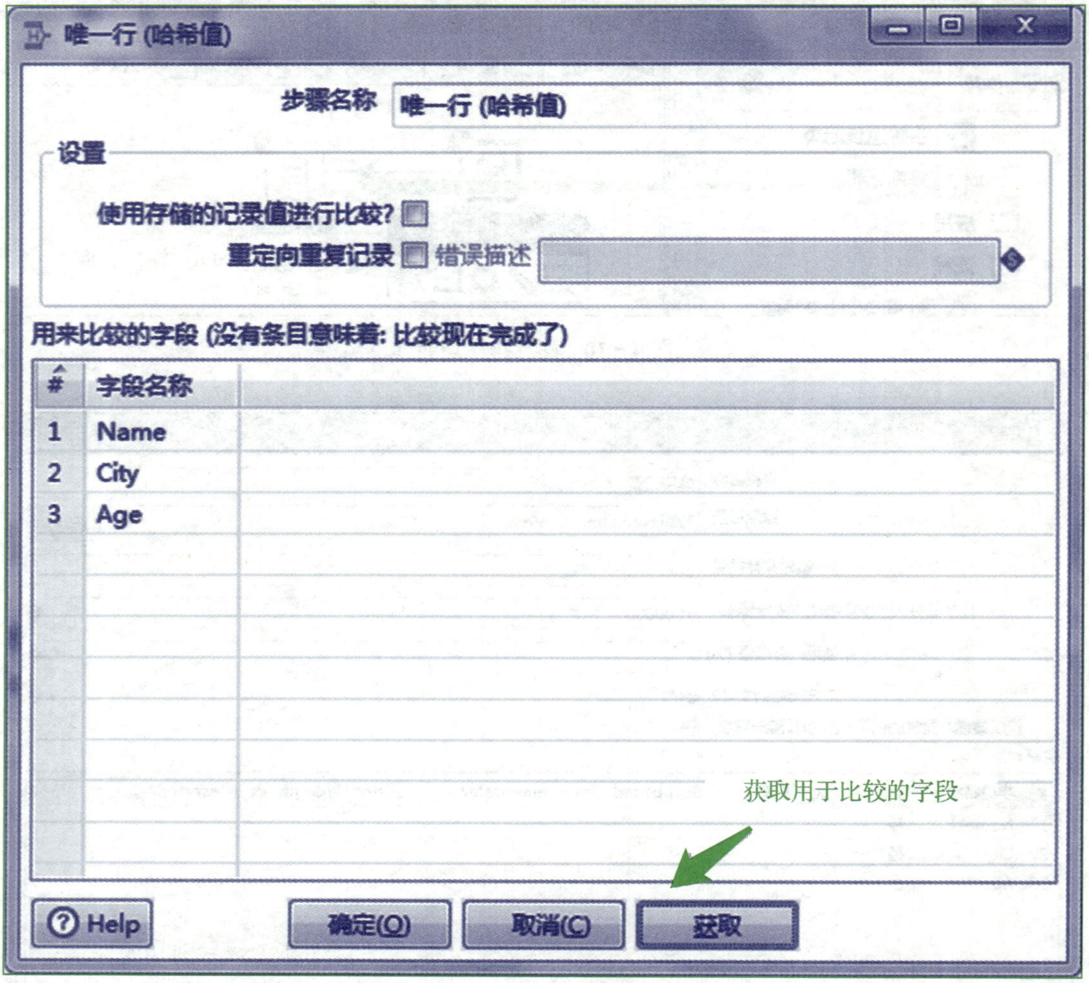

图 4-13　配置去重功能

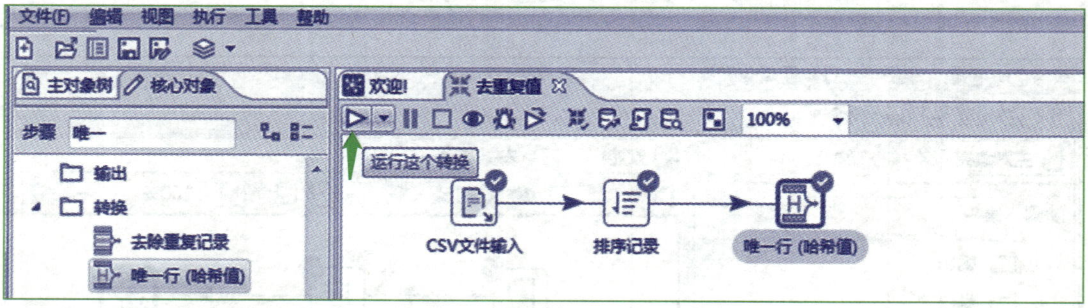

图 4-14　开始转换

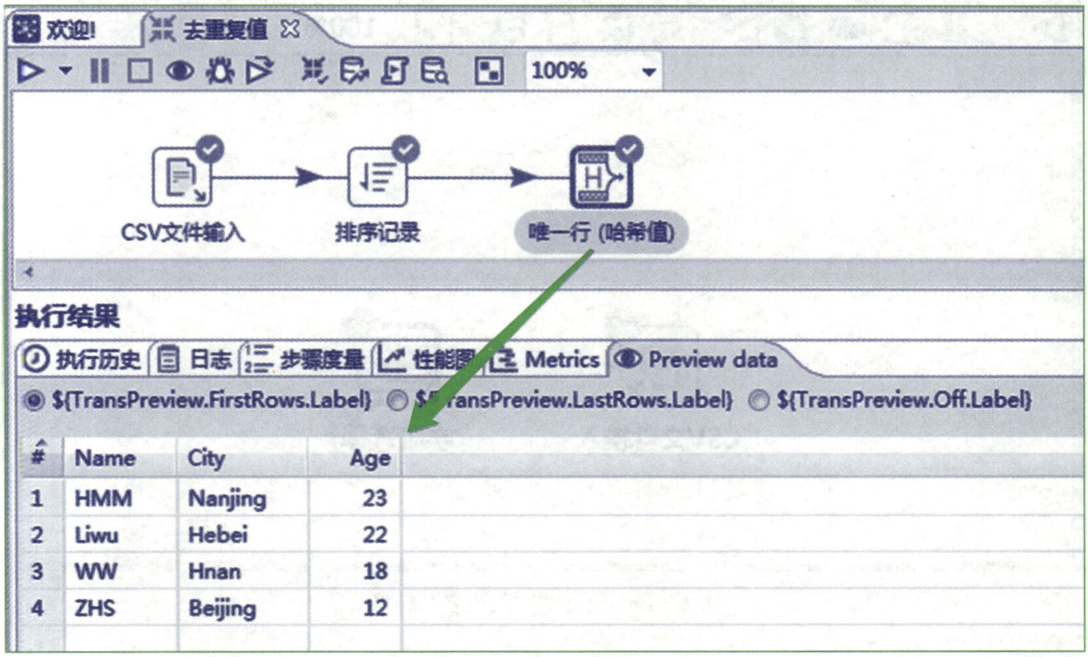

图 4－15　查看结果

实训五　字段更名

字段更名是常用的数据变换集成方法。进行数据变换集成时，数据表的字段信息含义相同，名称却不相同，这时就需要修改字段名称。利用 PDI 工具可以大规模修改字段名称并转换数据的精度和长度。本实训利用 PDI 工具进行字段更名。

4.5 字段更名

1. 训练要点

掌握 PDI 工具的字段选择功能。

2. 需求说明

在实训四的基础上，利用 PDI 工具的字段选择功能变更数据表中的字段名称。

3. 实现思路及步骤

（1）建立“字段更名”转换，如图 4－16 所示。

（2）配置 CSV 文件输入（参考实训四）。

（3）配置字段选择功能。单击“获取选择的字段”按钮，然后在“改名成”中修改字段名称，将 City 改为 Address，如图 4－17 所示。

（4）运行转换，即可得到字段名变更的新数据表，如图 4－18 所示。

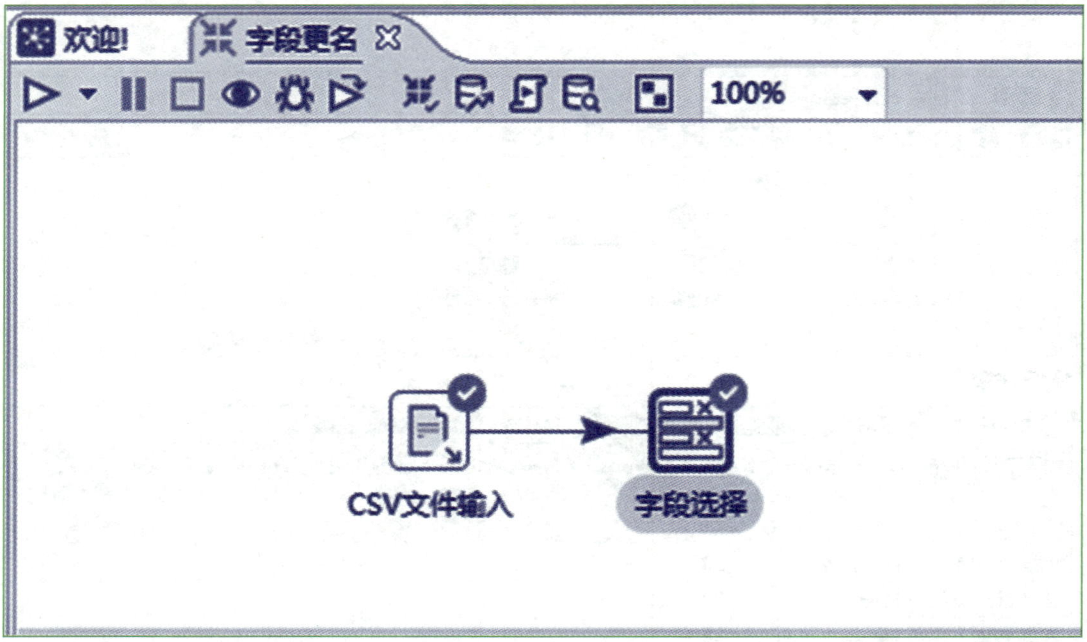

图 4-16　建立"字段更名"转换

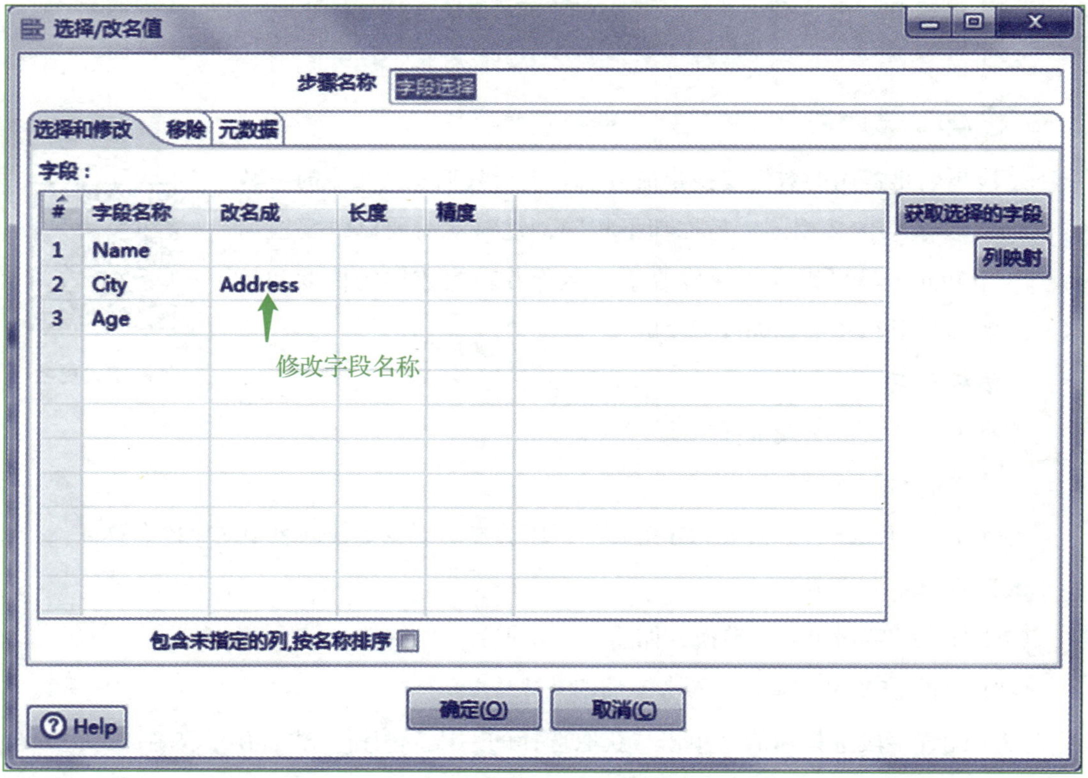

图 4-17　修改字段名称

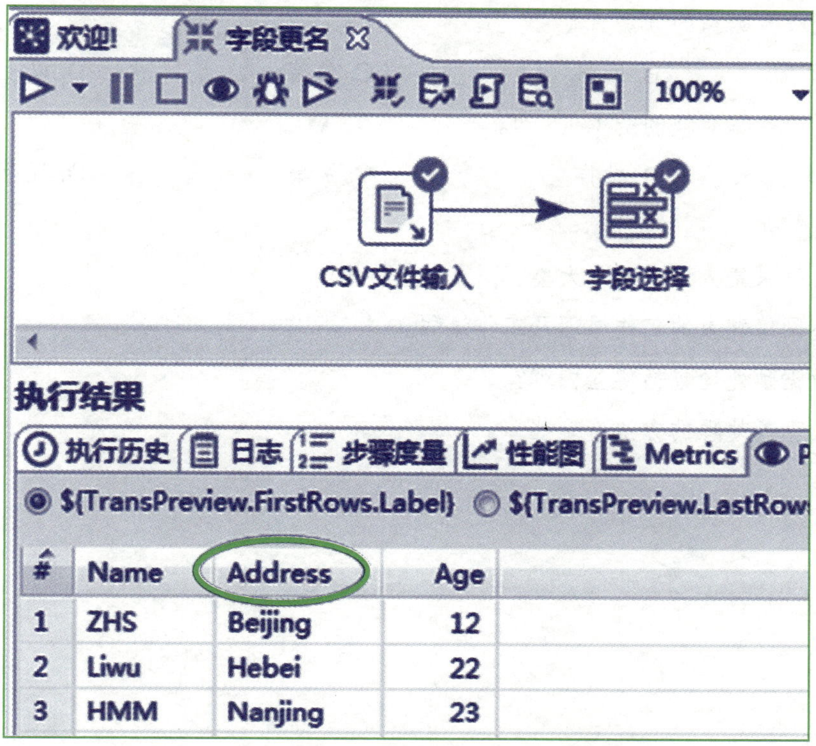

图 4-18　运行结果

小结

本模块介绍了大数据采集以及预处理的基本概念、方法和常用工具等，并进行了入门级的数据采集与预处理实训，为后续学习奠定理论与实践基础。Python 是易于使用且功能强大的编程语言，为大数据应用开发提供了良好的基础。进行大数据预处理时，PDI 是常用工具之一。感兴趣的读者可以深入了解 Python 编程语言以及 PDI 工具在大数据开发中的应用，有助于全面理解大数据采集与预处理的方法。

习题

一、选择题

1. 不属于常见爬虫类型的是（　　）。

A. 通用网络爬虫　B. 增量网络爬虫　C. 浅层网络爬虫　D. 聚焦网络爬虫

2. 关于数据清洗的目的，描述错误的是（　　）。

A. 数据有重复　B. 数据有错误　C. 数据有缺失　D. 数据量太大

3. 处理噪声数据的方法有（　　）。

A. 聚类　　B. 回归　　C. 分箱　　D. 以上都是

4. 不属于数据变换的是（　　）。

A. 平滑　　B. 抽样　　C. 聚集　　D. 规范化

二、简答题

1. 大数据采集方法有哪几大类?
2. 简述网络爬虫的工作原理及工作流程。
3. 大数据预处理包括哪些内容?
4. 大数据预处理的方法有哪些?

模块 5

大数据分析与挖掘

知识目标

- 了解数据分析的概念和目的。
- 理解数据分析的一般过程。
- 了解传统数据分析方法和大数据分析方法。
- 了解数据挖掘的概念、分类和挖掘对象。
- 理解数据挖掘的常用技术和算法。

能力目标

- 能够熟练运用大数据分析的方法及工具。
- 能够熟练运用数据挖掘的方法及工具。

素质目标

- 培养学生自主学习、协同工作以及知识应用的能力。
- 培养学生的数据安全意识与防护能力。
- 培养学生良好的职业道德，不弄虚作假，力求数据真实性。

学习重点

- 大数据分析与挖掘的方法和工具。

学习难点

- 数据挖掘相关算法。

本模块主要介绍大数据分析与挖掘的概念和方法，以及常用的大数据分析和挖掘工具，并设计了相应的实训项目来提升学习者的动手能力。

5.1 大数据分析

数据分析是指用适当的统计分析方法对收集来的大量数据进行分析，加以汇总、理解并消化，以求最大化地体现数据的功能，发挥数据的作用。

数据分析的数学基础在 20 世纪早期就已确立，直到计算机出现才使得实际操作成为可能，使数据分析应用得以推广。数据分析是数学与计算机科学结合的产物。

数据也称为观测值，是实验、测量、观察、调查等的结果。数据分析过程中所处理的数据分为定性数据和定量数据。只能归入某一类而不能用数值进行测度的数据称为定性数据。定性数据中表现为类别，但不区分顺序的，是定类数据，如性别、品牌等；定性数据中表现为类别，但区分顺序的，是定序数据，如学历、商品的质量等级等。

数据分析的目的是把隐藏在一大批看似杂乱无章的数据中的信息集中和提炼出来，找出研究对象的内在规律。在实际应用中，数据分析可帮助人们做出判断，以便采取适当行动。数据分析是有组织、有目的地收集数据、分析数据，使其成为信息的过程。

大数据分析是指对规模巨大的数据进行分析。与传统数据分析相比，大数据的特点决定了大数据分析必须依托计算机科学技术来实现。大数据分析不是简单地统计分析，其研究过程主要侧重于两个方向：一个方向是数据处理表示，主要完成数据采集、存储、处理和可视化的研究；另一个方向侧重于数据统计规律，注重对微观数据本质特征的提取与模式发现。现在的大数据分析逐渐由数据处理技术向数据分析技术倾斜。

从大数据的特点可以看出，没有一套可靠的数据分析方法和数据分析工具是不可能完成大数据分析的。大数据分析可将规模巨大的数据厘清条理、正确分类，产生有价值的分析报告，继而应用到各领域中，促进其发展。只有通过大数据分析才能获取更多智能的、深入的、有价值的信息。

5.1.1 数据分析过程

数据分析有着极其广泛的应用范围。典型的数据分析包含以下 3 个步骤：

（1）探索性分析。刚取得的数据可能杂乱无章，看不出规律，可以通过作图、制表、用各种形式的方程拟合、计算某些特征量等手段探索隐藏在数据中的规律。

（2）模型选定分析。在探索性分析的基础上提出一类或几类可能的模型，然后通过进一步分析从中挑选一定的模型。

（3）推断分析。通常使用数理统计方法推断选定的模型或估计可靠程度和精确程度。

数据分析过程的主要活动由识别信息需求、收集数据、分析数据、评价并改进数据分析的有效性组成。

1. 识别信息需求

识别信息需求是确保数据分析过程有效性的首要条件，可以为收集数据、分析数据提供清晰的目标。识别信息需求是管理者的职责，管理者应根据决策和过程控制的需求，提出对信息的需求。就过程控制而言，管理者应识别需求要利用哪些信息来支持评审过程输入、评审过程输出、资源配置的合理性、过程活动的优化方案和过程异常变异的发现。

2. 收集数据

有目的地收集数据是确保数据分析过程有效的基础，同时需要对收集数据的内容、渠道、方法进行策划。策划时应考虑如下内容：

（1）将识别的需求转化为具体的要求，如评价供方时，需要收集的数据可能包括其过程能力、测量系统不确定度等。

（2）明确由谁在何时何处，通过何种渠道和方法收集数据。

（3）记录表应便于使用。

（4）采取有效措施，防止数据丢失和虚假数据对系统的干扰。

3. 分析数据

分析数据是指将收集的数据通过加工、整理和分析，转化为信息，常用方法涉及7种老工具和7种新工具。

（1）7种老工具：排列图、因果图、分层法、调查表、散布图、直方图、控制图。

（2）7种新工具：关联图、系统图、矩阵图、KJ法、计划评审技术、PDPC法、矩阵数据图。

4. 过程改进

数据分析是质量管理体系的基础。组织的管理者应在适当的时间，通过对以下问题的分析，评估其有效性。

（1）提供决策的信息是否充分、可信，是否存在因信息不足、失准、滞后而导致决策失误的问题。

（2）信息对持续改进质量管理体系、过程、产品发挥的作用是否与期望值一致，是否在产品实现过程中有效运用了数据分析。

（3）收集数据的目的是否明确，收集的数据是否真实和充分，信息渠道是否畅通。

（4）数据分析方法是否合理，是否将风险控制在可接受的范围。

（5）数据分析所需资源是否得到保障。

5.1.2 数据分析方法

1. 传统数据分析方法

传统数据分析方法主要有对比分析、分组分析、回归分析、指标分析、预测分析。

（1）对比分析。

对比分析法在生活和工作中都会经常用到。对比分析法也称比较分析法，是将两个或两个以上相互联系的指标数据进行比较，分析其变化情况，了解事物的本质特征和发展规律。

（2）分组分析。

分组分析法是指根据数据的性质、特征，按照一定的指标将其总体划分为不同的部分，分析其内部结构和相互关系，从而了解事物的发展规律。

（3）回归分析。

回归分析法是一种应用广泛的统计分析方法，可以通过规定因变量和自变量来确定变量之间的因果关系，建立回归模型，并根据实测数据求解模型的各参数，然后评价回归模型是否能够很好地拟合实测数据，如果能够很好地拟合，则可以根据自变量做进一步预测。

（4）指标分析。

指标分析法是指直接运用统计学中的一些基础指标进行数据分析，如平均数、众数、中位数、最大值、最小值等，基础指标的选取需要考虑结果的取向性。指标分析法同样应用广泛，该方法与其他方法搭配使用可突出问题的关键点。

（5）预测分析。

预测分析法的主要作用是基于当前的数据对未来数据的变化趋势进行判断和预测。预测分析一般分为两种：一种是基于时间序列的预测，如根据以往的销售情况预测未来3个月的销售额；另一种是回归类预测，即根据指标之间相互影响的因果关系进行预测，如根据用户的网页浏览行为预测其可能购买的商品。

2. 大数据分析方法

越来越多的应用涉及大数据，大数据的属性（数量、速度、多样性等）体现了大数据不断增长的复杂性，此时，大数据分析方法的作用显得尤为重要，是判断最终信息是否有价值的决定因素。大数据分析普遍应用的方法主要有可视化分析、数据挖掘算法、预测性分析、语义引擎、数据质量和数据管理。

（1）可视化分析。

无论是大数据分析专家还是普通用户，对大数据分析最基本的要求就是可视化，因为可视化分析能够直观呈现大数据的特点，容易被用户接受。

用户应根据数据的特性（时间信息、空间信息等）选择合适的可视化方式，如图表（Chart）、图（Diagram）和地图（Map）等，将数据直观地展现出来，同时找出包含在海量数据中的规律或信息。数据可视化是大数据生命周期管理的最后一步，也是最重要的一步。

大数据可视化的实施是一系列数据的转换过程，从技术上来说，大数据可视化的实施步骤主要有需求分析，建设数据仓库/数据集市模型，数据抽取、清洗、转换、加载，以及建立可视化分析场景。

（2）数据挖掘算法。

大数据分析的理论核心就是数据挖掘算法，各种数据挖掘的算法基于不同的数据类型和格式才能更加科学地呈现数据本身的特点，也正是因为数据具有这些特点，各种统计方法才能深入数据内部，挖掘公认的价值。此外，这些数据挖掘的算法加快了大数据处理速度，体现了大数据的时效性。

（3）预测性分析。

大数据分析最重要的应用领域之一就是预测性分析，即从大数据中挖掘出特点，利用科学的方法建立模型，再通过模型带入新的数据，从而预测未来。

（4）语义引擎。

大数据分析广泛应用于网络数据挖掘，可从用户的搜索关键词、标签关键词或其他输入语义分析、判断用户的需求，从而实现更好的用户体验和广告匹配。

（5）数据质量和数据管理。

大数据分析离不开数据质量和数据管理，高质量的数据和有效的数据管理，无论是在学术研究还是在商业应用领域，都能够保证分析结果的真实性和价值。

大数据分析的基本方法和理论如上所述，更加有特点的、更加深入的、更加专业的大数据分析方法还有很多，有兴趣的读者可深入学习。

5.1.3 大数据分析工具

大数据分析离不开软件工具的支持，下面介绍几种常见的大数据分析工具。

1. FineBI

FineBI 是帆软公司推出的一款大数据分析 BI 工具，集成了 Alluxio、Spark、HDFS、zookeerer 等大数据组件，其引擎支撑前端快速展示分析，真正实现“亿级数据，秒级展示”。该工具支持 30 多个数据库表和 SQL 数据源，支持 Excel、txt 等文件数据集，支持多维数据库、程序数据集等多种数据源。FineBI 提供了全可视化操作的自助数据集供用户使用，过滤、分组汇总、新增列、合并表、自循环列、行列转换等操作都可以快速完成，功能强大。FineBI 具有 Spider 引擎，可以对大数据分析做出快速反应，支持本地模式和直连模式。

2. Tableau

Tableau 可以轻松处理数百万行数据。大量数据可以创建不同类型的可视化效果，而不会对仪表板造成影响。通过 Tableau 可以访问多个数据源中的数据，包括带分隔符的文本文件、Excel 文件、SQL 数据库、Oracle 数据库和多维数据库等。使用者可在多个数据源之间自由切换分析，并可将多个不同数据源合并使用。通过内存数据引擎，Tableau 可以直接查询外部数据库，并动态地从数据仓库中提取实时数据，大大提高了数据访问和查询的效率。另外，用户只需单击鼠标并进行简单的拖放就能快速创建智能、精美、直观、交互性强的报表和仪表盘。

3. Smartbi

Smartbi 是思迈特软件公司的大数据分析产品。Smartbi 可对接各类业务数据库、数据仓库和大数据平台，进行数据处理、分析挖掘和可视化展示，满足了企业报表平台、自助探索分析、地图可视化、移动管理座舱、指挥大屏、数据挖掘等多种数据分析应用需求。Smartbi 功能设计全面，涵盖数据提取、数据管理、数据分析、数据共享 4 个环节，可帮助客户从数据的角度描述业务现状，分析业务原因，预测业务趋势，推动业务变革。

4. 亿信 ABI

亿信 ABI 是我国比较知名的一款大数据分析 BI 工具，是亿信华辰自主研发的一款融合了 ETL 数据处理、数据建模、数据可视化、数据分析、数据填报、移动应用等核心功能的全能型数据分析平台。支持基于列存储的 MPP 架构的分布式数据库进行敏捷分析，百亿数据可达到秒级响应，可实现 TB 甚至 PB 级超大数据量的敏捷分析。

5. QuickBI

QuickBI 属于阿里云旗下产品，该产品基于云计算技术，致力于大数据高效分析与展现，是一个轻量级自助 BI 工具服务平台。通过对数据源的连接和数据集的创建，实现数据即席分析与查询；通过电子表格或仪表板功能，以拖曳的方式实现数据可视化。

实际上，很多大数据分析工具不仅是一个数据分析挖掘工具、数据可视化工具，更是适合大多数企业复杂流程的数据分析平台。

5.2 数据挖掘

数据挖掘是指通过算法在大量的数据中搜索隐藏其中的有价值的信息的过程。数据挖掘是一个决策支持过程，可以高度自动化地分析企业的数据，做出归纳性的推理，从中挖掘出潜在的模式，帮助决策者调整市场策略，减少风险。

数据挖掘分为数据准备、规律寻找和规律表示 3 个步骤。数据准备是从相关的数据源中选取所需的数据并整合成用于数据挖掘的数据集；规律寻找是用某种方法将数据集所含的规律找出来；规律表示是尽可能以用户可理解的方式（如可视化）将找出的规律表示出来。

数据挖掘的对象可以是任何类型的数据源。例如，可以是关系数据库，此类包含结构化数据的数据源；也可以是数据仓库、文本、多媒体数据、空间数据、时序数据、Web 数据等包含半结构化数据甚至异构性数据的数据源。

数据挖掘利用了以下科学领域的思想：（1）来自统计学的抽样、估计和假设检验；（2）人工智能、模式识别和机器学习的搜索算法、建模技术和学习理论；（3）最优化、进化计算、信息论、信号处理、可视化和信息检索等。

另外，数据挖掘也需要其他领域的技术来支撑。例如，需要数据库系统提供有效的存储、索引和查询支持；需要高性能（并行）计算技术帮助处理海量数据集。

5.2.1　数据挖掘的功能

1. 自动预测趋势和行为

以往需要进行大量手工分析的问题，如今可以通过数据挖掘直接由数据本身迅速得出结论。一个典型的例子是市场预测问题，数据挖掘可以通过以往与促销有关的数据寻找未来投资中回报最大的用户。其他可预测的问题还包括预测破产以及认定对指定事件最可能做出反应的群体。

2. 关联分析

若两个或多个变量的取值之间存在某种规律，就称为关联。关联可分为简单关联、时序关联、因果关联。关联分析的目的是找出数据库中隐藏的关联网。有时并不知道数据库中的数据的关联函数，即使知道也是不确定的，因此关联分析生成的规则具有可信度。

3. 聚类

数据库中的记录可被划分为一系列有意义的子集，即聚类。聚类增强了人们对客观现实的认识，是概念描述和偏差分析的先决条件。聚类技术主要包括传统的模式识别方法和数学分类学。20 世纪 80 年代初，人们提出了概念聚类技术，其要点是在划分对象时不仅要考虑对象之间的距离，还要求划分出的类具有某种内涵描述，这样可避免传统技术存在的某些片面性。

4. 概念描述

概念描述就是对某类对象的内涵进行描述，并概括这类对象的有关特征。概念描述分为特征性描述和区别性描述。特征性描述主要描述某类对象的共同特征，区别性描述主要描述不同类对象之间的区别。生成一个类的特征性描述只涉及该类对象中所有对象的共性。生成区别性描述的方法很多，如决策树方法、遗传算法等。

5. 偏差检测

从数据库中检测偏差对确保数据准确性具有重要意义。偏差包含很多潜在的信息，如分类中的反常实例、不满足规则的特例、观测结果与模型预测值的偏差、量值随时间的变化等。偏差检测的基本方法是寻找观测结果与参照值之间有意义的差别。

5.2.2 数据挖掘的方法

1. 分类

分类是找出数据库中一组数据对象的共同特点并按照分类模式将其划分为不同的类，其目的是通过分类模型，将数据库中的数据项映射到某个给定的类别。它可以应用到客户的分类、客户的属性和特征分析、客户满意度分析、客户的购买趋势预测等方面。例如，汽车零售商将客户按照对汽车的喜好划分成不同的类，这样营销人员就可以将新型汽车的广告手册直接邮寄到有这种喜好的客户手中，大大增加了商业机会。

2. 回归分析

回归分析方法反映的是事务数据库中属性值在时间上的特征，产生一个将数据项映射到一个实值预测变量的函数，发现变量或属性间的依赖关系，其主要研究问题包括数据序列的趋势特征、数据序列的预测以及数据间的相关关系等。它可以应用到市场营销的各个方面，如客户寻求、预防客户流失活动、产品生命周期分析、销售趋势预测及有针对性的促销活动等。

3. 聚类分析

聚类分析是把一组数据按照相似性和差异性分为几个类别，目的是使属于同一类别的数据的相似性尽可能大，不同类别中的数据的相似性尽可能小。它可以应用到客户群体分类、客户背景分析、客户购买趋势预测、市场的细分等方面。

4. 关联规则

关联规则是描述数据库中数据项之间存在的关系的规则，即根据一个事务中某些项的出现概率可推导出另一些项在同一事务中也会出现，即隐藏在数据间的关联或相互关系。在客户关系管理中，通过对企业客户数据库里的大量数据进行挖掘，可以找出影响市场营销的关键因素，为产品定位、定价与定制客户群，客户寻求、细分与保持，市场营销与推销，营销风险评估和诈骗预测等提供参考。

5. 特征分析

特征分析是从数据库中的一组数据中提取关于这些数据的特征式，特征式即表达了该数据集的总体特征。如营销人员通过对客户流失因素的特征提取，可以得到导致客户流失的一系列原因和主要特征，分析这些特征可以有效预防客户流失。

6. 变化和偏差分析

变化和偏差分析的目的是寻找观察结果与参照量之间有意义的差别。在企业危机管理及预警中，管理者更感兴趣的是那些意外规则。对意外规则的挖掘结果可以应用到各种异常信息的发现、分析、识别、评价和预警等方面。

7. Web 页挖掘

通过对 Web 的海量数据进行挖掘和分析，可以收集到经济、政策、科技、金融信息，以及竞争对手信息、供求信息、客户信息等。管理者可以集中精力分析对企业有重大影响或潜在重大影响的外部环境信息和内部经营信息，进而根据分析结果找出企业管理过程中出现的各种问题并着手解决。

5.2.3 数据挖掘算法

1. 神经网络法

神经网络法旨在模拟生物神经系统的结构和功能，是一种通过训练来学习的非线性预测模型，它将每一个连接看作一个处理单元，可完成分类、聚类、特征挖掘等多种数据挖掘任务。神经网络的学习方法主要表现在权值的修改上。其优点是具有抗干扰、非线性学习、联想记忆功能，能够对复杂情况做出精确的预测结果；缺点首先是不适合处理高维变量，不能观察中间的学习过程，具有“黑箱”性，运行结果也难以解释；其次是需要较长的学习时间。神经网络法主要应用于数据挖掘的聚类技术中。

2. 决策树法

决策树是根据对目标变量产生效用的不同而建构分类的规则，然后通过一系列规则对数据进行分类的过程，其表现形式是类似于树形结构的流程图。早期的典型算法是 ID3 算法，之后在 ID3 算法的基础上人们又提出了 C4.5 算法。决策树法的优点是决策制定的过程是可见的，不需要长时间构造过程，描述简单，易于理解，分类速度快；缺点是很难基于多个变量组合发现规则。决策树法擅长处理非数值型数据，而且特别适合处理大规模数据。决策树提供了一种展示什么样的条件会导致什么结果（值）的方法，结果通常是由上而下根据相应规则生成的。例如，在贷款申请过程中，可以根据不同的风险等级进行分类，建立决策树，从而对风险程度做出判断。

3. 遗传算法

遗传算法模拟了自然选择和遗传中发生的繁殖和基因突变现象，是一种采用遗传结合、遗传交叉变异及自然选择等操作来生成实现规则的、基于进化理论的机器学习方法。它的基本观点是“适者生存”，具有隐含并行性、易于和其他模型结合的性质。遗传算法的主要优点是可以处理多种数据类型，且可以并行处理各种数据；缺点是需要的参数太多，编码困难，计算量比较大。遗传算法常用于优化神经元网络，能够解决其他技术难以解决的问题。

4. 粗糙集法

粗糙集法也称“粗糙集理论”，是波兰数学家 Z Pawlak 在 20 世纪 80 年代初提出的一种用于处理含糊、不精确、不完备问题的数学工具，可以处理数据约简、数据相关性发现、数据意义的评估等问题。其优点是算法简单，处理过程中不需要关于数据的先验知识，可以自动找出问题的内在规律；缺点是难以直接处理连续的属性，必须先进行属性的离散化。因此，连续属性的离散化问题制约了粗糙集理论的实用化。粗糙集理论主要应用于近似推理、数字逻辑分析和化简、建立预测模型等方面。

5. 模糊集法

模糊集法是利用模糊集合理论对问题进行模糊评判、模糊决策、模糊模式识别和模糊聚类分析。模糊集合理论通过隶属度来描述模糊事物的属性。系统的复杂性越高，模糊性就越强。

6. 关联规则法

关联规则反映了事物之间的相互依赖性或关联性。关联规则法中最著名的算法是 Apriori 算法，该算法的思想是首先找出频繁性，至少是和预定义的最小支持度一样的所有频集，然后由频集产生强关联规则。最小支持度和最小可信度是为了发现有意义的关联规则而设定的 2 个阈值。在这个意义上，数据挖掘的目的就是从源数据库中挖掘出满足最小支持度和最小可信度的关联规则。

5.2.4 数据挖掘工具

1. NumPy

NumPy（Numeric Python）是 Python 的第三方库，它是一个由多维数组对象和用于处理数组的例程集合组成的库，是高性能科学计算和数据分析的基础。了解 NumPy 的基础数据处理功能是利用 Python 进行数据运算和机器学习的基础。此外，数据可视化环节也需要用到 NumPy 库中的功能。

2. Pandas

Pandas 是 Python 中的用于数据分析与清洗的库，Pandas 库是基于 NumPy 库构建的。Pandas 库中包含大量的标准数据模型、可高效操作大型数据集的工具，以及可快速、便捷地处理数据的函数和方法，使得以 NumPy 为中心的应用变得十分简单。

3. Scikit-learn

作为一款可用于 Python 机器学习的免费软件，Scikit-learn 具有出色的数据分析和挖掘功能，包括分类、回归、聚类、预处理、模型选择、降维等。

4. SAS

SAS 数据挖掘商业软件提供了易于使用的 GUI，以及从数据处理、集群到最终环节的自动化工具，用户可以从中得出最佳结果进而做出正确决策。该软件包含很多高端工具，如自动化、密集像算法、建模、数据可视化等。

5. RapidMiner

RapidMiner 是开源的数据挖掘软件，由 Java 语言编写而成，提供一些可扩展的数据分析挖掘算法的实现。该软件最大的优点是用户无须编写任何代码。除了数据挖掘，RapidMiner 还具有数据预处理和可视化、预测分析和统计建模、评估和部署等功能。

6. WEKA

WEKA 基于 Java 开发，支持多种标准数据挖掘任务，包括数据预处理、收集、分类、回归分析、可视化和特征选取。WEKA 为普通用户提供了图形化界面，用户可以在 WEKA 论坛找到很多扩展包，如文本挖掘、可视化、网格计算等。很多开源数据挖掘软件支持调用 WEKA 的分析功能。

7. KNIME

KNIME 基于 Eclipse 开发，是用 Java 编写的一款开源的数据分析、报告和综合平台，拥有数据提取、集成、处理、分析、转换以及加载所需的所有数据挖掘工具。KNIME 具有图形用户界面，有助于用户轻松连接节点进行数据处理。KNIME 结合了数据挖掘和机器学习的各种组件，对商业情报和财务数据分析非常有帮助。此外，用户还可以通过随时添加附加功能轻松地扩展 KNIME。

8. Orange

Orange 是一个基于 Python 的开源数据挖掘和机器学习工具，它的图形环境称为 Orange 画布（Orange Canvas），用户可以在画布上放置分析控件，将控件连接起来即可组成挖掘流程。Orange 的强项在于其提供了大量可视化方法，可以对数据和模型进行多种图形化展示，并能智能搜索合适的可视化形式，支持对数据的交互式探索。

9. IBM SPSS

SPSS 是目前流行的统计软件平台之一。自 2015 年开始提供统计产品和服务方案以来，该软件的各种高级功能被广泛运用于学习算法、统计分析（包括描述性回归、聚类等）、文本分析，以及大数据集成等场景中。此外，SPPS 允许用户通过各种专业性的扩展，运用 Python 和 R 来改进语法。

5.3 实训

NumPy 比 Python 自身的嵌套列表（nested list structure）结构要高效得多，且支持大量的维度数组与矩阵运算，针对数组运算提供大量的数学函数库。Pandas 是 Python 的核心数据分析支持库，旨在简单、直观地处理关系型、标记型数据。

实训一　安装 NumPy

5.1 安装 NumPy

Python 的发行版是不包含 NumPy 模块的，因此需要用户单独安装 NumPy 模块。常见的安装方法如下：

（1）安装 Python 的发行版 Anaconda：该版本可实现大规模数据处理、预测分析和科学计算，致力于简化包的管理和部署。

（2）使用 pip 安装。

本实训介绍使用 pip 安装 NumPy 模块的方法。

1. 训练要点

熟悉 NumPy 模块的安装方法。

2. 需求说明

在 Windows 和 Linux 系统中，学习使用 pip 安装 NumPy 模块，安装后进行验证。

3. 实现思路及步骤

（1）在 Windows 系统中，安装 NumPy 的最简单的方法就是使用 pip 命令，其中，--user 选项用于设置只安装在当前用户下，而不是写入系统目录。

```
pip3 install [--user] numpy
```

（2）默认情况下使用国外线路，但国外线路速度较慢，因此通过镜像安装。

```
pip3 install [--user] numpy-i https://pypi.tuna.tsinghua.edu.cn/simple
```

（3）在 Ubuntu&Debian 系统中，可以使用 apt-get 命令安装 NumPy。安装 NumPy 需要使用 sudo 命令请求管理员权限。

```
sudo apt-get install python-numpy
```

（4）在 CentOS/Fedora 系统中，可以使用 dnf 命令安装 NumPy。安装 NumPy 需要使用 sudo 命令请求管理员权限。

```
sudo dnf install numpy
```

（5）可以在 Python 命令行模式下验证 NumPy 是否安装成功。

```
>>> from numpy import *
>>> eye(4)
```

```
array([[1., 0., 0., 0.],
       [0., 1., 0., 0.],
       [0., 0., 1., 0.],
       [0., 0., 0., 1.]])
```

实训二　利用 NumPy 进行排序

在进行大数据分析的过程中，排序是常用方法。NumPy 模块提供了多种排序方法，如 quicksort（快速排序）、mergesort（归并排序）、heapsort（堆排序）。

1. 训练要点

熟悉 numpy.sort() 函数的基本用法。

2. 需求说明

熟悉 numpy.sort() 函数的用法，利用 numpy.sort() 函数对矩阵行元素或列元素进行排序。numpy.sort() 函数的格式如下：

5.2 利用 NumPy 排序

```
numpy.sort(array, axis, kind, order)
```

参数说明如下：

（1）array：要排序的数组。

（2）axis：沿着数组的轴排序，如果没有，数组会被展开，沿着最后的轴排序。axis=0 按列排序，axis=1 按行排序。

（3）kind：默认为 'quicksort'（快速排序）。

（4）order：如果数组包含字段，则是要排序的字段。

3. 实现思路及步骤

（1）确定待排序的矩阵。

（2）确定矩阵元素排序的轴（行或列）。

（3）确定排序方法。

（4）确定要排序的字段。

代码如下：

```
说明：# 后为注释部分
import numpy asnp

a = np.array([[3,7,11],[9,1,5],[2,4,7]])
print ('带排序的数组是：')
print (a)
```

```
print ('调用默认参数的 sort() 函数：')
print (np.sort(a))
print ('按列排序：')
print (np.sort(a, axis = 0))
# 在 sort 函数中排序字段
dt = np.dtype([('name', 'S20'),('age', int)])
a = np.array([("Sundar Pichai",21),(" Roger W. Ferguson Jr.",25),(" Frances Arnold", 17), ("Sergey Brin",27)], dtype = dt)
print ('带排序的数组是：')
print (a)
print ('按 name 排序：')
print (np.sort(a, order = 'name'))
```

运行结果如下：

```
带排序的数组是：
[[ 3  7 11]
 [ 9  1  5]
 [ 2  4  7]]
调用默认参数的 sort() 函数：
[[ 3  7 11]
 [ 1  5  9]
 [ 2  4  7]]
按列排序：
[[ 2  1  5]
 [ 3  4  7]
 [ 9  7 11]]
带排序的数组是：
[(b'Sundar Pichai', 21) (b' Roger W. Ferguson J', 25)
 (b' Frances Arnold', 17) (b'Sergey Brin', 27)]


按 name 排序：
[(b' Frances Arnold', 17) (b' Roger W. Ferguson J', 25)
 (b'Sergey Brin', 27) (b'Sundar Pichai', 21)]
```

实训三　利用 Pandas 进行统计分析

Pandas 是 Python 语言的扩展程序库，提供高性能、易于使用的数据结构和数据分析工具。Pandas 以 Numpy 为基础，可以导入多种文件格式的数据（如 CSV、JSON、SQL、Microsoft Excel，并对数据进行运算（如归并、再成形、选择、清洗等）。Pandas 广泛应用在学术、金融、统计学等多个数据分析领域。

5.3 利用 Pandas 进行统计分析

1. 训练要点

（1）熟悉 Pandas 的安装方法。

（2）利用 Pandas 对数据进行基本统计分析。

2. 需求说明

研究电信客户流失现象可以帮助电信企业改善服务质量，维护好客户关系。分析电信客户流失数据之前，要对数据进行基本统计分析。本实训将利用 Pandas 对某国各州的电信客户流失数据进行基本统计分析。

3. 实现思路及步骤

（1）下载并安装 Pandas。

```
pip install pandas
```

（2）利用 Pandas 对某国各州的电信客户流失数据进行统计分析。

导入 Pandas 数据包，读入电信客户流失数据，然后利用 Pandas 提供的 describe() 方法进行统计分析，分析内容包括数据数量、平均值、标准差、最小值、最大值等。

代码如下：

```
说明：# 后为注释部分

# 导入 Pandas 库
import pandas as pd
# 读取 telecom_churn.csv 文件
df = pd.read_csv('telecom_churn.csv')
print(df.describe())# 打印电信客户流失数据的统计分析结果
```

运行结果（部分）如下：

	Account length	Area code	Number vmail messages	Total day minutes	Total day calls	Total day charge	Total eve minutes	Total eve calls
count	3333	3333	3333	3333	3333	3333	3333	3333

mean	101.065	437.182	8.09901	179.775	100.436	30.5623	200.98	100.114
std	39.8221	42.3713	13.6884	54.4674	20.0691	9.25944	50.7138	19.9226
min	1	408	0	0	0	0	0	0
25%	74	408	0	143.7	87	24.43	166.6	87
50%	101	415	0	179.4	101	30.5	201.4	100
75%	127	510	20	216.4	114	36.79	235.3	114

实训四　利用 Scikit-learn 进行分类

5.4 利用 Scikit-learn 进行分类

Scikit-learn 是针对 Python 编程语言的免费软件机器学习库，可实现各种分类、回归和聚类算法，支持向量机、随机森林、梯度提升、k 均值和 DBSCAN，可与 Python 数值科学库 NumPy 和 SciPy 联合使用。

本实训要对鸢尾花卉数据进行分类。鸢尾花卉数据集是常用的分类实验数据集，属于多重变量分析数据集，包含 150 个数据样本，分为 3 类，每类 50 个数据，每个数据包含 4 个属性。可通过花萼长度、花萼宽度、花瓣长度、花瓣宽度 4 个属性推断鸢尾花卉属于（Setosa、Versicolour、Virginica）3 类中的哪一类。

1. 训练要点

（1）使用 Scikit-learn 载入鸢尾花卉数据集。

（2）划分鸢尾花卉数据集。

（3）训练 KNN 分类器。

（4）利用训练好的 KNN 分类器进行数据预测。

2. 需求说明

利用 Scikit-learn 中的 KNN 分类算法对鸢尾花进行分类。通过 Scikit-learn 的已有数据集库载入鸢尾花卉数据集，导入训练数据和对应的标签，对模型进行训练。利用训练好的模型进行数据预测。

3. 实现思路及步骤

（1）导入 Scikit-learn 中的数据分割包、数据集包、KNN 模型。

（2）导入鸢尾花卉数据集。

（3）将鸢尾花卉数据集划分为训练集和测试集数据。

（4）训练 KNN 模型。

（5）对测试集中的数据进行预测。

代码如下：

```
说明：# 后为注释部分
```

```
from sklearn.model_selection import train_test_split
from sklearn import datasets
from sklearn.neighbors import  KneighborsClassifier  #k 近邻模型

# 导入鸢尾花卉数据集
iris = datasets.load_iris()
# 导入数据和标签
iris_X = iris.data
iris_y = iris.target
# 划分为训练集和测试集数据
X_train, X_test, y_train, y_test = train_test_split(iris_X, iris_y, test_size=0.3)
# 设置 KNN 分类器
knn = KNeighborsClassifier()
# 进行训练
knn.fit(X_train,y_train)
# 使用训练好的 KNN 进行数据预测
print(" 预测结果 :",knn.predict(X_test))
print(" 实际分类 :",y_test)
```

运行结果如下：

```
预测结果 : [1 0 1 0 2 0 1 0 1 2 1 2 2 0 0 0 2 2 0 0 2 1 0 2 1 1 0 2 0 1 2 0 1 0 1 0 1 1 2 2 1 2 1 0 1]
实际分类 : [1 0 1 0 2 0 1 0 1 2 1 2 2 0 0 0 2 2 0 0 2 1 0 2 1 1 0 2 0 1 2 0 1 0 1 0 1 2 2 2 1 2 1 0 1]
```

小结

本模块首先介绍了大数据分析和大数据挖掘的基本概念、方法、技术等，然后通过实训讲解了简单的数据分析处理的方法，以便读者更好地理解数据分析的基本流程。Python 提供了很多用于数据分析处理的工具包，如 NumPy、Pandas、Sklearn 等，这些工具包可以有效提高数据分析处理的效率，感兴趣的读者可以在掌握本模块实训的基础上，深入了解工具包中的其他功能，这有助于全面理解大数据分析处理方法。

习题

一、选择题

1. 大数据分析方法有（　　）。

A. 数据可视化　　B. 预测分析　　C. 语义引擎　　D. 以上都是

2.（　　）是把一组数据按照相似性和差异性分为几类，其目的是使属于同一类别的数据的相似性尽可能大，不同类别中的数据的相似性尽可能小。

A. 聚类　　B. 关联规则　　C. 回归分析　　D. 分类

3. KDD 是指（　　）。

A. 数据挖掘与知识发现　　B. 领域知识发现

C. 文档知识发现　　D. 动态知识发现

4.（　　）模拟了自然选择和遗传中发生的繁殖和基因突变现象，是一种采用遗传结合、遗传交叉变异及自然选择等操作来生成实现规则的、基于进化理论的机器学习方法。

A. 神经网络算法　　B. 决策树法　　C. 遗传算法　　D. 关联规则法

二、简答题

1. 典型的数据分析包括哪些步骤？
2. 常见的大数据分析工具有哪些？
3. 大数据挖掘的定义是什么？
4. 大数据挖掘的关键技术有哪些？

模块 6

深度学习与人工智能

知识目标

✧ 了解深度学习的概念。
✧ 了解深度学习的应用领域。
✧ 了解人工智能与大数据的区别和联系。
✧ 熟悉深度学习常用工具。

能力目标

✧ 掌握运用 Keras 建立深度学习模型的基本流程。

素质目标

✧ 培养分析与解决深度学习问题的基本能力。
✧ 提升信息素养，培养勇于探索的科学精神。
✧ 夯实理论基础，强化实践能力。

学习重点

✧ 理解深度学习的概念。
✧ 认识深度学习的重要性。

学习难点

✧ 使用深度学习工具建立深度学习模型。

近年来，深度学习已成为人工智能领域炙手可热的研究技术。深度学习引发了机器学习的新浪潮，受到学术界和工业界的广泛重视，大数据进入深度学习时代。本模块将全面讲解深度学习的相关知识和工具，以及人工智能与大数据的区别与联系等内容，并讲解如何运用 Keras 完成深度学习模型的搭建。

6.1 深度学习概述

6.1.1 深度学习基础

在讲解深度学习之前，先介绍两个相关概念：机器学习和神经网络。

1. 机器学习

机器学习致力于研究机器如何利用经验（历史数据）并通过计算来改善系统自身的性能。简单地说，就是让机器分析数据并从中寻找规律，再利用找到的规律处理新的数据。下面以机器学习中比较经典的鸢尾花分类这个案例来说明。

例如，有一朵鸢尾花，花萼长 5.2cm 宽 4cm，花瓣长 1.6cm 宽 0.2cm，对于不了解鸢尾花的人很难通过这些信息判断其属于（Setosa、Versicolour、Virginica）3 类中的哪一类。现在我们可以构建一个机器学习模型，让机器从这些已知分类的鸢尾花数据中学习，通过鸢尾花的特征数据来判断其所属类别。

从这个例子不难看出，机器学习是一种从已知数据中自动分析并获得规律，然后利用规律预测未知数据的过程。机器学习的常见基本术语解释如下：

- ✧ 样本：数据集中的一条数据。
- ✧ 学习（训练）：从数据中学得模型的过程。
- ✧ 训练集：参与模型训练的样本集合。
- ✧ 测试：学得模型后，使用其样本进行预测的过程。
- ✧ 测试集：被预测的样本集合。
- ✧ 假设：学得模型对应的关于数据的某种潜在规律。
- ✧ 分类：输出结果是离散值。
- ✧ 回归：输出结果是连续值。
- ✧ 监督学习：训练样本有标记。
- ✧ 无监督学习：训练样本无标记。
- ✧ 泛化能力：学得模型适用于新样本的能力。
- ✧ 独立同分布：样本空间的全体样本都服从一个未知的分布，且相互独立。

2. 神经网络

神经网络有两种：一种是生物神经网络，另一种是人工神经网络。

生物神经网络一般指生物的大脑神经元、细胞、触点等组成的网络，用于产生生物的意识，帮助生物进行思考和行动。每个神经元可以看作一个小的处理单元，每个处理单元按照某种方式与其他神经元相互连接，构成大脑内部的生物神经元网络。当一个神经元“兴奋”时，就会向相连的神经元发送化学物质，从而改变这些神经元内的电位。当某个神经元的电位超过了一定的“阈值”，它就会被激活，即“兴奋”起来。这些神经元之间连接的强弱程度可按照外部激励信号做自适应变化，每个神经元都会随着接收到的多个激励信号的综合大小，呈现兴奋或抑制状态。

人工神经网络简称为“神经网络”，是深度学习的核心。受生物神经网络的启发，人工神经网络由众多神经元可调的连接权值连接而成，具有大规模并行处理、分布式信息存储、良好的自组织自学习能力等特点。这种网络依靠系统的复杂程度，通过调整内部大量节点之间相互连接的关系，从而达到处理信息的目的。

一个简单的人工神经元模型如图 6-1 所示。

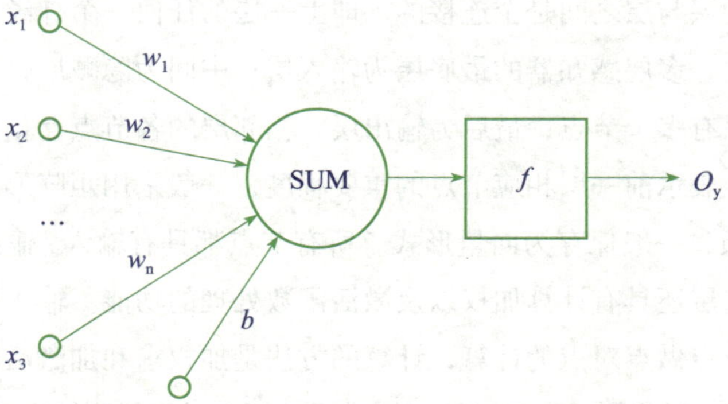

图 6-1　人工神经元模型

其中，x_1，x_2，…，x_n 为各输入值，ω_1，ω_2，…，ω_n 为各输入值对应的权重，b 为偏置项，f 为激活函数，y 为输出值。表示该神经元接收多个输入信号，每个输入都有一个相关的权重，对输入进行加权求和之后，经过激活函数 f 得到输出 y，用公式表示为：

$$y=f\left(\sum_{t=1}^{n}\omega_i x_i+b\right)$$

把许多这样的神经元按照一定的层次结构连接起来就得到了神经网络。神经网络是一种运算模型，由大量的节点（神经元）相互连接构成。每个节点代表一种特定的输出函数，称为激活函数。每两个节点间的连接代表一个通过该连接信号的加权值，称为“权重”。网络的输出则取决于网络的结构、网络的连接方式、权重和激活函数。

感知器是最简单的人工神经网络结构之一，可以分为单层感知器和多层感知器。单层感知器由两层神经网络组成，分别为输入层和输出层。输入层接收外界输入信号后传递给输出层，它只负责数据传输，不做计算。输出层就是许多并列的神经元，用于对前面输入的数据进行计算。

多层感知器（又称为“多层神经网络”）是在输入层与输出层之间加一个或者多个隐藏层构成的。具有一个单隐藏层的多层感知器如图 6－2 所示。

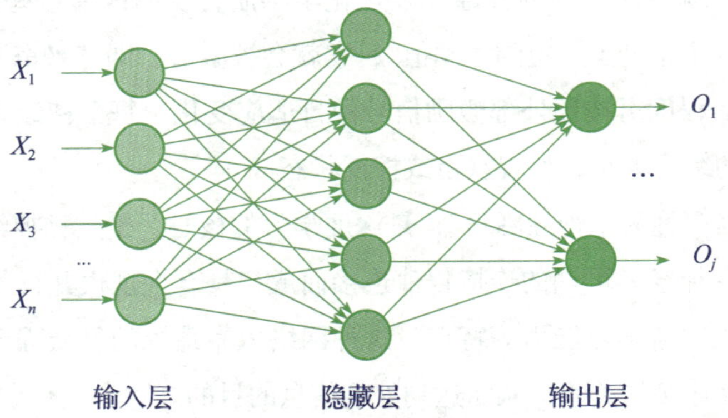

图 6－2　多层感知器示意图

多层感知器的层与层之间是全连接的，即上一层的任何一个神经元与下一层的所有神经元都建立连接。多层感知器的最底层为输入层；中间为隐藏层，可以根据需要创建多层，每层都可以有多个节点；最后为输出层。相邻层的各节点互相连接，每条连线都具有不同的权重，表示前一层相应节点的重要程度，一般采用矩阵形式保存，且相邻两层之间也有偏置项，一般保存为向量形式。所有节点都具有输入 / 输出和存储数据的功能，隐藏层和输出层还具有计算加权以及激活函数处理的功能。输入层的每个节点都要和隐藏层的每个节点做点对点的计算，计算的方法是加权求和加激活函数。然后将隐藏层计算出的每个值通过相同的方法与输出层进行计算，最终得到输出结果。

6.1.2　深度学习的概念

深度学习（Deep Learning，DL）的概念源于人工神经网络的研究，是机器学习的一个新领域，旨在学习样本数据的内在规律和表示层次，这些学习过程中获得的信息对解释文字、图像和声音等数据有很大帮助。包含多隐藏层的多层感知器就是一种深度学习结构，通过多层处理，将初始的低层特征表示转化为高层特征表示后，用简单模型即可完成复杂的分类等学习任务。简单地说，就是通过构建的具有很多隐藏层的机器学习模型和海量的训练数据，来学习更有用的特征，从而提升分类或预测的准确性。因此，深度学习可理解为进行“特征学习”或“表示学习”。

深度学习模型和传统浅层学习模型的区别在于以下两个方面：

（1）深度学习模型结构含有更多的层次，普通的神经网络可能只有几层，深度学习包含隐藏节点的层数通常在 5 层以上，有时甚至包含多达 10 层以上的隐藏节点。深度学习中的“深度”二字也可理解为神经网络的层数较多。

（2）深度学习明确强调了特征学习的重要性，即通过逐层特征提取，将数据样本在原空间的特征变换到一个新的特征空间来表示初始数据，这使得分类或预测问题更加容易。与传统机器学习中的人工特征提取方法相比，通过深度模型学习得到的数据特征更为高效。

6.1.3 深度学习的应用领域

目前，深度学习应用最广泛的领域就是传统机器学习算法解决不了或是解决效果不佳的领域，如计算机视觉、自然语言处理和语音识别。当样本数量较少的时候，传统机器学习算法可以将一些结构化特征组合在一起，然后进行区分。但对于大量的、无法通过简单特征进行区分的、具有多且复杂的特征的数据，就需要通过深度学习构建多层神经网络，探索组合更多的特征，才能进行区分。典型的深度学习模型有卷积神经网络（CNN)、递归神经网络（RNN)、生成对抗网络（GAN）等。不同类型的神经网络适用于特定的学习任务，例如，卷积神经网络常用于计算机视觉（Computer Vision，CV)，递归神经网络常用于文本分析和自然语言处理（Natural Language Processing，NLP）等。深度学习的具体应用领域如下：

1. 计算机视觉（CV）

计算机视觉是人工智能的重要应用领域之一，是指让计算机和系统能够从图像、视频和其他视觉输入中获取有意义的信息，并根据该信息采取行动或提供建议。目前主要包括以下几大基础任务：

（1）图像分类。

图像分类任务的主要目的是根据图像的不同特征区分图像的类别，可以将图像或图像中的每个像元或区域划归为若干类别中的某一个。图像分类步骤如下：

1）输入训练图像数据集。

2）使用训练集训练一个分类器，该分类器能够自动学习每个类别的特征。

3）使用测试集评估分类器的性能，将预测结果与真实类别标记进行比较。

（2）目标检测。

目标检测涉及目标的分割和识别，任务是给定一张图像或一个视频帧，让计算机定位这个目标并且获知目标物是什么，即输出目标的边框和标签。目标检测应用于多个领域，例如，人脸检测可用于后续人脸特征的分析和识别；行人检测可用于智能辅助驾驶；车辆检测在智能交通、自动驾驶中发挥着重要的作用。如图 6－3 所示为多个目标的检测结果。

（3）目标跟踪。

目标跟踪是指在给定场景中跟踪感兴趣的一个或多个对象的过程，即给定目标在视频序列第一帧中的初始位置后，系统会自动估计目标在后续帧中的状态。根据观察模型，

图 6-3　多个目标的检测结果

目标跟踪可分为生成式模型和判别式模型；根据目标数量，目标跟踪可分为单目标跟踪和多目标跟踪。该技术在军事和民用领域都有着广泛的应用。

（4）目标分割。

目标分割是将数字图像细分为多个图像子区域（像素的集合）的过程，即为图像中的每个像素分类，并且同一个子区域内的特征具有一定相似性，不同子区域之间特征差异明显。目标分割可分为语义分割和实例分割。

1）语义分割。

语义分割会为图像中的每个像素分配一个类别，但是不需要区分同一类别之间的不同实例。如图 6-4（a）所示为原图，图 6-4（b）所示为对原图像的人、汽车、信号灯、树等类别做了不同的标注区分，但是对于同一类别（如信号灯）则未做进一步区分。

（a）原图　　（b）语义分割结果

图 6-4　语义分割效果对比

2）实例分割。

实例分割类似于目标检测和语义分割的结合。区别在于相对于目标检测的边界框，实例分割可精确到物体的边缘；相较于语义分割，实例分割需要标注出图上同一物体的不同个体。如图6-5（a）所示为语义分割结果，图6-5（b）所示为实例分割结果，可以看出实例分割对立方体（cube）进行了区分。

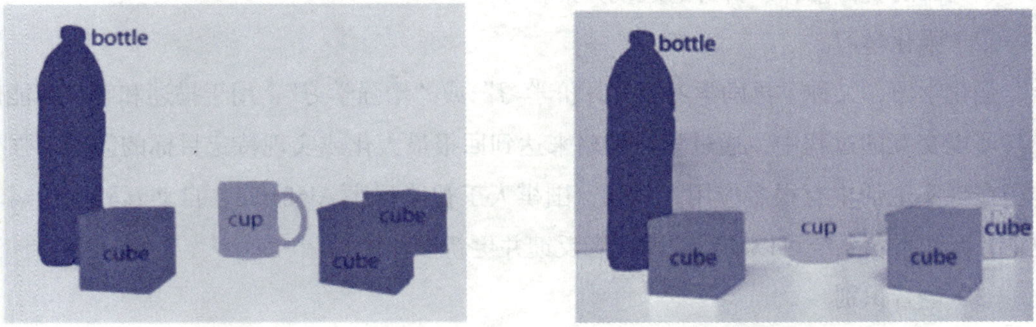

（a）语义分割结果　　（b）实例分割结果

图6-5　语义分割和实例分割对比

2. 自然语言处理（NLP）

自然语言处理是人工智能和语言学领域的分支学科，是指让计算机和系统能够从文本和语音信号输入中获取有意义的信息，理解人类语言，并做出决策。即用人工智能来处理、理解以及运用人类语言。目前，自然语言处理主要包括以下几大基础任务：

（1）文本分类。

文本分类是指计算机将载有信息的一篇文本映射到预先给定的某一类别或某几类别主题的过程，实现这一过程的算法模型叫作分类器。文本分类是自然语言处理中的一项基本功能，应用于新闻分类、话题标记、问答匹配、意图识别、情感分类、事件预测等领域。

（2）序列标注。

序列标注是指先给定一个序列，然后使用模型为这个序列的每一个元素标注相应的标签，再输出一个标记序列。序列标注包括中文分词、词性标注和命名实体识别等。分词是指将文本内容变成一个个单词或词组，便于转换为词向量。词性标注是指为分词结果中所有的词标记词性，如名词、动词、形容词等。命名实体识别是指从文本中提取有意义的词语并将其分类至事先划定的类别，如人名、地点、专有名词等。

（3）生成式任务。

生成式任务就是用户输入一段文本，系统生成另一段文本。如百度、谷歌的机器翻译，文章、新闻稿摘要生成，对话系统，问答系统等。

3. 其他应用

（1）推荐。

推荐系统能够根据用户的浏览内容和购买行为，精准把握用户的兴趣爱好，以便推荐其感兴趣的信息和商品，满足用户的个性化需求。推荐系统可以使用户从海量信息中高效地获取所需信息，提高用户的驻留时间，实现互利共赢。例如，京东和淘宝的商品推荐、美团的餐厅推荐、抖音的短视频推荐等。

（2）强化学习。

强化学习，又称“再励学习”、“评价学习”或“增强学习”，用于描述和解决智能体在与环境交互的过程中，通过学习策略来达到回报最大化或实现特定目标的问题。强化学习在现实生活中有很多应用，例如，围棋人工智能程序 AlphaGo，自动驾驶中的运动规划，新闻推荐系统可以动态跟踪读者反馈并更新推荐等。

（3）语音识别。

语音识别技术就是让机器通过识别和理解过程，将语音信号转变为相应的文本或命令的高技术。目前，语音识别技术在人们的生活中已经有非常广泛的应用，如语音输入、语音搜索、微信语音自动转文字功能。

6.2 人工智能与大数据

近年来，人工智能和大数据技术得到了更多的关注和应用。人工智能从 20 世纪 50 年代提出至今，取得了长足的发展。人工智能主要研究如何让计算机模拟人的某些思维过程和智能行为（如学习、推理、思考、规划等）。人工智能与机器学习、深度学习的关系如图 6-6 所示，机器学习是人工智能领域的一个分支，而深度学习是机器学习的一个新领域。人工智能和大数据是紧密相关的两种技术，二者既有联系，又有区别。

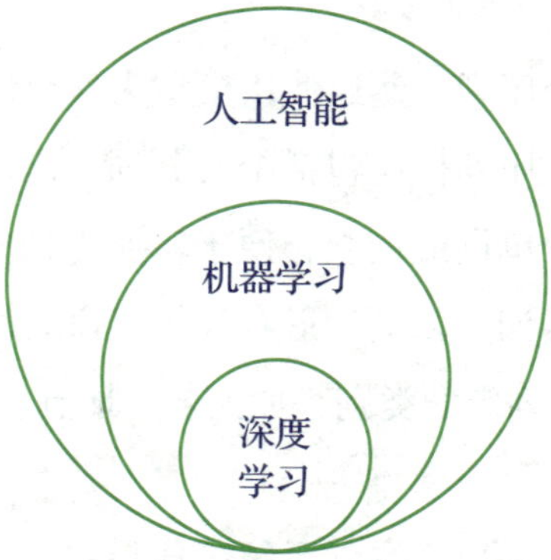

图 6-6　人工智能与机器学习、深度学习的关系

6.2.1 人工智能与大数据的区别

人工智能是一种计算形式，它允许机器执行认知功能，支持人工智能的机器旨在分析和解释数据，然后根据这些解释解决问题。通过机器学习，计算机会学习如何对某个输入采取行动或做出反应，并在遇到相同问题时知道采取相同的行动，类似人类的做法。传统的计算应用程序也会对数据做出反应，但反应和响应都必须采用人工编码。若编码出现差错，应用程序则无法做出反应。而人工智能系统将不断改变行为，以适应调查结果的变化。

与人工智能相比，大数据是一种传统计算模式。它不会根据结果采取行动，只是寻找结果。它定义了非常大的数据集或极其多样的数据。大数据集中可以存在结构化数据、半结构化数据和非结构化数据，分析数据之前需要进行预处理操作。

人工智能与大数据在应用上也有差异。大数据的应用主要是通过对数据的对比分析来掌握和推演更优方案。例如，智慧城市、智慧医疗、智慧交通、环境大数据等。而人工智能的开发则是为了辅助和代替人类更快、更好地完成某些任务或做出决定。例如，机器视觉、指纹识别、自动规划、智能搜索、博弈、自动程序设计、智能控制等，人工智能能够通过机器学习的方法掌握人类日常进行的重复性事项，从而高效地完成任务。

6.2.2 人工智能与大数据的关联

深度学习需要通过大量的样本数据进行训练，进而得出算法模型，数据越多，获得的模型结果越准确。大数据为深度学习提供了海量数据，使人工智能得到长远的发展。同时，海量数据下的模型训练需要完成大量数据的存储与计算，这就需要依托大数据相关技术（如分布式存储和分布式计算）。人工智能以大数据作为决策基础，大数据需要利用人工智能进行价值操作，使数据更有价值。

大数据、人工智能等技术已经深入人们工作和生活的方方面面。例如，无人驾驶、智能机器人等智能化的诸多应用，使得大数据在人工智能中的作用愈加重要。随着人工智能的快速应用和普及，大数据不断累积，深度学习等算法不断优化，大数据技术将与人工智能技术更紧密地结合，不断强化对数据的理解、分析、发现和决策能力，旨在从数据中获取更准确、更深层次的知识，更深入地挖掘数据背后的价值，催生新业态、新模式。

6.3 深度学习工具

6.3.1 TensorFlow

TensorFlow 是 Google 开源的软件库，是当前主流的深度学习框架之一，该软件库将深度学习中的通用功能封装成库，并提供了简易的 API，使人们在进行初级阶段神经网络算法开发时不必深入了解相关优化算法，可以把主要精力放在模型和业务上。TensorFlow 支持多种客户端语言，如 Python、C++、JavaScript、R 等，并且可在多种平台工作，甚至是移动端和分布式平台。

6.3.2 PyTorch

PyTorch 基于 Torch 研发，使用 Python 语言，使用 GPU 加速计算，具有简洁、高效、快速的特点，应用于实验、研究和生产领域。PyTorch 具有丰富的工具和库，并提供了便捷的 API，所用的动态计算图模式确保了易用性和灵活性。PyTorch 允许用户在运行时构建和更改计算图。

6.3.3 Keras

Keras 是一个用 Python 编写的开源人工神经网络库，早期作为 TensorFlow、Microsoft-CNTK 和 Theano 的高阶应用程序接口出现，目前已经集成到 TensorFlow 2 中。

利用 Keras 可以方便地对几乎所有类型的深度学习模型进行设计、调试、评估、应用和可视化。Keras 具有以下功能：

（1）一致、简单和可扩展的 API。

（2）结构最小化，无须任何修饰即可轻松实现结果。

（3）支持多个平台和后端。

（4）框架友好，可以在 CPU 和 GPU 上运行。

（5）计算的高度可扩展性。

6.4 实训

本实训将以 Keras 为例，讲解从安装到模型构建的过程。

实训一　Keras 环境部署

6.1 Keras 环境部署

在 Python 开发环境中安装 Keras。

1. 训练要点

安装 Keras。

2. 需求说明

Keras 可以分为 CPU 和 GPU 两个版本，安装过程有很大区别。GPU 版本的 Keras 的安装过程复杂，要求安装 GPU 加速卡，但是计算速度快，企业和科研人员通常会选择安装 GPU 版本的 Keras。

3. 实现思路及步骤

（1）在不具备 GPU 加速条件的情况下，可以安装 CPU 版的 Keras，安装过程较为简单，可通过安装 TensorFlow 2.0 来达到安装 Keras 的目的。

1）安装 TensorFlow 2.0。

```
pip install tensorflow==2.0.0 -i https://pypi.tuna.tsinghua.edu.cn/simple
```

2）检查 Keras 是否安装成功。

```
from tensorflow import keras
```

（2）CPU 版 Keras 也可以独立安装，方法如下：

1）安装 Keras 之前需要安装 TensorFlow 1.x 版本。

```
pip install tensorflow==1.5 -i https://pypi.tuna.tsinghua.edu.cn/simple
```

2）安装 Keras。

```
pip install keras==2.1 -i https://pypi.tuna.tsinghua.edu.cn/simple
```

3）检查 Keras 是否安装成功。

```
import keras
```

（3）如果系统中安装了 GPU 加速卡，则可以安装 GPU 版的 Keras。下面在 Windows 10 环境下通过 CUDA 10.1 与 cuDNN 7.6.5 安装 GPU 版的 Keras，这里需要注意的是 CUDA 和 cuDNN 的版本要对应。

1）通过 nvidia-smi 命令确认 GPU 加速卡驱动版本，如图 6－7 所示。

```
(temp) C:\Users\AD>nvidia-smi
Sun Jan 01 16:42:02 2023
+-----------------------------------------------------------------------------+
| NVIDIA-SMI 425.25       Driver Version: 425.25       CUDA Version: 10.1     |
|-------------------------------+----------------------+----------------------+
```

图 6－7　GPU 加速卡驱动版本

2）在英伟达官网下载 CUDA 10.1，选择 Windows、x86_64 版，下载地址为：https://developer.nvidia.com/cuda-toolkit-archive

3）在英伟达官网下载 cuDNN 7.6.5，下载地址为：https://developer.nvidia.com/rdp/cudnn-download

4）将 cuDNN 解压后的文件复制到 CUDA 10.1 目录对应的子目录中。

5）配置环境变量，如图 6－8 所示。

CUDA_PATH	C:\Program Files\NVIDIA GPU Computing Toolkit\CUDA\v10.1
CUDA_PATH_V10_1	C:\Program Files\NVIDIA GPU Computing Toolkit\CUDA\v10.1

图 6－8　环境变量

6）在 Path 中添加路径，如图 6－9 所示。

```
C:\Program Files\NVIDIA GPU Computing Toolkit\CUDA\v10.1\bin
C:\Program Files\NVIDIA GPU Computing Toolkit\CUDA\v10.1\lib\x64
C:\Program Files\NVIDIA GPU Computing Toolkit\CUDA\v10.1\libnvvp
C:\Program Files\NVIDIA GPU Computing Toolkit\CUDA\v10.1\extras\CUPTI\lib64
```

图 6－9　添加路径

7）安装 TensorFlow 的 GPU 版本。

```
pip install tensorflow-gpu==2.1 -i https://pypi.tuna.tsinghua.edu.cn/simple
```

注意 tensorflow-gpu 版本和 CUDA 版本的对应关系，如图 6－10 所示。

tensorflow_gpu-2.5.0	3.6-3.9	MSVC 2019	Bazel 3.7.2	8.1	11.2
tensorflow_gpu-2.4.0	3.6-3.8	MSVC 2019	Bazel 3.1.0	8.0	11.0
tensorflow_gpu-2.3.0	3.5-3.8	MSVC 2019	Bazel 3.1.0	7.6	10.1
tensorflow_gpu-2.2.0	3.5-3.8	MSVC 2019	Bazel 2.0.0	7.6	10.1
tensorflow_gpu-2.1.0	3.5-3.7	MSVC 2019	Bazel 0.27.1-0.29.1	7.6	10.1
tensorflow_gpu-2.0.0	3.5-3.7	MSVC 2017	Bazel 0.26.1	7.4	10
tensorflow_gpu-1.15.0	3.5-3.7	MSVC 2017	Bazel 0.26.1	7.4	10
tensorflow_gpu-1.14.0	3.5-3.7	MSVC 2017	Bazel 0.24.1-0.25.2	7.4	10
tensorflow_gpu-1.13.0	3.5-3.7	MSVC 2015 update 3	Bazel 0.19.0-0.21.0	7.4	10

图 6－10　ensorflow-gpu 和 CUDA 的版本对应关系

8）测试 Keras，确认安装成功。

```
from tensorflow import keras
2023-01-01 17:13:29.545591: I tensorflow/stream_executor/platform/default/dso_loader.cc:44]
Successfully opened dynamic library cudart64_101.dll
```

（4）在 GPU 环境下也可以单独安装 Keras，前提是 tensorflow-gpu 版本不能超过 1.15 版，感兴趣的读者可以自行在网上查找安装过程，不再赘述。

实训二 建立深度学习模型

通过 Keras 可以快速建立深度学习模型。

1. 训练要点

熟悉通过 Keras 建立深度学习模型的基本流程。

2. 需求说明

6.2 建立深度学习模型

手写数字识别是深度学习模型入门的经典案例，本实训通过建立手写数字识别深度学习模型，介绍建立模型的基本流程。

MNIST 数据集（Modified National Institute of Standards and Technology database）是一个大型数据库的手写数字，通常用于训练各种图像处理系统。MNIST 手写数字识别模型的主要任务是：输入一张手写数字的图像，然后识别写的是哪个数字。

MNIST 数据集包含 60 000 个训练图像和 10 000 个测试图像，如图 6－11 所示。训练集的一半和测试集的一半来自 NIST 的训练数据集，而训练集的另一半和测试集的另一半则来自 MNIST 的测试数据集。

图 6－11 MNIST 数据集样本

3. 实现思路及步骤

（1）数据导入与预处理。

从 tensorflow.keras.datasets 中导入 mnist，利用 mnist 中的 load_data 方法，将数据集分成训练集和测试集两类，本实训用（train_image,train_labels）和（test_images,test_labels）来表示训练集和测试集。训练集是为了训练手写体识别模型，测试集是为了检测模型训练好之后对其他非训练集中的手写体图片识别的能力，代码如下：

```
from tensorflow.keras.datasets import mnist
(train_image,train_labels),(test_images,test_labels)=mnist.load_data()
```

导入数据集后，需对数据进行预处理，代码如下：

```
train_image=train_image.reshape((60000,28*28)) # 定义训练集的数据类型，是一个（60000，784）的矩阵
train_image=train_image.astype('float32')/255 # 把以上定义的矩阵内的数值变成一个范围为（0，1）的数
test_images=test_images.reshape((10000,28*28)) # 同上
test_images=test_images.astype('float32')/255

train_labels = to_categorical(train_labels)    # 生成 one-hot 编码
test_labels = to_categorical(test_labels)
```

（2）搭建深度神经网络模型。

导入 models 和 layers，然后初始化深度神经网络模型 network 为 models.Sequential()，添加两个网络层（全连接层，Dense）。第一层神经元 512 个，第二层神经元 10 个，表示输出 10 个数字的概率值。

```
from tensorflow.keras import models
from tensorflow.keras import layers
network=models.Sequential()
network.add(layers.Dense(512,activation='relu',input_shape=(28*28,)))
network.add(layers.Dense(10,activation='softmax'))
```

（3）编译。

编译为第二步定义的深度神经网络模型做训练准备，其中有 3 个参数：

1）损失函数（loss）：表示模型学习的情况，损失值越小表明模型的输出越接近训练数据中的标签信息。

2）优化器（optimizer）：在训练模型时优化模型参数。

3）训练的评价指标（metrics）：评价模型训练效果。

```
network.compile(
optimizer='rmsprop',
loss='categorical_crossentropy',
metrics=['accuracy']
)
```

（4）模型训练。

对深度神经网络模型调用 fit 函数执行循环训练。其中，epochs 表示训练周期，batch_size 表示一个周期中每次训练多少个数据。

```
network.fit(train_image,train_labels,epochs=100,batch_size=34)
```

（5）评估模型。

利用测试集调用 evaluate 方法对深度神经网络模型进行评估测试，结果保存在 test 中，包含了 acc（准确度）和 loss（损失值）。

```
test=network.evaluate(test_images,test_labels)
print(test)
```

代码如下：

```
说明：# 后为注释部分
from tensorflow.keras.datasets import mnist
from tensorflow.keras import models
from tensorflow.keras import layers
from tensorflow.keras.utils import to_categorical

# 导入数据集
(train_image,train_labels),(test_images,test_labels) = mnist.load_data()
# 数据预处理
train_image=train_image.reshape((60000,28*28))
train_image=train_image.astype('float32')/255

test_images=test_images.reshape((10000,28*28))
test_images=test_images.astype('float32')/255

train_labels = to_categorical(train_labels)
test_labels = to_categorical(test_labels)
# 定义深度神经网络模型架构
network=models.Sequential()
network.add(layers.Dense(512,activation='relu',input_shape=(28*28,)))
network.add(layers.Dense(10,activation='softmax'))
# 编译
network.compile(
```

```
    optimizer='rmsprop',
    loss='categorical_crossentropy',
    metrics=['accuracy']
)
# 训练模型
network.fit(train_image,train_labels,epochs=100,batch_size=34)
# 对模型进行评估
test=network.evaluate(test_images,test_labels)
print(test)
```

运行结果如下：

```
# 训练模型
Epoch 1/100
2023-01-01 17:27:47.033419: I tensorflow/stream_executor/platform/default/dso_loader.cc:44]
Successfully opened dynamic library cublas64_10.dll
1765/1765 [==============================] - 4s 2ms/step - loss: 0.2013 - accuracy: 0.9404
Epoch 2/100
1765/1765 [==============================] - 4s 2ms/step - loss: 0.0895 - accuracy: 0.9739
Epoch 3/100
1765/1765 [==============================] - 4s 2ms/step - loss: 0.0643 - accuracy: 0.9819
Epoch 4/100
…
Epoch 98/100
1765/1765 [==============================] - 4s 2ms/step - loss: 3.7670e-09 - accuracy: 1.0000
Epoch 99/100
1765/1765 [==============================] - 4s 2ms/step - loss: 3.4750e-09 - accuracy: 1.0000
Epoch 100/100
1765/1765 [==============================] - 4s 2ms/step - loss: 7.0532e-09 - accuracy: 1.0000
# 对网络进行评估
313/313 [==============================] - 1s 2ms/step - loss: 0.2285 - accuracy: 0.9810
[0.2284693419933319, 0.9810000061988831]
```

小结

深度学习是目前人工智能研究的主流方向，但是深度学习模型需要海量的训练数据以及算力支持，这便需要借助大数据技术。本模块从深度学习的相关概念、应用、人工智能与大数据的区别和联系、常用的深度学习工具等方面介绍了深度学习与人工智能的相关知识，并通过实训展示了深度学习框架 Keras 的搭建方法，以及利用 Keras 建立深度学习模型的基本流程。

习题

简答题

1. 谈谈你对深度学习的认识。
2. 常用的深度学习工具有哪些？
3. 人工智能与大数据的区别是什么？
4. 深度学习在生活中有哪些应用？

模块 7

数据可视化

知识目标

✧ 了解数据可视化的概念。

✧ 了解常用的可视化工具和图表。

✧ 掌握数据可视化流程。

能力目标

✧ 会使用 Matplotlib 进行数据可视化。

✧ 会使用 Seaborn 进行数据可视化。

素质目标

✧ 具有一定的艺术设计素养和创新思想。

✧ 培养严谨的学习态度。

✧ 培养正确的价值观和高度的责任感。

学习重点

✧ 数据可视化流程。

学习难点

✧ 数据可视化工具的使用。

大数据时代，数据可视化技术在各行各业得到了广泛的应用，如气象预报、智慧医疗等。那么，什么是数据可视化呢？数据可视化的特点是什么呢？常用的可视化工具有哪些呢？可视化工具如何应用呢？本模块将进行详细介绍。

7.1 数据可视化概述

数据可视化起源于20世纪50年代兴起的计算机图形学。一直以来，数据可视化都是一个不断发展的概念，它所涵盖的技术方法非常广泛，与信息图表、信息可视化、科学可视化和统计图表密切相关。

7.1.1 数据可视化的概念

随着信息技术的不断发展，人类已经进入大数据时代，社会每天都会产生海量数据，这些数据中蕴含着巨大的信息量。

在对海量数据完成数据采集和预处理、数据分析与挖掘之后，为了更好地观察数据的分布结构，了解数据之间的关系，需要将分析结果直观地显示出来，这就要借助数据可视化技术。数据可视化技术旨在借助图形化手段，将相对复杂和抽象的数据通过可视的方式呈现出来，如图形、图像、动画等，从而方便人们对数据进行理解和认识。这种技术能够将隐藏于海量数据中的信息转化为可被用户直接感知的多种元素，利用图形和图表展示数据之间的关系，并允许用户与可视化数据进行交互，便于用户从数据中获取想要的信息，极大地提高了数据利用率。

7.1.2 数据可视化的特点

（1）直观展示数据。数据可视化能够帮助人们用简单、美观的视觉格式展示大量复杂的信息，节省时间和资源。还可以通过丰富的图表、多样的配色展示数据差异，突出重要信息。

（2）辅助决策。使用图形和图表来展示数据能更好地呈现数据分析结果，方便人们了解数据之间的联系和发展趋势，为决策提供帮助。

（3）良好的数据可操作性。进行数据可视化操作的时候，人们可以利用交互的方式对数据进行有效的呈现和管理，以便更好地洞察数据之间的关系。

7.2 可视化工具与图表

所谓“一图胜千言”，好的可视化效果有助于人们快速发现规律、找到原因、预测趋势。下面介绍常用的可视化工具与图表。

7.2.1 常用的可视化工具

1. ECharts

ECharts是一款由百度开源的数据可视化图表库，能够为用户提供直观、生动、可交互、可个性化定制的数据可视化图表。ECharts 使用简单并且种类丰富，包括常规的折线图、柱状图、散点图、饼图、K 线图、用于统计的盒形图、用于地理数据可视化的地图、热力图、线图、用于关系数据可视化的关系图、treemap、旭日图、多维数据可视化的平行坐标，还包括用于 BI 的漏斗图、仪表盘，并且支持图与图的混搭。ECharts 可以兼容当前绝大部分浏览器，并支持移动端缩放和手势操作。

2. Matplotlib

Matplotlib 是 Python 的 2D 绘图库，可以绘制线图、散点图、等高线图、条形图、柱状图、3D 图形以及图形动画等。Matplotlib 图像可以分为画板、画布、子图、图表信息共 4 层结构。其中，画板位于最底层，在导入 Matplotlib 库时就自动存在；画布建立在画板之上，可以在这一层设置参数；子图能将画布分成不同块，实现分面绘图；通过添加或修改子图上的图形信息，可优化图表的显示效果。

3. Seaborn

Seaborn 是基于 Matplotlib 的 Python 可视化库。在 Matplotlib 的基础上进行了更高级的封装，使作图更加容易，用户不需要了解大量底层参数就能使图形变得精致。Seaborn 高度兼容 Numpy 与 Pandas 数据结构以及 scipy 与 statsmodels 等统计模式。

Seaborn 具有以下特点：

（1）基于 Matplotlib 绘图风格，增加了一些绘图模式。

（2）增加调色板功能，利用色彩丰富的图像显示数据模式。

（3）面向整个数据集，可显示多个变量之间的关系。

（4）可视化单变量和双变量分布以及在数据子集间进行比较。

（5）不同种类因变量的线性回归模型的自动估计和绘图。

（6）方便查看复杂数据集的整体结构。

（7）灵活处理时间序列数据。

（8）利用网格建立复杂图像集。

4. Tableau

Tableau 能够帮助用户快速分析数据并可视化，实现瞬时共享信息，无论是电子表格、数据库还是 Hadoop 和云服务，均可以轻松可视化。并且可以通过实时连接获取最新数据，或者根据日程表完成自动更新。

7.2.2 常用的可视化图表

1. 散点图

散点图又称“散点分布图”，如图 7－1 所示，将数据以点的形式呈现在坐标系上，并通过数据点的分布形态反映特征的关系。实际应用中，一般使用二维散点图，通过散点的疏密程度和变化趋势表示两个特征的关系，同时能够凸显离群点（异常点）及其对整体的影响。

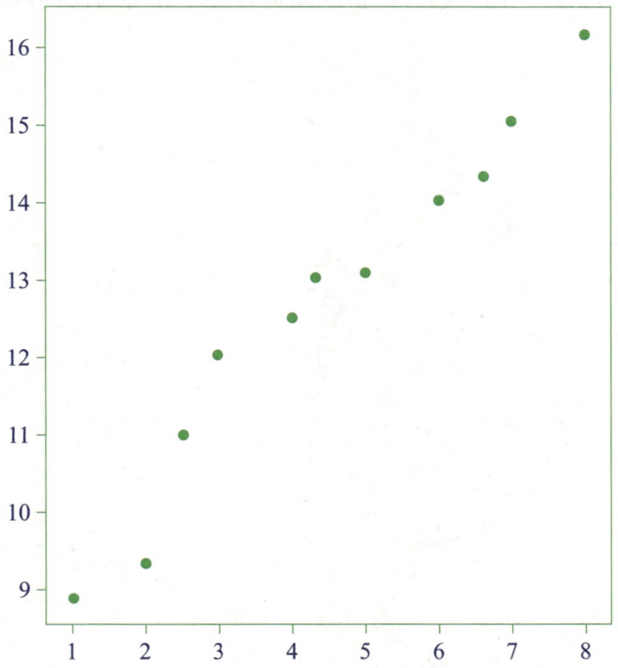

图 7-1　散点图

2. 直方图

直方图又称“质量分布图”，如图 7-2 所示，通过一系列宽度相等、长度不等的纵向矩形反映数据的分布情况。矩形的宽度表示组距，是将整个数据的范围分成一系列连续不重叠的间隔；矩形的长度表示在给定间隔内的频数（或频率）与组距的比值。由于分组数据具有连续性，因此直方图的矩形通常是连续排列的。

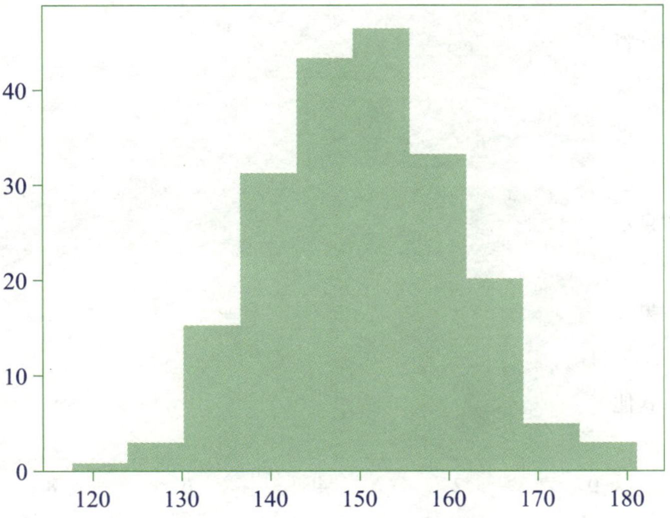

图 7-2　直方图

3. 折线图

折线图是用线段将数据点按横坐标顺序依次连接起来的图形，如图 7－3 所示。以折线的上升或下降表示数据变化的趋势。折线图适合显示相等时间间隔的数据的趋势。

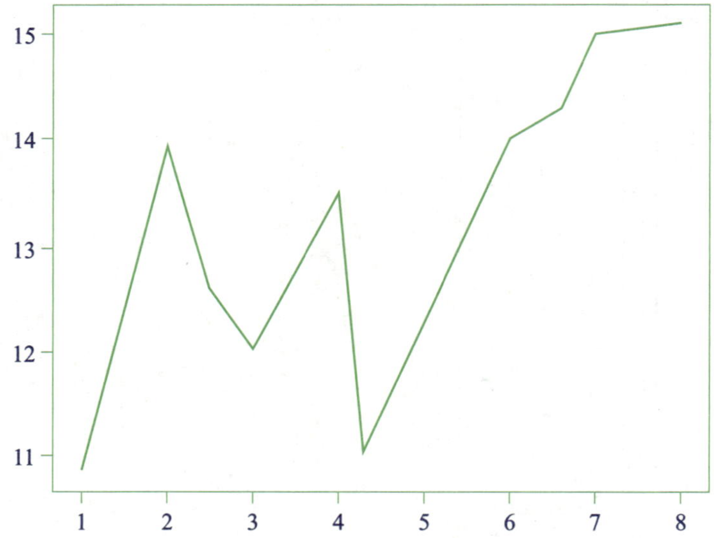

图 7－3　折线图

4. 条形图

条形图是由一系列宽度相等、长度不等的矩形来展示特征的频数情况。实际应用中，条形图主要展示分类数据，一个矩形代表特征的一个类别，矩形的长度代表该类别的频数，矩形的宽度没有数学意义。条形图的不同类别之间是有空隙的，纵置时也称为“柱形图”，如图 7－4 所示。

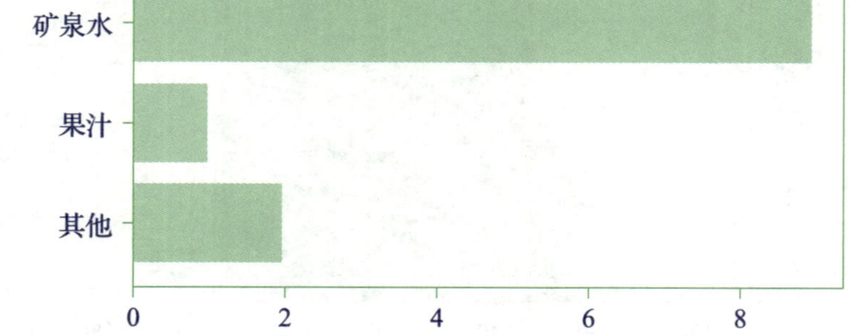

图 7－4　条形图

5. 饼图

饼图用于反映不同类别的占比情况，即将一个圆饼按照类别的占比划分成多个扇形区域，整个圆饼代表数据的总量，每个扇形区域表示该分类占总体的比例。饼图可以较为清楚地反映部分与部分、部分与整体之间的比例关系，如图 7－5 所示。

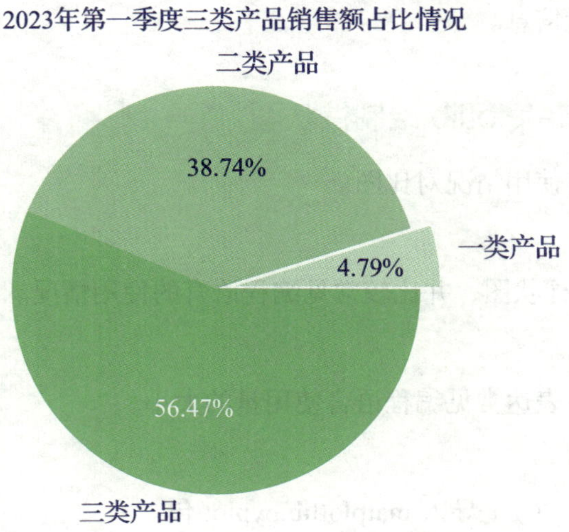

图 7－5　饼图

6. 箱线图

箱线图又称“箱须图”，利用数据中的最小值、上四分位数、中位数、下四分位数与最大值这 5 个统计量来描述数据。它主要反映数据分布的特征，可以粗略地看出数据是否具有对称性和分布的分散程度等信息。箱线图的构成如图 7－6 所示。

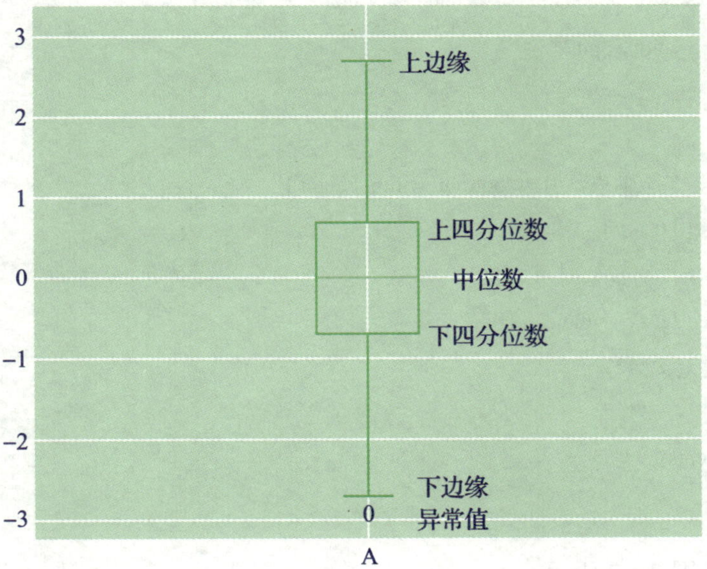

图 7－6　箱线图的构成

7.3 实训

大数据可视化要根据数据的特性（如时间信息和空间信息等）找到合适的可视化方式，将数据以图形或表格的形式直观地展现出来，便于人们理解数据，进而找出包含在海量数据中的规律或者信息。

实训一 利用 Matplotlib 绘制柱状图

绘制常见编程语言使用情况对比图。

1. 训练要点

用 Matplotlib 绘制柱状图，并比较常见编程语言的使用情况。

2. 需求说明

通过柱状图清楚地表达常见编程语言使用量的大小。

3. 实现思路及步骤

7.1 利用 Matplotlib 绘制柱状图

（1）导入 matplotlib.pyplot 包。

（2）添加绘图区。

（3）添加坐标轴。

（4）准备数据。

（5）按要求绘制柱状图。

代码如下：

```
说明：# 后为注释部分
import matplotlib.pyplot as plt
# 创建图形对象
fig = plt.figure()
# 添加子图区域，参数值表示 [left, bottom, width, height ]
ax = fig.add_axes([0,0,1,1])
# 准备数据
langs = ['C', 'C++', 'Java', 'Python', 'PHP']
students = [23,17,35,29,12]
# 绘制柱状图
ax.bar(langs,students)
plt.show()
```

运行结果如图 7－7 所示。

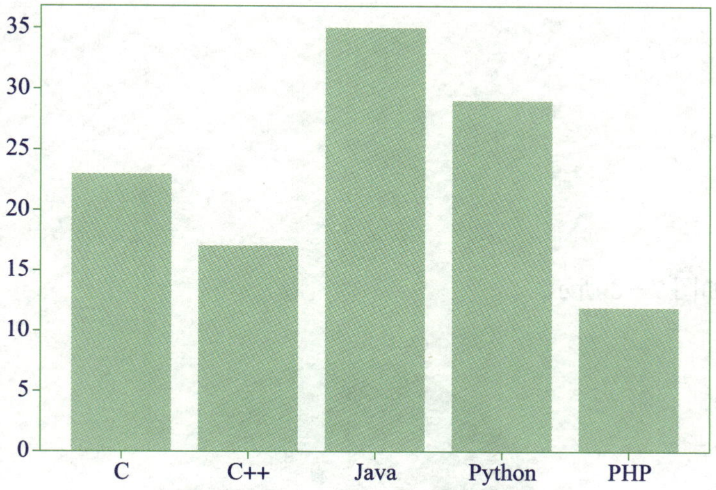

图 7－7　常见编程语言使用情况柱状图

实训二　利用 Matplotlib 绘制饼图

使用饼图表示常见编程语言的使用情况。

1. 训练要点

用 Matplotlib 绘制饼图，对比常见编程语言的使用情况。

2. 需求说明

通过饼图清楚地表达常见编程语言使用量的大小。

3. 实现思路及步骤

（1）导入 matplotlib.pyplot 包。

（2）添加绘图区。

（3）添加坐标轴。

（4）准备数据。

（5）按要求绘制饼图。

代码如下：

7.2 利用 Matplotlib 绘制饼图

```
说明：# 后为注释部分
from matplotlib import pyplot as plt
# 添加图形对象
fig = plt.figure()
ax = fig.add_axes([0,0,1,1])
# 使 X/Y 轴的间距相等
ax.axis('equal')
# 准备数据
```

```
langs = ['C', 'C++', 'Java', 'Python', 'PHP']
students = [23,17,35,29,12]
# 绘制饼图
ax.pie(students, labels = langs,autopct='%1.2f%%')
plt.show()
```

运行结果如图 7－8 所示。

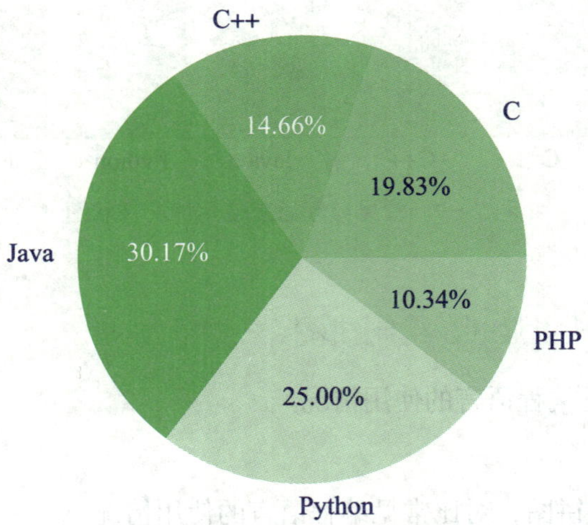

图 7－8　常见编程语言使用情况饼图

实训三　利用 Seaborn 绘制散点图

7.3 利用 Seaborn 绘制散点图

Seaborn 是 Python 的可视化库，对 Matplotlib 进行二次封装而成，因此 Seaborn 的很多图表接口和参数设置与 Matplotlib 接近。Seaborn 是针对统计绘图设计的，能满足数据分析 90% 的绘图需求。

1. 训练要点

使用 Seaborn 绘制散点图。

2. 需求说明

Seaborn 可视化库中的 replot 方法功能非常强大。replot 可表示多个变量之间的关联关系。本实训利用 replot 方法实现高效绘制散点图。

注意：由于 Seaborn 是基于 Matplotlib 显示图像的，在 replot 方法执行后，要使用 Pyplot.show() 进行显示。

3. 实现思路及步骤

（1）基本使用方法。

首先导入 Seaborn 可视化库并导入数据 tips，然后调用 replot 方法绘制 tips 的散点图，*X* 轴坐标是 total_bill，*Y* 轴坐标是 tip。

代码如下：

```
说明：#后为注释部分
import seaborn as sns
tips = sns.load_dataset("tips",cache=True)
sns.relplot(x="total_bill", y="tip", data=tips)
```

运行结果如图 7－9 所示。

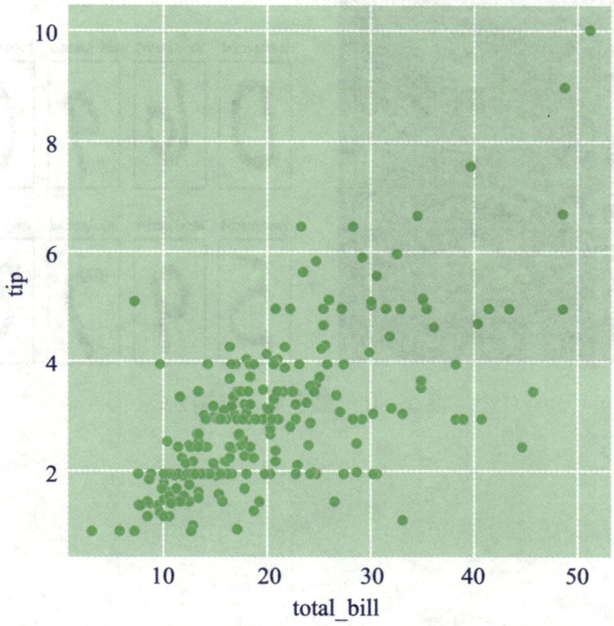

图 7－9　绘制 tips 的散点图

（2）修改 hue 参数。

hue 参数用于指定控制颜色显示的变量，例如，要在图 7－9 的基础上体现星期几。

代码如下：

```
说明：#后为注释部分
import seaborn as sns
tips = sns.load_dataset("tips",cache=True)
sns.relplot(x="total_bill", y="tip", hue="day", data=tips)
```

运行结果如图 7－10 所示。

（3）修改 col 和 row 参数。

col 和 row 参数可以将散点图根据某个属性的值的个数分割成多列或多行。例如，要在图 7－10 的基础上把 Lunch（午餐）和 Dinner（晚餐）分割成 2 个子图来显示。

图 7－10　颜色显示星期几

代码如下：

```
说明：# 后为注释部分
import seaborn as sns
tips = sns.load_dataset("tips",cache=True)
sns.relplot(x="total_bill",y="tip",hue="day",col="time",data=tips)
```

运行结果如图 7－11 所示。

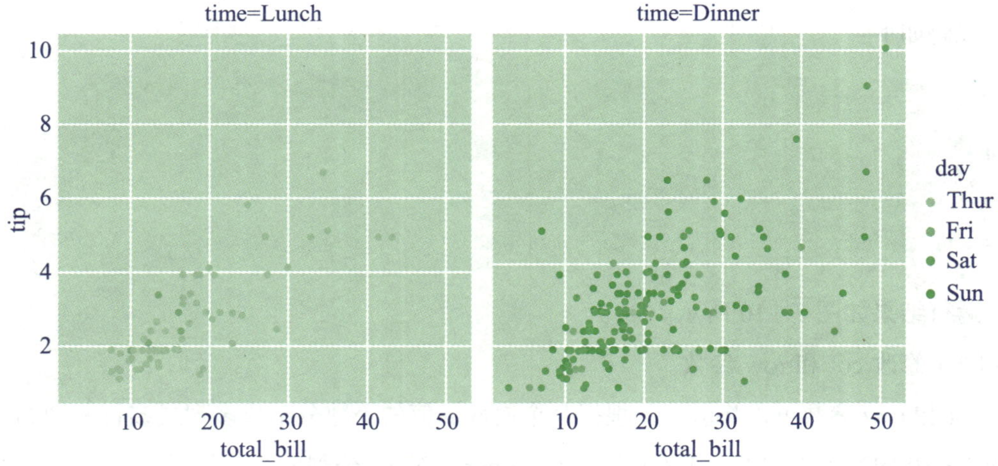

图 7－11　根据时间将散点图分割成 2 个子图

也可以修改 row 参数，把不同的性别按照行显示出来。

代码如下：

```
说明：# 后为注释部分
import seaborn as sns
tips = sns.load_dataset("tips",cache=True)
sns.relplot(x="total_bill",y="tip",hue="day",col="time",row="sex",data=tips)
```

运行结果如图 7 - 12 所示。

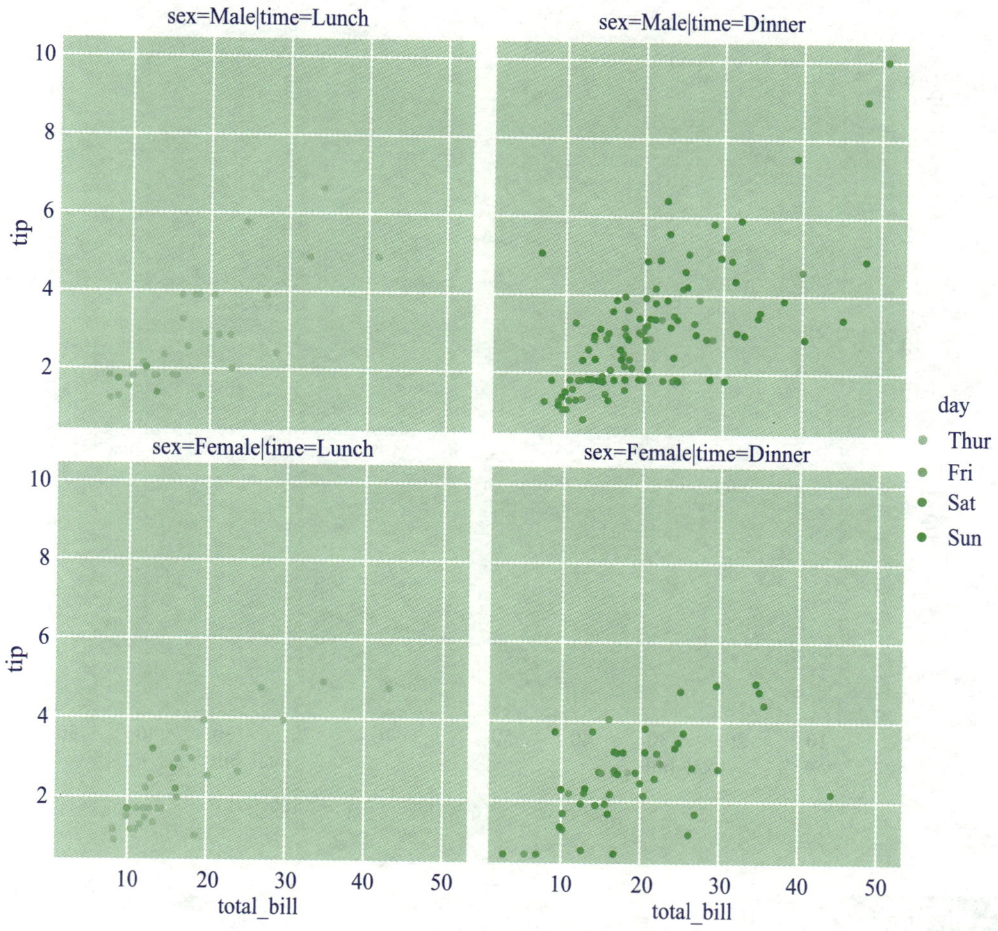

图 7 - 12　根据时间和性别将散点图分割成 4 个子图

（4）修改 col_wrap 参数。

默认情况下，系统会在一行中展示全部的图，此时可以通过 col_wrap 参数控制一行中显示图的数量。

代码如下：

```
说明：# 后为注释部分
```

```
import seaborn as sns
tips = sns.load_dataset("tips",cache=True)
sns.relplot(x="total_bill",y="tip",col="day",col_wrap=2,data=tips)
```

运行结果如图 7－13 所示。

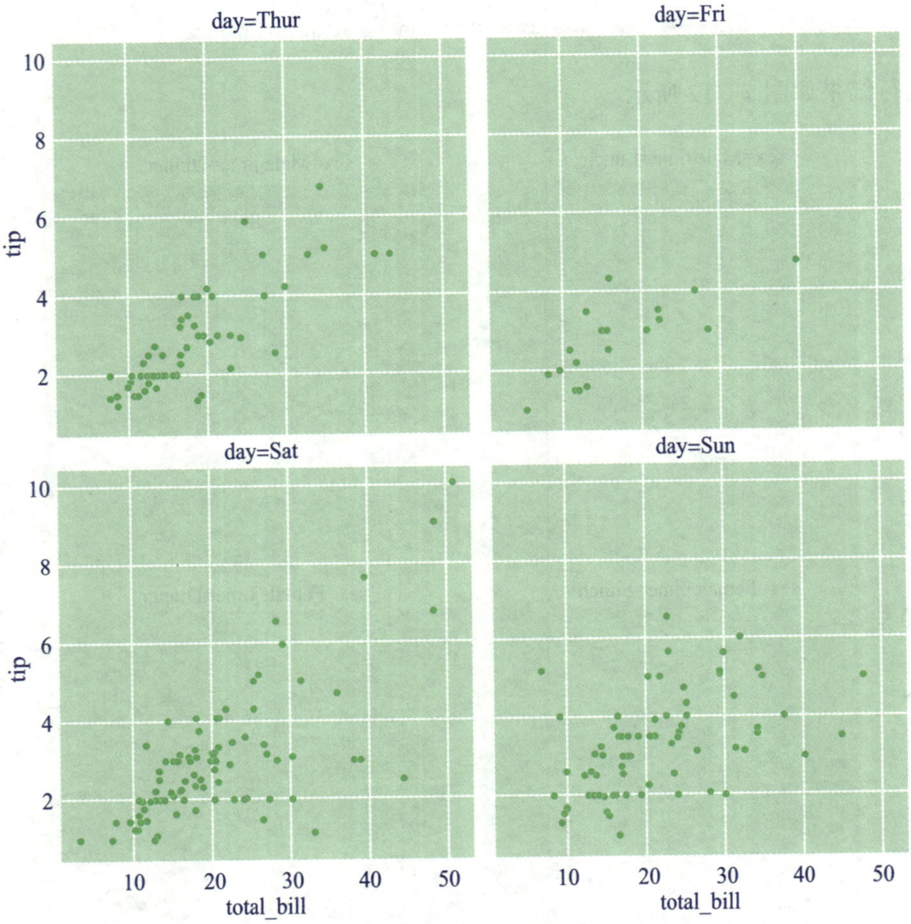

图 7－13　根据日期控制散点图一行显示的数量

实训拓展

实训一和实训二中，使用柱状图和饼图来表示常见编程语言的使用情况，感兴趣的读者可以对比这两种表达方式的优点和缺点，思考哪种方式更好。实训三使用 Seaborn 可视化工具绘制散点图，与实训一、二中使用的 Matplotlib 相比，Seaborn 的代码量更少，使用更方便，编写效率更高。在后续学习中，读者可以对比使用 Matplotlib 和 Seanborn 方法，有助于深入、全面地理解大数据可视化技术。

小结

本模块从数据可视化的概念、作用，以及常用的可视化工具与图表等方面介绍了大数据可视化的相关知识，同时通过介绍 Matplotlib 和 Seaborn 两个可视化工具的使用，帮助读者更好地理解大数据可视化的方式，为后续深入学习大数据可视化技术奠定实践基础。

习题

实操题

1. 利用 Matplotlib 绘制柱状图。
2. 利用 Matplotlib 绘制饼图。
3. 利用 Seaborn 绘制散点图。

模块 8

大数据安全

知识目标

✧ 了解大数据安全的概念。

✧ 了解大数据安全面临的威胁。

✧ 了解大数据安全防护技术。

能力目标

✧ 掌握大数据安全威胁理论。

✧ 掌握大数据安全防护技术。

素质目标

✧ 树立大数据安全意识，提升解决大数据安全问题的能力。

✧ 树立隐私保护意识，自觉遵守隐私保护法律法规。

✧ 树立道德法律意识，遵纪守法。

学习重点

✧ 大数据安全威胁及防护技术。

✧ 大数据安全案例。

学习难点

✧ 大数据安全威胁及防护技术。

随着大数据技术的应用越来越广泛，数据安全问题愈加凸显。本模块将对大数据安全威胁、大数据安全防护技术、数据安全典型案例及安全防护产品进行详细介绍。

8.1 认识大数据安全

如今，数据作为数字经济时代最核心、最具价值的生产要素之一，正深刻地改变着人类社会的生产和生活方式。人工智能、云计算、区块链、物联网、泛在感知等新技术、新模式、新应用无一不是以海量数据为基础。随着大数据在产业发展、政府治理、民生改善等领域的逐步应用，人们的生产效率和生活水平也得到了大幅提高。适应、把握、引领大数据，将成为时代潮流。

在大数据时代，数据是重要的战略资源，但数据资源的价值只有在流通和应用的过程中才能够充分体现，这一过程难免会出现数据泄露和滥用问题，涉及政府重要数据、法人和其他组织商业机密、个人敏感数据等，给国家安全、社会秩序、公共利益以及个人安全造成威胁。

没有安全，发展就是空谈。大数据安全是指在存储、处理和分析数据集的过程中，保护数据免受恶意活动的侵害，是发展大数据的前提，必须将它摆在重要的位置。

众所周知，单条身份信息、轨迹信息等看起来价值并不高，但是如果把这些信息拼接起来，再通过大数据分析，就可以得到很多重要的信息。当前，网购、网约车、网上银行等各类 App 层出不穷，而使用 App 时，往往需要录入自己的姓名、电话、身份证号、银行卡号等隐私信息。同时，人们在抖音、微博、微信、QQ 等社交媒体上发布的内容也有可能泄露个人信息。随着定位技术以及物联网、大数据和人工智能等技术的不断发展与应用，智能产品均存在泄露个人信息的可能，大数据安全问题始终不可忽视。

为此，必须加强数据安全技术的研究力度，确保大数据在存储、处理、传输等过程的安全性，在充分挖掘数据价值的同时保护用户隐私，尽量避免因大数据安全问题造成用户的利益损失。此外，需要进一步完善大数据安全相关法律体系，创新、研制和推广大数据安全保护的产品和服务，推动大数据安全市场发展，保障大数据时代的信息安全。

8.2 大数据安全威胁

在大数据生命周期的各阶段，越来越多的安全隐患被暴露出来，特别是在数据存储和处理环节出现了一些新问题，主要体现在以下方面：

8.2.1 大数据基础设施安全威胁

大数据基础设施的不安全因素包括存储设备、运算设备、一体机和其他基础软件

（如虚拟化软件）等。为了实现大数据的应用，需要建立大数据环境基础设施。例如，用于收集各种数据源的高速网络，用于存储海量数据的大规模存储设备，用于分析和处理数据的各种服务器和计算设备，需要注意的是，这些基础设施均具有虚拟化和分布式等特点，均会遭受安全威胁。

近年来，针对大数据基础设施的攻击事件越来越多。例如，2013 年欧洲反垃圾邮件机构 Spamhaus 曾遭遇 300G 攻击，导致全球互联网大堵塞；2014 年针对美国云安全服务公司 Cloudflare 的一次 400G 攻击，导致包括 4chan 和维基解密在内的 78.5 万个网站的安全服务受到影响；2015 年 12 月，阿里云遭遇大规模 DDoS 攻击，峰值高达 450G。目前，网上的恶意应用程序、木马越来越多，且多为团队作业，对重要的大数据基础设施进行频繁的攻击、渗透、窃取。

大数据基础设施是确保大数据安全运行的基础，攻击者往往会通过以下 5 种方式对大数据基础设施造成安全威胁，破坏大数据基础设施的正常运行。

（1）非授权访问。即没有预先经过同意，就使用网络或计算机资源。例如，有意避开系统访问控制机制，对网络设备及资源进行非正常使用，或擅自扩大使用权限，越权访问信息。主要形式有假冒、身份攻击、非法用户进入网络系统进行违法操作，以及合法用户以未授权方式进行操作等。

（2）信息泄露或丢失。包括数据在传输中泄露或丢失（例如，利用电磁泄漏或搭线窃听方式截获机密信息，或通过对信息流向、流量，以及通信频度和长度等参数的分析，窃取有用信息等）、在存储介质中泄露或丢失，以及“黑客”通过建立隐蔽隧道窃取敏感信息等。

（3）在网络基础设施传输过程中破坏数据完整性。大数据采用的分布式和虚拟化架构，意味着比传统的基础设施能够传输更多的数据，大量数据在一个共享的系统里被集成和复制，对于加密强度不够的数据，攻击者能够通过嗅探、中间人攻击、重放攻击等方式窃取或篡改数据。

（4）拒绝服务攻击。即通过对网络服务系统的不断干扰，改变其正常的作业流程或执行无关程序，导致系统响应迟缓，影响合法用户的正常使用，甚至使合法用户遭到排斥，不能享受相应的服务。

（5）通过网络传播病毒。即通过信息网络传播计算机病毒。针对虚拟化技术的安全漏洞实施攻击，入侵到宿主机或者虚拟机传播网络病毒。

8.2.2 大数据存储安全威胁

在传统的数据安全概念中，数据存储是非法入侵的最后环节，目前已形成完善的安全防护体系。大数据对存储的需求主要体现在大量数据处理、大规模集群管理、低延迟读写速度和较低的建设及运营成本方面。在数据应用的生命周期中，数据存储是一个关键环节，数据停留在此阶段的时间最长。目前，可采用关系型（SQL）数据库和非关系型（NoSQL）数据库进行存储，大多数企业采用非关系型数据库存储大数据。

对于关系型数据库来说，它所具有的ACID（Atomicity、Consistency、Isolation、Durability，原子性、一致性、隔离性、持久性）特性保证了数据库交易的可靠性。关系型数据库通过集成的安全功能保证数据的机密性、完整性和可用性，例如基于角色的权限控制、数据加密机制、支持行和列访问控制等。但是关系型数据库也存在很多瓶颈，包括不能有效处理多维数据、不能有效处理半结构化和非结构化的海量数据、高并发读写性能低、支撑容量有限、数据库的可扩展性和可用性低、建设和运维成本高等。

对于占数据总量80%以上的非结构化数据，通常采用NoSQL技术完成存储、管理和处理。NoSQL数据库指的是非关系型数据库，可存储不同类型的结构化数据和非结构化数据。由于数据多样性问题，非关系型数据并不是通过标准SQL语言进行访问。NoSQL数据存储方法具有可扩展性、可用性、灵活性。每个数据的镜像存储在不同地点，以确保数据可用性。NoSQL的不足之处是在数据一致性方面需要应用层保障，结构化查询统计能力也较弱。

NoSQL数据库存在以下安全挑战：

（1）模式成熟度不够。目前的标准SQL包含严格的访问控制和隐私管理工具，而在NoSQL模式中则没有。事实上，NoSQL无法沿用SQL的模式，它有自己的新模式。例如，与传统SQL数据存储相比，在NoSQL中，列和行级的安全性更为重要。此外，NoSQL允许不断对数据记录添加属性，以便为这些新属性定义安全策略。

（2）系统成熟度不够。在饱受各种安全问题的困扰后，关系型数据库和文件服务器系统的安全机制已经变得比较成熟。虽然NoSQL可以从关系型数据库的安全设计中学习经验教训，但短期内NoSQL仍然会存在各种漏洞。

（3）客户端软件问题。由于NoSQL服务器软件没有内置足够的安全机制，因此必须对访问这些软件的客户端应用程序提供安全措施，但这样又会产生其他问题。

1）身份验证和授权功能。该安全措施使应用程序更复杂。例如，应用程序需要定义用户和角色，并且决定是否向用户授予访问权限。

2）SQL注入问题。SQL注入是一种常见的Web程序中的数据库层安全漏洞，形成的主要原因是Web应用程序对用户输入数据的合法性没有判断或过滤不严，导致攻击者可以拼接执行构造的SQL语句。

3）代码容易产生漏洞。市面上有很多NoSQL产品和应用程序，应用程序越多，产生的漏洞就越多。

（4）数据冗余和分散性问题。关系型数据库通常在相同位置存储数据。但大数据系统完全采用另一种模式，将数据分散在不同地理位置、不同服务器中，以实现数据的优化查询处理及容灾备份。这种情况下，难以定位这些数据并进行保护。

同时，大数据系统通常离不开云计算环境，云计算为大数据提供了存储场所、访问通道、虚拟化的数据处理空间，因此，在云平台中存储数据的安全问题也成为阻碍大数据发展的主要因素之一。美国国家标准技术研究院（NIST）指出，安全是公共云计算面临的最大障碍，潜在风险包括：一是云计算环境复杂，产生了比较大的受攻击面；二是多租户共享计算资源，增加了网络和计算基础设施的风险，如一个用户的数据和应用可能在无意中暴露给其他用户；三是公共云计算通过互联网交付，用户的应用和数据面临来自网络和暴露接口的威胁；四是用户失去了对系统和数据在物理和逻辑上的控制。

8.2.3 大数据的隐私泄露

大数据通常包含大量的用户身份信息、属性信息、行为信息等，在大数据应用的各阶段，如果不能确保数据安全，极易造成用户隐私泄露问题。此外，大数据的多源性特点，支持来自各个渠道的数据进行交叉验证。过去，一些拥有数据的企业经常提供经过简单匿名化的数据作为公开测试集，在大数据环境下，多源交叉验证有可能发现匿名信息数据背后的真实用户数据，同样会隐私泄露。

隐私泄露成为大数据必须要面对且亟待解决的问题。传统数据安全方案往往是围绕数据生命周期来部署的，即数据的产生、存储、使用和销毁。随着大数据应用越来越多，数据的拥有者和管理者出现分离，原来的数据生命周期逐渐转变成数据的产生、传输、存储和使用。由于大数据的规模没有上限，且许多数据的生命周期极为短暂，因此，常规安全产品要想继续发挥作用，就需要根据数据存储和处理的动态化、并行化特征，动态跟踪数据边界，管理数据操作行为等。

大数据中的隐私泄露表现为以下形式：

（1）在数据存储的过程中对用户隐私权造成的侵犯。大数据环境下，用户无法知道数据确切的存放位置，用户对其个人数据的采集、存储、使用、分享无法有效控制。

（2）在数据传输的过程中对用户隐私权造成的侵犯。大数据环境下，数据传输更为开放和多元化，传统物理区域隔离的方法无法有效保证远距离传输的安全性，电磁泄漏和窃听将成为更加突出的安全威胁。当前，大数据安全的主要问题是在分布计算的信息传输和数据交换时保证各个存储点内的用户隐私数据不被泄露。

（3）在数据处理的过程中对用户隐私权造成的侵犯。大数据环境下，可能部署大量的虚拟技术，基础设施的脆弱性和加密措施的失效可能导致新的安全风险。大规模的数据处理需要完备的访问控制和身份认证管理，以避免未经授权的数据访问，但资源动态共享的模式无疑增加了这种管理的难度，账户劫持、攻击、身份伪装、认证失效、密钥丢失等都可能威胁用户数据安全。

8.2.4 大数据网络安全威胁

网络面临的安全风险可分为广度风险和深度风险。广度风险是指安全问题随网络节点数量的增加呈指数级上升。深度风险是指传统攻击依然存在且手段多样，攻击者的工具和手段呈现平台化、集成化和自动化的特点，具有更强的隐蔽性、更长的攻击与潜伏时间、更加明确和特定的攻击目标。比如，APT（高级持续性威胁）攻击逐渐增多，且造成的损失不断增大。

考虑到广度风险与深度风险，大规模网络主要面临的问题包括：安全数据规模巨大；安全事件难以发现；整体安全状况无法描述；安全态势难以感知等。而现有的安全机制在应对大数据环境下的网络安全防护并不理想。一方面，大数据时代信息爆炸，来自网络的非法入侵次数急剧增长，网络防御形势十分严峻。另一方面，攻击技术不断成熟，攻击手段越来越难以辨识，给现有的数据防护机制带来了巨大的压力。

因此，对于大规模网络，在网络安全层面，除了应设置访问控制、入侵检测、身份识别等基础防御手段，还要求管理人员能够及时感知网络中的异常事件与整体安全态势，从成千上万的安全事件和日志中找到核心的、需要重点处理和解决的安全问题，保障网络安全。

8.3 大数据安全防护技术

大数据安全防护技术主要有数据资产梳理、数据库加密、数据库安全运维、数据脱敏、数据库漏扫。

8.3.1 数据资产梳理

数据资产梳理是指通过对数据资产的梳理，确定敏感数据在系统内部的分布；确定敏感数据是如何被访问的；确定当前的账号和授权的状况。根据数据资产的价值和特征，梳理出本单位的核心数据资产，对其分级分类，这样才能确定更加精细的数据安全管理措施。数据资产梳理的核心技术包括：静态梳理技术、动态梳理技术、数据状况的可视化呈现技术、数据资产存储系统的安全现状评估。

1. 静态梳理技术

静态梳理技术是指对敏感数据的存储分布状况、数据管理系统的漏洞状况、数据管理系统的安全配置状况的信息采集技术。

2. 动态梳理技术

动态梳理技术是基于对网络流量的扫描，实现对系统中的敏感数据访问状况的梳理。

包括敏感数据的存储分布、敏感数据的系统访问状况、敏感数据的批量访问状况、敏感数据的访问风险。

3. 数据状况的可视化呈现技术

通过可视化技术将梳理出的信息以可视化的形式呈现，如敏感数据的访问热度、资产在组织内不同部门或业务系统的分布、系统的账号和权限图、敏感数据的范围权限图。

4. 数据资产存储系统的安全现状评估

安全现状评估是指对已定位、梳理的数据库资产进行全面检测评估，评估项包括：口令和账户、弱安全策略、权限宽泛、权限提升漏洞、日志、补丁升级等，评估是否存在安全漏洞。通过安全风险检查，使数据资产管理员全面了解数据库资产运行环境是否存在安全风险。通过安全现状评估，能有效发现当前数据库系统的安全问题，进而对数据库的安全状况进行持续性监控，保持数据库的安全健康状态。

8.3.2 数据库加密

数据库加密是计算机系统对信息进行保护的最可靠的方法之一，是一种主动防御机制。它利用密码技术对信息进行加密，防止明文存储引起的数据泄露、黑客攻击以及内部高权限用户进行数据窃取等，可有效保护信息安全。

数据加密主要包括系统中加密、服务器端加密、客户端加密 3 种方式。

1. 在系统中加密

先将数据在内存中加密，文件系统再把每次加密后的内存数据写入数据库文件，读入时再解密即可正常使用。这种加密方法相对简单，只要妥善管理密钥就可以了。缺点是系统无法辨认数据库文件中的信息关联情况，每次都要进行加密 / 解密工作，对程序的编写和读写数据库的速度都会有影响。

2. 在服务器端加密

即在 DBMS（Database Management System，数据库管理系统）内核层实现加密，需要对数据库管理系统本身进行操作。这种加密是指数据在进行物理存取之前完成加密 / 解密工作，优点是加密之后不易被破解，并且加密过程几乎不会影响 DBMS 的功能，可以实现加密功能与 DBMS 的无缝耦合；缺点是加密运算在服务器端进行，增加了服务器的负载，而且 DBMS 和加密器之间的接口需要 DBMS 开发商提供。

3. 在客户端加密

即在 DBMS 外层实现加密，是将数据库加密系统做成 DBMS 的外层工具，根据加密要求自动完成对数据库数据的加密 / 解密工作。这种加密方式的优点是加密 / 解密运算可在客户端运行，不会加重数据库服务器的负载，并且可实现网上传输加密；缺点是加密功能会受到影响，与 DBMS 之间的耦合性稍差。

一般而言，数据库加密技术包括身份认证、通信加密与完整性保护、数据库数据存储加密与完整性保护、数据库加密设置、多级密钥管理模式、安全备份6个方面的功能和特性。

（1）身份认证。

用户除提供用户名、口令外，还必须按照系统安全要求提供其他安全凭证，如使用终端密钥。

（2）通信加密与完整性保护。

有关数据库的访问在网络传输过程都被加密，通信"一次一密"的意义在于防重放、防篡改。

（3）数据库数据存储加密与完整性保护。

数据库系统采用数据项级存储加密，即数据库中不同的记录、每条记录的不同字段都采用不同的密钥加密，辅以校验措施来保证数据存储的保密性和完整性，防止数据的非授权访问和修改。

（4）数据库加密设置。

可以在系统中选择需要加密的数据库列，以便用户选择敏感信息进行加密，无须对全部数据加密。这样可以提高数据库访问速度，用户可在效率与安全性之间自主选择。

（5）多级密钥管理模式。

主密钥和主密钥变量保存在安全区域，二级密钥受主密钥变量加密保护，数据加密的密钥在存储或传输时利用二级密钥加密保护，使用时受主密钥保护。

（6）安全备份。

系统提供数据库明文备份功能和密钥备份功能。

8.3.3 数据库安全运维

数据库安全运维是指对数据库的访问和操作等运维行为，进行流程审批和阻断管控。

数据库安全运维是指对所有数据库运维行为建立规范的运维流程，包括事前审批、事中控制、事后审计等，最终实现全运维流程的管理，保障数据库的运维安全。

数据库安全运维的初始默认状态会拒绝一切数据库运维行为通过。如果要对数据库进行运维，则需要提交运维申请，审批通过后，运维人员可获得唯一操作码，方可进行操作。这样可以最大限度地避免误操作、违规操作等不规范运维行为。

数据库安全运维的关键技术如下：

（1）事前审批：数据库运维人员对数据库进行运维之前，需要登录运维审批系统，将包括运维时间、目标数据库、操作对象、操作内容等在内的操作申请提交至审批人（可进行多级审批）。

（2）事中控制：审批通过后，数据库安全运维系统会自动生成白名单，仅允许运维人员在申请的指定时间对指定数据库或表进行指定的操作，任何未申请操作都无法执行，超时账号失效。同时，数据库安全运维系统也可采用黑名单方式，仅对敏感对象的表和数据、敏感的 SQL 命令进行审批。

（3）事后审计：数据库安全运维系统会对所有操作进行记录，包括事前审批内容、审批人审计操作、事中运维操作等，并定期汇总生成报表，这样既可以规范流程管理，又可以在发生数据安全事故时追责、定责。

8.3.4 数据脱敏

数据脱敏是指通过给定的脱敏规则对某些敏感数据进行变形，实现对敏感隐私数据的可靠保护。身份证号、手机号、银行卡号、客户号等个人信息都需要进行数据脱敏。涉及客户安全数据或商业敏感数据时，在不违反系统规则的条件下，可以安全地使用脱敏后的真实数据集。数据脱敏既能有效防止企业内部对隐私数据的滥用，还能有效保障敏感数据不被泄露，同时确保数据可用性。

从数据脱敏的类型来看，主要分为静态数据脱敏和动态数据脱敏。

（1）静态数据脱敏。将数据从生产环境中抽取出来，进行脱敏处理后分发至下游，供随意取用和读写。脱敏后，数据与生产环境隔离，可在满足业务需求的同时保障生产数据库的安全。

（2）动态数据脱敏。直接访问生产数据的使用场景，其特点是在访问敏感数据时进行实时脱敏，用户也可以实时修改脱敏规则。

两者最大的区别在于：静态数据脱敏是在脱离数据生产环境后进行的，而动态数据脱敏则是直接在数据生产环境中进行。

数据脱敏的方法有很多，下面介绍 5 种常见的脱敏方法。

（1）仿真：根据敏感数据的原始内容生成符合原始数据编码和校验规则的新数据，使用相同含义的数据替换原有的敏感数据。例如，姓名脱敏后仍然为有意义的姓名，住址脱敏后仍然为住址。仿真算法能够保证脱敏后的数据的业务属性和关联关系，从而具备较好的可用性。

（2）数据替换：用某种规律字符对敏感内容进行替换，如特殊字符、随机字符、固定值字符等，防止人们识别原始数据。

（3）加密：通过加密算法对原始数据进行加密，外部用户只能看到无意义的加密数据。

（4）数据截取：对原始数据选取部分内容进行截断。

（5）数据混淆：对敏感数据内容进行无规则打乱，可在隐藏敏感数据的同时保持原始数据的组成方式。

8.3.5 数据库漏扫

数据库漏扫是指对数据库进行安全评估的一项专业技术，可经授权扫描、非授权扫描、弱口令、渗透攻击等检测方式发现数据库安全漏洞和安全隐患，并形成修复建议报告。

1. 数据库漏扫的价值

（1）发现外部黑客攻击漏洞，防止外部攻击：实现非授权的从外到内的检测；模拟黑客使用的漏洞发现技术，在没有授权的情况下，对目标数据库的安全性进行深入的探测分析；收集外部人员可以利用的数据库漏洞的详细信息。

（2）分析内部不安全配置，防止越权访问：通过只读账户登录服务器，实现由内到外的检测；提供现有数据的漏洞透视图和数据库配置安全评估；避免内外部的非授权访问。

（3）监控数据库安全状况：对数据库进行定期扫描，对所有安全状况发生的变化进行报告和分析。

2. 数据库漏扫的检测方式

数据库漏扫的检测方式有以下 4 种：

（1）授权扫描：授权扫描是指在对数据库进行漏洞扫描时，使用数据库用户名和口令连接远程服务器，执行指定扫描策略的数据库漏洞检测。

（2）非授权扫描：非授权扫描是指在未使用数据库用户名和口令连接数据库服务器的情况下，对数据库的安全性进行深入的探测分析，收集可利用的数据库漏洞信息。

（3）弱口令扫描：弱口令指容易被人猜测、破解或者长期不变更的口令，很容易被非法用户破解，比如“111111”等比较简单的口令，或者是姓名、生日等易被人猜到的口令。弱口令扫描是指使用数据库用户名和口令连接远程服务器，完成数据库中弱口令的检测。

（4）渗透检测：利用数据库存在的漏洞对数据库进行渗透攻击，如口令攻击、SQL 注入和缓冲区溢出等。

8.4 数据安全典型案例

近年来，数字化技术深入发展，为人们带来更多的便捷和机遇的同时，也带来了越来越严峻的大数据安全风险。尤其是大规模的数据泄露和违规事件，不仅给企事业单位和各机构造成巨大的财产损失和名誉伤害，更是危及无数人的个人隐私和信息安全。个人信息尤其是隐私信息一旦泄露，很可能被不法分子用于非法活动，如进行电信诈骗等，对个人财产安全构成极大威胁。下面介绍一些与大数据相关的安全事件。

1. 利用技术漏洞窃取某航空公司数据

2020 年 1 月，某航空公司向国家安全机关报告，该公司信息系统出现异常，怀疑遭到网络攻击。国家安全机关立即进行技术检查，确认相关信息系统遭到网络攻击，多台重要服务器和网络设备被植入特种木马程序，部分乘客出行记录等数据被窃取。经过进一步排查发现，另有多家航空公司的信息系统遭到同一类型的网络攻击和数据窃取。经深入调查，确认相关攻击活动是由某境外间谍情报机关精心策划、秘密实施的，攻击中利用了多个技术漏洞，并利用多个国家和地区的网络设备进行跳转，隐匿踪迹。

针对这一情况，国家安全机关及时协助有关航空公司全面清除被植入的特种木马程序，调整技术安全防范策略，强化防范措施，阻止了危害的进一步扩大。

2. 手机 App 过度收集信息

手机 App 超范围收集个人信息、过度使用个人信息的情况，近年来屡见不鲜。用户在手机上安装某些 App 时，经常会被询问是否允许索取定位、发送通知、访问设备照片、通信录、拨打电话等权限等。为了正常使用 App，用户不得不选择“允许”。这样，用户的个人信息，乃至一些与使用 App 无关的个人信息均会被 App 平台非法收集，用于商业推广乃至非法活动。例如，打开手机 App 时，看到的推送内容恰恰是自己刚刚与他人通话时提到的。

针对 App 过度收集使用个人信息的乱象，2019 年相关部委就已开始进行多批次专项整顿。相关 App 被责令限期整改；拒不整改的，通知应用商店下架处理。这些 App 的一些共性问题，大致可分为违规收集和违规使用用户个人信息两个方面。

违规收集是指这些 App 私自收集个人信息、超范围收集个人信息。例如，未明确告知用户收集使用个人信息的目的、方式和范围，并在获得用户同意前，App 就收集用户个人信息；或是在非服务情况下或无合理应用场景中，超范围、超频次收集个人信息。

违规使用主要指私自共享用户信息至第三方、强制用户使用定向推送功能等。用户在使用 App 的过程中，会产生搜索记录、浏览记录、使用习惯等个人信息，App 未经用户同意与其他应用共享、使用用户个人信息；或者未向用户以显著方式标示，就将收集到的信息用于不可关闭的定向推送或精准营销，都属于违规使用个人信息。

8.5 数据安全产品

为了确保数据安全，人们研发了多种功能丰富的数据安全产品，它们具备的基本功能如下，读者可根据需要灵活选用。

（1）智能的敏感数据识别。内置多种数据模板，能够自动识别敏感数据，同时支持自定义敏感数据规则以及对敏感数据的手动梳理。

（2）灵活的脱敏方式。支持常用数据库的同构脱敏、异构脱敏、子集脱敏、增量脱敏，文件到文件、库到文件、文件到库的脱敏，满足客户灵活脱敏的需求。

（3）丰富的脱敏算法。既支持静态脱敏，又支持动态脱敏。

（4）数据资产全面探查。内置敏感数据类别，做到应用、API 接口、具体数据自动化全面梳理。

（5）数据流转多维可视。对用户数据访问流量进行建模，自动生成安全基线，实现应用、数据、用户的多维度数据流转可视化。

（6）接口风险实时感知。基于安全基线以及异常行为特征的场景化检测能力，对数据访问行为进行研判，识别 API 接口脆弱性和访问风险行为，实时感知风险并告警。

（7）数据泄密一键溯源。支持关键字或源文件导入搜索，实现泄密事件的快速溯源。

小结

数据安全是计算机系统安全的重要环节，本模块从大数据安全的相关概念、安全威胁、防护技术、典型案例等方面介绍了大数据安全的相关知识，希望读者树立数据安全意识，在进行大数据分析及处理时时刻不忘确保数据安全。

习题

简答题

1. 在大数据时代，如何保护个人隐私？
2. 大数据安全威胁有哪些？
3. 大数据的安全防护技术包括什么？
4. 简述自己了解的大数据安全案例。

参考文献

[1] 米洪，陈永. Hadoop大数据平台构建与应用 [M]. 北京：高等教育出版社，2018.

[2] 时允田，林雪纲. Hadoop大数据开发案例教程与项目实践 [M]. 北京：人民邮电出版社，2017.

[3] 林子雨. 大数据技术原理与应用（2版）[M]. 北京：人民邮电出版社，2017.

[4] 林子雨. 大数据导论——数据思维、数据理论和数据伦理 [M]. 北京：高等教育出版社，2020.

[5] 刘鹏. 大数据 [M]. 北京：电子工业出版社，2017.

[6] 黑马程序员. 大数据项目实战 [M]. 北京：清华大学出版社，2020.

[7] 黑马程序员. Hadoop大数据技术原理与应用 [M]. 北京：清华大学出版社，2019.